·海疆鎖鑰·

故宮檔案與清代臺灣史研究

（四）

莊吉發著

文史哲學集成
文史哲出版社印行

國家圖書館出版品預行編目資料

故宮檔案與清代臺灣史研究 / 莊吉發著. -- 初版. --
臺北市：文史哲,民 108.04
　冊：　公分. -- (文史哲學集成; 715)
　ISBN 978-986-314-459-5 (第 1 冊；平裝)
ISBN 978-986-314-460-2 (第 2 冊；平裝)
ISBN 978-986-314-461-8 (第 3 冊；平裝)
ISBN 978-986-314-462-5 (第 4 冊；平裝)

1.清史　2.歷史檔案　3. 臺灣史

655.5　　　　　　　　　　　　　108006616

文 史 哲 學 集 成　718

故宮檔案與清代臺灣史研究(四)

著　　者：莊　　　吉　　　發
出 版 者：文　史　哲　出　版　社
　　　　　http://www.lapen.com.tw
　　　　　e-mail：lapen@ms74.hinet.net
登記證字號：行政院新聞局版臺業字五三三七號
發 行 人：彭　　　正　　　雄
發 行 所：文　史　哲　出　版　社
印 刷 者：文　史　哲　出　版　社
　　　　　臺北市羅斯福路一段七十二巷四號
　　　　　郵政劃撥：16180175　傳真 886-2-23965656
　　　　　電話 886-2-23511028　　886-2-23941774

第 4 冊定價新臺幣四八〇元

民 國 一 〇 八 年 （2019）四 月 初 版
民 國 一 〇 九 年 （2020）二 月 初 版 三 刷₂

故宮檔案與
清代臺灣史研究

（四）

目　　次

保存於臺北新公園碑林之北門外郭門額「巖疆鎖鑰」

（民國八十一年攝）

就地正法

——清廷治臺政策與臺灣社會控制

善後措施與治臺政策的調整

　　清廷的治臺政策，有其積極性，同時也有消極性及矛盾性。康熙二十三年（1684），清廷將臺灣納入版圖後，仍保存臺灣的郡縣行政制度，並劃歸廈門為一區，設臺廈道，臺灣府隸屬於福建省，實施科舉考試，就是將臺灣作為本部地區看待，未曾置於東三省、新疆、西藏之列，確實含有積極意義，對臺灣日後的歷史發展，影響深遠。但因清廷為了加強對臺灣基層社會的控制，而對臺灣採取各種防範措施，造成了矛盾現象，而抵消了它的積極性。其主要原因就是由於臺灣鄭氏長期的抗清運動，深慮臺民抗清的星火再度燎原。臺灣地處開發中的邊陲地帶，孤懸外海，是海疆重地，富於移墾社會的特徵，流動人口眾多，五方雜處，社會組織不健全，社會不穩定性，十分顯著，自力救濟性質的地方社會共同體，名目繁多，活動頻繁。分類械鬥組織、秘密會黨、義民組織等，就是早期臺灣移墾社會裡十分普遍的地方社會共同體。

　　秘密會黨是人口流動頻繁地區的一種泛家族主義的金蘭結義組織，離鄉背井的出外人，常因孤單貧苦，為圖彼此互助，多模擬家族倫理的兄弟血緣關係，而舉行異姓弟兄的結拜儀式，歃血瀝酒，倡立會黨，其共同宗旨，主要是強調內部成員的互助問題。加入會黨後，彼此幫護，患難相助。出

外人勢孤力單，恐被人欺侮，他們常藉閒談貧苦而倡立會黨。加入會黨後，大樹可以遮蔭，享有片面的現實利益。因地方官取締會黨時，處理不當，往往釀成民變。彰化小刀會成員，各備小刀防身，彼此相約，如遇營兵及外人欺侮，即各持小刀幫護。諸羅添弟會，相信弟兄日添，則爭鬥必勝。林爽文聞知天地會人多勢眾，而要求入會，當漳、泉分類械鬥規模擴大以後，漳州籍移民為求自保，於是紛紛加入天地會，乾隆年間，臺灣天地會就是以漳州籍移民為基礎的地方社會共同體。天地會既以漳州籍移民為基本成員，於是天地會便對漳州庄形成了社會控制。漳州籍移民既依附漳州庄，又依附天地會，天地會遂具有濃厚的分類意識。在天地會控制的漳州庄，逼令村民在辮頂外，留髮一圈，以便認識，也是一種暗號。漳州籍移民使用暗號，取煙吃茶，俱用三指，以大指為天，以小指為地，髮頂留圈，同時接受天地會的盟誓規章約束，天地會對漳州籍移民形成了全面的社會控制，直接排斥朝廷的法律。

　　秘密會黨是以漳州籍移民為主體的社會原生團體，義民組織則是受秘密會黨刺激而以泉州籍和廣東籍移民為主體的社會應生團體。林爽文在官逼民反正式起事以後，天地會勢力過度膨脹，裹脅焚搶，聲勢浩大，泉州庄、廣東庄多遭破壞，為了保境安民，發揮地緣村落守望相助的精神，泉州籍和廣東籍移民多充當義民，成立義民組織，對天地會產生了強烈的反制作用。泉州籍和廣東籍移民既依附泉州庄、廣東庄，又依附義民組織，義民組織也具有濃厚的分類意識。以泉州籍和廣東籍移民為主體的義民組織，遂與官兵形成了聯合陣線，義民組織對泉州庄、廣東庄也形成了社會控制，而

與天地會勢不兩立。南路下淡水溪山豬毛廣東庄，在天地會起事以後，為了保境安民，不允許漳州籍移民越雷池一步。莊大田曾遣天地會頭目涂達元、張載柏執旗前往山豬毛廣東庄招引廣東籍民人入夥，港東、港西兩里一百餘廣東庄誓不相從，堅拒加入天地會，竟將涂達元、張載柏等人即時擒斬。廣東庄客民齊集忠義亭，供奉萬歲牌，決心共同抵禦會黨，於是挑選壯丁八千餘名，分為前後中左右及前敵六堆，按照田畝公捐糧餉，由舉人曾中立總理其事，每堆每庄各設總理事、副理事，分管義民。乾隆皇帝為了獎勵義民，特頒御書褒忠匾額。各處義民，除少數由地方官衙門招募充當外，大多數是由紳衿鋪戶等招募，義民每日口糧，亦多由義民首捐貲備辦。義民除了保衛鄉里外，亦隨官兵作戰，每隊各製一旗，以示進退。

　　捐納四品職銜楊振文、舉人曾大源等世居彰化，林爽文起事以後，他們拒絕加入天地會，棄家返回泉州原籍。大學士福康安在大擔門候風時，將楊振文、曾大源等攜往鹿仔港，招募義民，隨官兵進剿。清廷善於利用這一股強大的力量，嘉獎義民，屢飭地方大吏查明優賞。如係務農經商生理者，即酌免交納賦稅。若係首先倡義紳衿，未有頂戴者，即開列名單奏明，酌給職銜，以示優異。乾隆皇帝以泉州籍和廣東籍移民急公嚮義，因此，極力鼓舞義民，義民聲勢因依附官兵而日益浩大，已足夠與會黨相抗衡。天地會起事以後，因官兵作戰力薄弱，其堵禦會黨的力量，端賴義民的忠勇抵抗。清朝援軍東渡進剿林爽文、莊大田期間，因地形不熟，對會黨認識不足，臺灣義民依舊扮演了非常重要的角色。乾隆五十一年（1786）十二月十二日，署鹿仔港守備事千總陳邦光

邀約泉州籍義民首林湊、林華帶領義民救援彰化縣城，會黨
出西門外屯駐，分為左右兩翼，天地會副元帥楊振國等執旗
指揮，奪取彰化營汛鎗礮，聲勢甚盛。千總陳邦光、義民首
林湊等帶領義民由左右兩側向前衝殺，會黨敗退，前後不能
相顧。天地會副元帥楊振國、協鎮高文麟、先鋒陳高、辦理
水師軍務楊軒等俱被義民擒獲，彰化縣城遂為義民及官兵收
復。千總陳邦光以署守備防守鹿仔港等汛地，僅有汛兵五十
餘名，其所以能屢敗會黨，克復彰化縣城，主要是得力於義
民的奮勇作戰，始克藏功。同年十二月十三日，署都司易連
帶領兵丁及義民進攻新庄後，又會同千總席榮帶領兵丁及義
民三百名由草店尾河進攻國王廟附近地方。守備董得魁、把
總蘇陞等帶領義民五百名由艋舺渡河直攻下庄草店尾大街。
義民首李因等帶領義民五百名進攻中港厝，監生黃朝陽、林
講等帶領義民六百名由中港厝分路進攻海山頭，廣東庄義民
首邱龍四等埋伏於彭厝庄。滬尾庄義民首蔡才等帶領義民三
百名，和尚洲義民首鄭窗等帶領義民六百名，大坪頂義民首
黃英等帶領義民四百名，進攻滬尾、八里坌、長道坑等處，
擊退會黨，救出同知程峻及新庄司李國楷兩家眷屬。十二月
十四日，和尚洲義民首鄭享帶領義民五百名由北投唭里岸，
義民首孫立勳帶領義民六百名由上埤頭會合進攻八芝蘭，會
黨敗走擺接。十二月十五日，署都司易連帶領義民由溪州登
岸，直攻芎蕉腳。千總張正耀帶領義民八百名由膃仔過溪攻
打南勢角。義民首林賀帶領義民五百名由大坪頂攻打暗坑
子，四面圍攻，會黨不支，退走藤寮坑山頂。十二月十八日，
淡水同知程峻募友壽同春，時年已七十高齡，他用計退敵，
親赴各庄招募義民收復竹塹城，擒斬會黨頭目王作等三十餘

名[1]。同日，彰化咳哈等庄會黨謀攻鹿仔港，千總陳邦光傳集泉州庄、廣東庄義民乘夜前往大突、二林地方埋伏，前後夾攻，斬殺會黨百餘名，攻克咳哈、湳仔、內灣、二八水等庄。十二月十九日，因大肚等庄會黨焚掠泉州庄和廣東庄各村，千總陳邦光即密約各庄義民於十二月二十日辰刻，由沙轆進攻水裡、大肚等處會黨根據地，會黨敗走。十二月二十三日，南路會黨由莊大田率領進攻臺灣府城，因聞廣東庄義民焚燒其村庄，遂即行撤退。

　　林爽文起事後，一方面遭受泉州庄、廣東庄義民的堅強抵抗，一方面又面臨原住民的排斥。乾隆五十二年（1787）正月間，北路各庄義民和熟番等擒獲曾受林爽文冊封為掃北大將軍的林里生，並呈繳天地會靖海將軍王芬首級。同年十一月二十一日，斗六門被官兵、義民克復後，林爽文等由水沙連口搬眷入山，以千餘人護送車輛，緣山梁行走時，也遭受歸化生番的襲擊。林爽文將家眷藏匿於水裡社時，福康安即遣義民首楊振文、舉人曾大源前往水裡社曉諭社丁杜敷擒獻其家眷。同年十二月十三日黎明，社丁杜敷帶同生番百餘人將林爽文之父林勸、母林曾氏、弟林壘、妻林黃氏擒送軍營。據杜敷稟報，林爽文率眾六、七千人由埔裡向北潛匿，福康安即飭通事王松帶領獅子頭社原住民於要路迎頭堵截。十二月二十四日夜間，林爽文部眾在東勢被生界原住民截殺四百餘名，餘眾沿山北退走。十二月二十五日，林爽文率眾經過獅子頭社時，社內生界原住民堵截去路，會黨被殺二千餘名。淡水義民首高振、葉培英、王松，東勢角義民首曾應

1　《欽定平定臺灣紀略》（臺北，國立故宮博物院，乾隆間內府朱絲欄寫本），卷4，頁12。乾隆五十二年二月初一日，據徐嗣曾奏。

開等，熟諳內山路徑，深悉番情，奉諭前往屋鱉、獅子等社，傳令生界原住民在各要隘地方堵截林爽文。由此可知各社歸化原住民和生界原住民對會黨也產生了抑制作用。由於臺灣存在著多元化複雜性質的矛盾力量，而彼互相牽制，這也許可以說明臺灣秘密會黨倏起倏滅的原因。

　　義民組織雖然未經訓練，但用以防守地方，並隨同官兵作戰，卻頗為奮勇可恃。林爽文起事之初，南北兩路會黨如響斯應，聲勢既盛，在臺戍兵固然缺乏作戰能力，其防守城池，亦未得力，所以不得不多招義民，藉助於地方上的自衛力量，以保衛桑梓。諸羅縣城被會黨圍困數月之久，糧食匱乏，岌岌不保。然而會黨久攻不克，諸羅縣城保護無虞，確實應歸功於義民的堅守。乾隆皇帝頒諭時亦稱：「林爽文糾眾倡亂以來，提督柴大紀，統兵剿捕，收復諸羅後，賊匪屢經攻擾，城內義民，幫同官兵，奮力守禦，保護無虞。該處民人，急公嚮義，眾志成城，應錫嘉名，以旌斯義[2]。」乾隆五十二年十一月初二日，軍機大臣遵旨更定諸羅縣名，擬寫「嘉忠、懷義、靖海、安順」四名，進呈御覽，並奏請硃筆點出一名，以便寫入諭旨。乾隆皇帝就「嘉忠」、「懷義」二名中，各取一字，而定名為「嘉義」，取嘉獎義民之義[3]。次日，正式頒諭，將諸羅縣正式改為嘉義縣，乾隆皇帝詔改諸羅縣名稱，確實具有時代意義。乾隆五十三年（1788）正月初五日，林爽文在淡水廳境內老衢崎地方被義民高振等人所擒獲。林爽文在供詞中已指出天地會平海大將軍王芬等人是「被鹿仔

2　《大清高宗純皇帝實錄》，卷1292，頁9。乾隆五十二年十一月丙寅，上諭。

3　《上諭檔》，方本，（臺北，國立故宮博物院），乾隆五十二年十一月初二日，更定諸羅縣擬寫縣名清單。

港義民殺了。」天地會大都督林領供稱：「十二月初一日，我們的家眷又被義民殺了，都逃到貓霧捒，常與義民打仗。」臺灣義民組織既以泉州籍和廣東籍移民為主要成員，其分類意識，尤其濃厚，義民組織遂成為秘密會黨的致命剋星。

　　林爽文等被擒後，南北兩路隨即平定。從臺灣天地會與義民組織的互動關係，可以反映臺灣地方社會共同體勢力的消長，以及清廷的治臺政策。天地會是原生團體，義民組織是應生團體，當原生團體的活動趨於激烈時，其應生團體亦趨於活躍。林爽文起事以後，天地會勢力日益膨脹，義民組織的活動，亦趨於活躍，並得到官方的寬容，甚至破格獎勵。義民首黃奠邦是由武舉出身，曾中立、曾大源等是由文舉人出身，都是屬於文化群的社會菁英，在他們領導下的義民組織對安定臺灣早期移墾社會，確實有不世之功，貢獻卓著。福康安奏請優獎義民首，義民首曾大源帶領義民隨同官兵作戰，曾賞戴花翎，因其年齒尚輕，若予以知縣實缺，恐不諳民社，經福康安奏請以內閣中書補用。義民首楊振文原以開墾地畝謀生，即以翎頂榮身。曾中立補放同知，賞戴花翎。教授羅前蔭協同管理義民，頗著勞績，按照曾中立之例，賞給同知職銜。義民組織的副理事劉繩祖、黃袞、涂超秀、周敦紀四名，極為出力，俱賞戴藍翎。義民首王得祿等賞戴花翎。葉培英等曾隨官兵在內山進剿會黨，賞給藍翎，以千總補用。義民首黃奠邦，打仗出力，曾賞給巴圖魯（baturu），即勇士名號，以守備補用。乾隆五十四年（1789）正月二十一日，《內閣奉上諭》指出，「黃奠邦在嘉義縣守城禦賊五月有餘，與曾中立在南路堵禦賊匪，同為出力，而黃奠邦更為勤苦，自應一體加恩，用昭激勸。本日兵部將黃奠邦帶領引

見，朕觀其人尚明白，試以文義，頗能諳曉，著加恩改授同知[4]。」黃奠邦是廣東籍移民，因居住臺灣年久，對閩人頗為瞭解。乾隆皇帝諭令將黃奠邦發往福建，以內地同知補用。由於天地會遭到義民的強烈反制，經官兵與義民的合力進剿，終於導致天地會的最後失敗。義民組織對抑制秘密會黨的過度膨脹，確實產生了正面的社會功能。

當原生團體消滅時，其應生團體便隨之衰歇，同時遭受官方的壓抑。義民組織對抑制民變，確實功不可沒。但義民組織與秘密會黨，都具有濃厚的分類意識。鹿仔港泉州庄的施姓，大里杙漳州庄的林姓等，族丁眾多，逐漸形成泛宗族村落，因此，以鹿仔港泉州庄為基礎的義民組織，與以大里杙漳州庄為基礎的天地會黨，已具有泉、漳分類械鬥的性質。下淡水溪港東、港西等里，以廣東庄為基礎的義民組織與南路以漳州庄為基礎的天地會黨，亦具有閩粵分類械鬥的性質。就清朝政府而言，義民組織與天地會就是分類意識很濃厚的對立團體，號召義民堵禦會黨，只是一種權宜之計。但就社會控制而言，天地會必須取締，民變必須敉平。同樣地，義民組織也不可以過度膨脹，不允許凌駕於地方政府之上。乾隆五十二年（1787）十二月以後，諸羅等處先後收復，不需多人防守，福康安即下令將中路各處官給口糧的義民大量裁減。當南北兩路平定後，各處義民陸續歸庄，所有自備刀矛，俱令義民逐件繳銷，發交地方官改鑄農器，散給貧民耕種，嚴禁私造器械。除菜刀、農具外，倘若私藏弓箭、腰刀、撻刀、半截刀、鏢鎗、長矛之類，即行從重治罪。泉、漳分類械鬥期間，多用旗幟號召，即使不肯助鬥的村庄，亦須豎

---

4 《上諭檔》，方本，乾隆五十四年正月二十一日，內閣奉上諭。

立保庄旗一面，方免蹂躪。紳衿等招募義民，亦豎旗號召。
南北兩路會黨被平定後，福康安即奏請禁止義民私造旗幟，
若有私造旗幟者，即照私造軍器例一體治罪。動亂結束後，
原生團體既已消失，應生團體已無存在的需要，基於社會的
整體利益，或朝廷對基層社會的控制，解散義民，便成為清
廷的當前急務，也是刻不容緩的善後措施。從清廷解散義民
的過程加以觀察，可以看出清廷對臺灣社會的控制，主要是
防範臺灣基層社會或地方社會共同體的過度膨脹。義民組織
具有強固的凝聚力，團結合作，守望相助，是移墾社會裡舉
足輕重的地方社會共同體，朝廷為了有效的控制臺灣社會，
以免尾大不掉。因此，就朝廷而言，解散義民組織，壓抑地
方社會共同體的過度膨脹，確實有其政治層面的深思熟慮。

　　清廷領有臺灣以來，臺灣由於吏治不良，營伍廢弛，軍
紀敗壞，偷渡盛行，以致社會案件，層見疊出。福康安等具
摺時已指出，「臺灣孤懸海外，地土本屬膏腴，仰蒙聖主休養
生息五十餘年，物產日益豐饒，戶口日加蕃庶，惟因地方僻
遠，風俗未純，愚民罔知畏法，搶劫械鬥，屢滋事端，文武
各官不能整飭營伍，綏緝地方，奸徒等無所懲懼，遂致釀成
逆案[5]。」地方文武不能綏緝地方，「奸徒」無所懲懼，反映
朝廷對臺灣地方控制力的薄弱。當福康安統兵入臺後，即將
添設官兵，改建城垣，清查地界，設立番屯等措施，節次具
奏。平定南北兩路後，福康安等條陳善後事宜，整頓吏治，
添調佐雜各員。南路鳳山縣城移建埤頭街後，其舊城地處海
濱，乃將下淡水巡檢一員移至鳳山舊城駐箚。下淡水在東港

5　《軍機處檔・月摺包》（臺北，國立故宮博物院），第 2778 箱，161
　　包，38873 號。乾隆五十三年五月初九日，福康安等奏摺錄副。

上游，南達水底寮，即阿里港縣丞一員移駐下淡水。其阿里港地方，因與新移鳳山縣埤頭街相近，一切地方事宜，俱歸鳳山縣知縣管理稽察。北路斗六門，地當衝要，原設巡檢一員，官職卑微，另添設縣丞一員，歸嘉義縣管轄。臺灣道府向係三年俸滿。乾隆四十九年（1784），改為五年。臺灣是海疆重地，必須久任，因此，福康安奏請將各廳縣亦照道府成例，一律改為五年報滿，俾能多歷歲時，以盡心民事。臺灣向來只派御史前來巡視，職分較小，不能備悉地方情形，有名無實。鎮道各員恃有重洋阻隔，恣意妄為，通同徇隱。福康安等奏請自乾隆五十三年（1788）二月起正式將巡臺御史赴臺巡視之例停止，改由福建督撫、福州將軍及水師陸路兩提督每年輪派一人前往稽察，出具考語具奏，其備弁佐雜則咨部存案。臺灣道向來是調缺，地方大吏因臺灣道出缺，每視為利藪，貪緣徇情。為釐剔弊端，福康安等奏請給予臺灣道員專摺具奏之權。

　　為整飭營伍，加強防衛力量，福康安等對臺灣軍事方面的整頓，也提出了具體的辦法。臺灣澎湖原設水陸兵丁共12,176名，除水師4,163名外，南北兩路計8,013名，分撥汛防。但因臺地戶口日增，原先曠土，日闢日廣，村落相連。自大雞籠以至枋寮，南北綿亙千餘里，近山一帶地方如大里杙、水沙連、大武壠、水底寮等處，地處險遠，溪深嶺峻，外則番社環居，內則流民雜處，向因人跡罕至，未設汛防，各縣城內兵力較少，不足以防衛。乾隆五十三年（1788）四月，福康安等奏請於各處緊要地方及通衢大路，每處添兵一百數十名不等，並將各海口水師酌為移撥，均於徵兵內挑補，指定營分，派歸原營官管轄。臺灣戍兵向由內地撥換，乾隆

皇帝曾飭令將戍兵一半換防，一半酌募當地義民社番充補。惟福康安等認為臺地甫平，新募兵丁難資防禦，故奏請仍於內地撥派，分班輪換。但因這些兵丁籍隸漳、泉兩府者居多，必須令泉州之兵在漳州庄附近防守，其漳州之兵則在泉州庄附近防守，彼此互相監視，可以防微杜漸，而其他各府兵丁，則與之互相錯處，易地駐防，以杜亂謀。福康安等亦奏請添調臺地戍兵，於內地督提一標，福寧、海壇、汀州、金門、建寧五鎮標內抽撥渡臺，以減少漳州、泉州兵丁。因臺灣向無馬兵，福康安等又奏請於巴圖魯、侍衛及各官繳回馬匹內酌留一百匹，改設臺灣鎮標馬兵一百名。北路協標馬兵一百名，其所需馬匹，則由內地各營抽調，換班時留交接戍兵丁。

乾隆五十三年（1788）五月，福康安、徐嗣曾等針對臺灣各項積弊，妥籌各項善後事宜，嚴定章程，臚列十六款，其要點如下：

一、各營操演宜設法稽查，以核勤惰。水陸各營按照操演鎗箭之期，兵丁等齊集教場，逐名點驗，不許一名不到，將備帶同弁目親往校閱，分別等第，開單登記，即將操演原摺呈報，總兵官親自較查。倘有虛捏，或不能按期操演，立將該管將備揭報查參。其分防營汛，不論衝僻地方，均一律按期操演，一體開單呈報，隨時抽驗，委員親往查察，以別勤惰。凡總兵官查閱原單，及抽驗過各營兵丁技藝名冊等第，統於年底彙送總督衙門察核，並存底冊一分，俟將軍督撫提督等巡查操演時照冊查驗，如與原冊相符，兵丁技藝嫻熟，奏明將總兵官交部議敘，如有捏報不實，即行嚴查參究。

二、水師兵丁宜按期出洋巡哨。水師將弁按期親自出洋周歷各處，實力哨查，不得裝點軍容，張揚聲勢，徒衍虛文，

應將出汛回汛日期報明督提各衙門稽核，將港澳之險易，風信之向背及駕船之柁繚斗碇諸事，講求通曉，時時操練。如能擒拏盜賊匪徒者，准其記功陞用，倘若空文申報，僅在內港往來，虛應故事，查出立即嚴參究辦。

三、嚴總兵官巡查之例，以肅營制。總兵官巡查全郡，一切供應夫價，盡行革除，不許絲毫派累。總兵官出巡所帶弁兵一、二百名，照內地出差官兵給與差費之例，酌給盤費，入於福建公費內報銷。所有巡閱地方，務須北自淡水石門，南至鳳山水底寮，不論衝僻汛地，一律按汛操閱兵丁技藝，點驗屯番，並令留心察訪，弁兵如有包差庇賭者，立即嚴行懲治。巡查後將營伍地方情形，據實陳奏一次。

四、兵丁貿易離營等弊宜嚴行禁止。將各處營汛兵房一律趕緊興修，分派安設，於充公叛產內酌給兵丁收取餘息，以為貼補當差之用，各鎮將都司守備等應嚴行約束兵丁，除操演日期按名點驗外，平時仍派員逐日稽查，如不居住兵房，在外游蕩，即行革伍，枷號半年，遞回原籍，嚴加管束，永不許食糧入伍，並將不行查察之員嚴行參處。其分駐地方，即交各汛弁稽查。如本汛徇庇容隱，准令鄰汛弁目一體舉報。至地方賭博，應令兵役互相稽察，呈報鎮道，從嚴辦理。若鎮道不行究辦，經巡查將軍督撫等察出，即治以徇縱之罪。

五、禁革四項目兵名色，以杜包差之弊。自總兵官至守備衙門，都有兵丁聽候差遣，分為旗牌、伴當、內丁、管班等四項目兵名色，全行禁革。總兵官署內酌留差遣班兵一百名，分作兩班，副將酌留兵八十名，輪流親自上班，不許私相雇替。參將以至守備，照此按等遞減，分防千總准留兵十名，其餘悉令歸營。如敢故違定制，即依私役軍人例按名治

罪，所有留署差遣兵丁，一體照常操演，不許藉端曠伍。

六、換防戍兵分交水陸提督互相點驗。臺灣全郡戍兵，俱由內地水師陸路各標營派撥，輪班更換，調集廈門，點驗配渡。陸路提督駐箚泉州府，距廈門甚近，兵丁配渡時，即令陸路提督親赴廈門，互相點驗，將水師戍兵，由陸路提督驗看，陸路戍兵，由水師提督驗看，必須年力壯健，方准配渡。倘有應名充數，及屢次藉端換防情弊，立時究參駁回另換，仍照例各按所屬官兵，專派將備催令開駕。

七、海口城廂各礮位，清查安設，以資守禦。臺灣鹿耳門沿海一帶口岸，因海濱遼闊，遠接外洋，舊設礮臺數十處，照舊安置。其改建城垣之處，亦相度形勢，添置礮位，以資守禦。

八、嚴禁搶奪械鬥，以靖地方。所有臺灣盜案，即照新例，從嚴究辦。械鬥殺人及起意糾約者，均照光棍例，擬斬立決，傷人之犯，從重問擬發遣，餘照械鬥本例問擬。搶案聚至十人以上，及雖不滿十人但經執持器械倚強肆掠者，為首之犯，照糧船水手搶奪例，以強盜律治罪，為從各犯，發新疆給種地兵丁為奴。其搶奪人數在三人以下審有糾謀持械逞強情形，及雖未逞強，而數在三人以上者，均照回民搶奪例，發極邊煙瘴充軍。地方文武遇有械鬥搶奪案件，據報不即緝拏者，照諱盜例革職。如有增減改捏案情等弊，仍即嚴參治罪。

九、清查臺灣戶口，搜拏逸犯，以別奸良。按照定例，編查保甲，實力奉行。福康安進兵時招撫難民歸庄，每戶皆給用印手票，開載姓名人口，分派妥員登記簿籍，事定後查拏逸犯，村民不能容隱，無不立時擒獻。應令地方官推廣此

意，於清查叛產之便，責成族長管事，按戶編甲。其並無家業游民，若遇犯事到官，即在笞杖以下者，亦押令回籍。閩粵安分良民情願攜眷來臺灣者，由地方官查實給照，准其渡海，一面移咨臺灣地方官將眷口編入民籍。其隻身民人，亦由地方官一體查明給照，移咨入籍。倘有內地逸犯逃遣，竄至臺灣者，經地方官盤獲，准予從優獎敘。倘若別經發覺，訊明由何處進口，何處藏匿，即將該管員弁從嚴參處。

十、嚴禁私造器械旗幟，以靖地方。大清律例有私藏軍器之條，內地應禁軍器，祗係鳥鎗礮位，其弓箭腰刀等項，為防禦盜賊之用，原所不禁。但臺灣遠在海隅，非內地可比，除熟番屯丁應用器械及民間菜刀農具外，如弓箭、腰刀、撻刀、半截刀、鏢鎗、長矛之類，一概禁止，倘敢私藏寸鐵，即行從重治罪。各村聚眾械鬥，多用旗幟號召。林爽文起事時，將會黨分別旗幟顏色。義民隨同官兵打仗，亦各製造一旗，以示進退。嗣後嚴禁製造旗幟，若有再行私造者，俱照私藏軍器一體治罪。

十一、賭博惡習，從嚴懲治。嚴禁賭博，重法懲治，地方文武員弁，實力稽查，有犯必懲，即壓寶跌錢之類，亦從重枷杖，押遞回籍，如敢不服拘拏，照拒捕之例治罪。各汛弁兵徇隱故縱，勒索錢文計贓，以枉法論。若失於查察，別經發覺，雖訊無得賄情弊，亦即革伍枷責示儆，並令各汛弁每月出具並無賭博切結，呈報總兵官查核。臺灣又有質押零星衣物之處，名為小典，貧民無錢賭博者，多向小典押錢入場，是以街市之中，多有小典盤剝重利者，即飭地方官一體嚴行禁止，違者重究。

十二、臺灣文武各官，責成巡察大員隨時核奏。巡察之

總督巡撫等到臺灣後，將鎮將及道府廳縣各員通行查核，出具考語具奏，其備弁佐雜等俱令通行考察，咨部存案，如各員在臺灣任內有貪縱殃民款蹟，別經發覺者，即將未經參劾之人，交部嚴加議處。如遇將軍、提督巡察之年，文員雖非其專管，但既經奉命渡海巡查，諸事皆應稽察，不得以文武分途，稍存歧視。

　　十三、臺灣道員准令具摺奏事，以專責成。臺灣遠在外海，遇有緊要案件，臺灣道員原准會同臺灣鎮會銜具奏，但鎮道體制不相統攝，遇有應奏之事，准令臺灣道員專摺奏事，毋庸與總兵官會銜，以專責成，應將營伍是否整飭，兵丁曾否操演之處，按月呈報督撫查考。

　　十四、開設八里坌海口，以便商民。淡水八里坌地方港口，距五虎門水程約有六、七百里，港道寬闊，可容大船出入。淡水為產米之區，內地商船多收泊八里坌，載運米石，管口員弁，藉端需索，得受陋規，徒有封禁之名，毫無實濟，不若明設口岸，以便商民。鹿仔港既已開設，對渡蚶江，船隻往來便利，即將八里坌對渡五虎門海口，一體准令開設，其無照船隻及照內無名之人，仍行嚴加查察，以防偷渡。即於原設巡檢一員之外，新添一汛，並令淡水同知、上淡水營都司就近稽查掛驗出入及載運米石數目，均照新定海口章程一律辦理。

　　十五、沿海大小港口私渡船隻，嚴加申禁稽查。通飭臺灣沿海各口員弁實力稽查無照偷渡，如能拏獲私渡奸民，即將船隻貨物賞給兵丁，以示獎勵。其有照商船因風飄泊到岸者，驗明牌照，立即放行，不許稍有留難，藉啓需索之弊。並飭內地沿海一體申明禁例，實力訪拏積慣船戶客頭，以清

私渡之源。

十六、臺灣南北兩路安設舖遞，修治道路船隻，以肅郵政。仿照內地，安設舖遞，每三十里一舖，遞送文報，於封面上填寫時刻，以備稽考。各處通衢要路，令地方官逐加履勘，以一丈五尺為度，一律修整，以壯觀瞻，而通行旅。其淡水溪、灣裡溪、虎尾溪、大突溪、大肚溪、大甲溪等處，水深湍急，徒涉維艱，每屆山水驟漲，月餘不通往來。每處設船二隻，傳送文書，渡載民人，於公私兩有裨益[6]。

以上善後章程十六款，是針對臺灣積弊的應興應革而議定的，有其積極性及建設性，對日後臺灣社會的發展，具有正面的意義。福康安、徐嗣曾等具摺時，已指出妥擬善後事宜的宗旨是「查明歷來積弊，嚴定章程，以期永臻寧謐。」善後章程的擬定，確實有其深謀遠慮。康熙二十三年（1684），清廷領有臺灣，迄乾隆五十三年（1788），臺灣歷經百餘年的變遷，積弊叢生，必須改弦更張，始能釐剔弊端。在善後章程十六款中，有關整頓營伍，嚴肅軍紀者，共計七款，都是針對臺灣營伍廢弛，軍紀敗壞而制定的。向來臺灣鎮總兵官營私牟利，備弁相率效尤，縱容兵丁離營散處，貿易謀生，與民爭利，甚至包庇娼賭，將惰兵驕，技藝生疏，即遇操演之期，亦復虛應故事，並不按名全到。臺灣各營自總兵官至守備衙門，皆有兵丁聽候差遣，各有目兵管領。總兵官署內多至三百人，副將以下，依次遞減，至少亦有三十餘人，分班輪值。其在外自謀生理者，多在此項兵丁內掛名貼錢，代班差操。例如郡城內兵丁二千七百餘名，而在各處署內當差者已超過三分之一，存營實兵所剩無幾，以致曠伍滋事。至

---

6 《軍機處檔‧月摺包》，第 2778 箱，161 包，38873 號。

於水師兵丁，亦不諳舟楫，怠惰偷安，心存涉險畏難之見，有汛防之名，無巡哨之實，以致洋面盜刦頻傳，偷渡盛行，不能禁戢。因此，新定章程嚴定稽查各營操演，總兵官按期巡查南北兩路，禁革目兵，嚴禁兵丁貿易離營，水師兵丁按期出洋巡哨，換防戍兵，交由水陸提督互相點驗。將軍、提督巡察臺灣年分，不分文武，皆應稽察。內地道員本無奏事之責，但因臺灣遠在外海，特准臺灣道員專摺奏事。同時於南北兩路安設舖遞，修治道路，設置船隻，以利文報傳送，兼可渡載民人。為便利商民，鹿仔港、八里坌等港先後開設口岸，分別對渡蚶江、五虎門。善後章程的條款，頗為具體，亦符合臺灣社會的發展方向，遂成為嗣後清廷治理臺灣的準繩。

律例的修訂與臺灣社會控制

　　異姓人跪拜天地，結拜弟兄，是秘密會黨的基本儀式。在清代律例中既有禁止異姓結拜及取締秘密會黨的條款，這對於探討秘密會黨的起源及社會控制，顯然是很有意義的。為了便於說明，可將清代律例中涉及禁止異姓結拜及取締秘密會黨條款的修訂內容，列出簡表如下：

清朝取締異姓結拜組織及秘密會黨律例修訂簡表

年　　分	律　例　修　訂　內　容	備註
順治十八年（1661）	定凡歃血盟誓焚表結拜弟兄者，著即正法。	
康熙七年（1668）	覆准歃血盟誓焚表結拜弟兄應正法者，改為秋後處決，其止結拜弟兄，無歃血焚表等事者，仍照例鞭一百。	
康熙十年	題准歃血結拜弟兄者，不分人之多寡，照謀叛	

年　　分	律　例　修　訂　內　容	備註
（1671）	未行律，為首者擬絞監候秋後處決，為從者杖一百，流三千里，其止結拜弟兄無歃血焚表等事者，為首杖一百，徒三年，為從杖一百。	
康熙十二年（1673）	題准凡異姓人結拜弟兄，未曾歃血焚表者，為首杖一百，為從杖八十。	
雍正三年（1725）	凡異姓人歃血訂盟焚表，結拜弟兄，不分人數多寡，照謀叛未行律，為首者擬絞監候，其無歃血盟誓焚表事情，止結拜弟兄，為首者杖一百，為從者各減一等。	
乾隆二十九年（1764）	閩省民人除歃血訂盟焚表結拜弟兄，仍照定例擬以絞候，其有抗官拒捕持械格鬥等情，無論人數多寡，審實各按本罪分別首從，擬以斬絞外，若有結會樹黨，陰作記認，魚肉鄉民，凌弱暴寡者，亦不論人數多寡，審實將為首者照兇惡棍徒例，發雲貴兩廣極邊煙瘴充軍，為從減一等，被誘入夥者，杖一百，枷號兩月，各衙門兵丁胥役入夥者，照例分別治罪。該管文武各官失於覺察，及捕獲之後有心開脫，均照例參處。若止係鄉民酬社賽神，偶然洽比，事竣即散者，不在此例。	
乾隆三十九年（1774）	凡異姓人但有歃血訂盟焚表結拜兄弟者，照謀叛未行律，為首者擬絞監候，為從減一等，若聚眾至二十人以上，為首者擬絞立決，為從者發雲貴兩廣極邊煙瘴充軍。其無歃血盟誓焚表事情，止序齒結拜弟兄，聚眾至四十人以上，為首者擬絞監候，為從減一等。若年少居首，並非依齒序列，即屬匪黨渠魁，首犯擬絞立決，為從發雲貴兩廣極邊煙瘴充軍，如序齒結拜數在四十人以下，二十人以上，為首者杖一百，流三千里，不及二十人者，杖一百，枷號兩月，為從各減一等。	
乾隆五十七	臺灣不法匪徒，潛謀糾結，復興天地會名目，搶	

年　　分	律　例　修　訂　內　容	備　註
年（1792）	劫拒捕者，首犯與曾經糾人及情願入夥希圖搶劫之犯，俱擬斬立決，其並未轉糾黨羽，或聽誘被脅，而素非良善者，俱擬絞立決，俟數年後此風漸息，仍照舊例辦理。	
嘉慶十六年（1811）	凡異姓人但有歃血訂盟焚表結拜弟兄者，照謀叛未行律，為首擬絞監候，為從減一等，若聚眾至二十人以上，為首者擬絞立決，為從者發雲貴兩廣極邊煙瘴充軍，其無歃血盟誓焚表事情，止序齒結拜弟兄，聚眾至四十人以上，為首擬絞監候，四十人以下二十人以上，為首者杖一百，流三千里，不及二十人，為首者杖一百，枷號兩月，為從各減一等。若年少居首，並非依齒序列，即屬匪黨渠魁，聚眾至四十人以上者，首犯擬絞立決，為從發雲貴兩廣極邊煙瘴充軍，未及四十人者，為首擬絞監候，為從杖一百，流三千里，其有抗官拒捕持械格鬥等情，無論人數多寡，審實各按本罪分別首從，擬以斬絞。若結會樹黨，陰作記認，魚肉鄉民，凌弱暴寡者，亦不論人數多寡，將為首照兇惡棍徒例，發雲貴兩廣極邊煙瘴充軍，為從減一等，被誘入夥者，杖一百，枷號兩月。各衙門兵丁胥役入夥者，照為首例問擬，鄉保地方明知不首，或借端誣告者，照例分別治罪，該管文武各官失於覺察，及捕獲之後，有心開脫，均照例參處。若止係鄉民酬社賽神，偶然洽比，事竣即散者，不在此例。	
嘉慶十六年（1811）	閩粵等省不法匪徒，潛謀糾結，復興天地會名目，搶劫拒捕者，首犯與曾經糾人及情願入夥希圖搶劫之犯，俱擬斬立決，其並未轉糾黨羽，或聽誘被脅，而素非良善者，俱擬絞立決。如平日並無為匪，僅止一時隨同入會者，俱發新疆酌撥種地當差，俟數年後此風漸息，仍照舊例辦理。	
嘉慶十七年（1812）	凡異姓人，但有歃血訂盟焚表結拜弟兄者，照謀叛未行律，為首者擬絞監候，為從減一等。	

年　　分	律　例　修　訂　內　容	備　註
	若聚眾至二十人以上，為首者擬絞立決，為從者發雲貴兩廣極邊煙瘴充軍。其無歃血盟誓焚表事情，止序齒結拜弟兄聚眾至四十人以上，為首者擬絞監候，四十人以下，二十人以上為首者杖一百，流三千里，不及二十人，為首者杖一百，枷號兩月，為從各減一等。若年少居首，並非依齒序列，即屬匪黨渠魁，聚眾至四十人以上者，首犯擬絞立決，為從發雲貴兩廣極邊煙瘴充軍，未及四十人者，為首擬絞監候，為從杖一百，流三千里，其有抗官拒捕持械格鬥等情，無論人數多寡，各按本罪分別首從擬以斬絞。如為從各犯內，審明實係良民被夥勉從結拜，並無抗官拒捕等事情，應於為從各本罪上再減一等，僅止畏累出錢，未經隨同結拜者，照違制律杖一百，其聞拏投首，及事未發而自首者，各照律例分別減免，儻減免之後復犯結拜，不許再首，均於應擬本罪上，酌予加等，應絞決者，改擬斬決，應絞候者，改為絞決，應發極邊煙瘴充軍者，改發新疆酌撥種地當差，應滿流者，改為附近充軍，應滿徒以下，亦各遞加一等治罪。其自首免罪各犯，由縣造具姓名住址清冊，責成保甲族長嚴行稽查約束，仍將保人姓名登記冊內，如有再犯，即將保甲族長擬杖一百。至結會樹黨，陰作記認，魚肉鄉民，凌弱暴寡者，亦不論人數多寡，審實將為首者照兇惡棍徒例，發雲貴兩廣極邊煙瘴充軍，為從減一等，被誘入夥者，杖一百，枷號兩月。各衙門兵丁胥役入夥者，照為首例問擬。鄉保地方明知不首，或借端誣告者，照例分別治罪，該管文武　各官失於覺察，及捕獲之後有心開脫，均照例參處，若止係鄉民酬社賽神，偶然洽比，事竣即散者，不在此例。	

年　　分	律　例　修　訂　內　容	備　註
咸豐元年 （1851）	滇省匪徒結拜弟兄，除罪應徒流以上各犯，仍照例辦理外，其但係依齒序列，不及二十人，罪止枷杖者，於本地方鎖繫鐵杆一年，限滿開釋，照例枷責，交保管束，如不悛改，再繫一年，儻始終怙惡不悛，即照棍徒擾害例嚴行辦理，地方官每辦一案，報明督撫臬司各按季彙冊咨部，開釋時亦報部查覆，俟數年後此風稍息，仍循舊例辦理。	
宣統二年 （1910）	各省拏獲會匪，如訊係為首開堂放飄者，及領受飄布輾轉糾夥散放多人，或在會中充當元帥軍師坐堂陪堂刑堂禮堂名目，與入會之後雖未放飄輾轉糾人而有夥同搶劫情事，及勾通教匪煽惑擾害者，一經審實，即開錄詳細供招，稟請覆訊，就地正法，仍隨案具奏。此外如有雖經入會，並非頭目，情罪稍輕之犯，酌定年限監禁。俟限滿後察看是否安靜守法，能否改過自新，分別辦理。其無知鄉民被誘被脅，誤受匪徒飄布，希冀保全身家，並非甘心從逆之人，如能悔罪自首呈繳飄布者，一概從寬免其究治。其有向充會匪自行投首密告匪首姓名因而拏獲，亦一律免罪。若投首後又能作線引拏首要各犯到案究辦，除免罪之外，仍由該地方官酌量給賞，地方文武員弁能拏獲著名首要審實懲辦，隨案奏請優獎，如妄拏無辜擾累閭閻，以及縱匪貽害，亦即嚴行參處。	

資料來源：《大清會典》、《欽定大清會典事例》、《大清現行刑律》。

　　清代律例，雖然承襲明代律例，但有清一代的法律，由於因時制宜，陸續纂修條例，而有相當大的變化。清朝君臣認為刑法中的律文，不足以包羅萬象，恐法外遺奸，為求情罪相當，於是針對不同個案而增加條例。有的是由君主頒發諭旨，定為條例；有的是將原例損益合併，成為新例。清代

律例的變化，主要就是在於條例，而不在於律文。清初以來，朝廷不斷以條例來補充律文，使原律多成虛文。據《清史稿・刑法志》的記載，康熙以前累朝舊例，共三二一條，康熙年間現行例共二九〇條，雍正三年（1725），欽定例共二〇四條，合計共八一五條[7]。乾隆元年（1736），刑部議准三年修例一次。乾隆十一年（1746），內閣等衙門議准五年修例一次。乾隆四十四年（1779），部議明確規定，既有定例，則用例不用律。條例遂愈來愈多，愈多愈繁，以致新例與舊例往往前後牴觸，彼此歧異，甚至因例破律，清代臣工遂有「大清律易遵，而例難盡悉；刑律易悉，而吏部處分律難盡悉」的歎息[8]，由此可以了解清代臣工捨律用例的趨勢。從清代律例的變化，可以看出清代的法律，並非一種穩定的、公開的，為社會成員普遍遵守的律文。基於對法律的漠視與畏懼，民間長久以來產生了在法律之外的各種自我保護方式，這種自保意識，往往直接排斥法律的效力。清代異姓結拜組織及秘密會黨就是民間自保意識下的一種產物，各會黨成員所遵守的誓詞規章，取代了朝廷的律例。

　　我國民間異姓結拜或金蘭結義的風氣，雖然起源很早，但歷代以來，尚未針對異姓結拜活動制定取締專條。在我國刑法史上正式制訂律例來取締異姓結拜組織，實始自清代。根據《大清會典》禁止奸徒結盟的規定，在滿洲入關之初，即已規定凡異姓人結拜弟兄者，鞭一百。順治十八年（1661），規定凡歃血盟誓焚表結拜弟兄者，著即正法。康熙年間，針

7　《清史稿》，卷 149，刑法 1，頁 3。
8　《胡文忠公遺集》（臺北，文海出版社，民國 67 年 1 月），卷 3，頁 34。

對異姓人結拜弟兄問題，先後三次修訂律例。康熙七年（1668），刑部議准，將歃血盟誓焚表結拜弟兄應正法者改為秋後處決，其僅結拜弟兄，並無歃血焚表者，仍照例鞭一百。康熙十年（1671），刑部題准，將歃血結拜弟兄者，不分人數多寡，照謀叛未行律，為首者擬絞監候秋後處決，為從者杖一百，流三千里，其僅結拜弟兄並無歃血焚表等事者，為首杖一百，徒三年，為從者杖一百。清廷不僅修訂有關取締異姓結拜組織的律例，同時也在條款項目上把「雜犯」罪變成了「謀叛」罪。康熙十二年（1673），刑部題准修訂律例，將結拜弟兄未曾歃血焚表為首者，改為杖一百，為從者改為杖八十。雍正三年（1725），刑部題准合併康熙十年（1671）及康熙十二年（1673）舊例，並加以修訂。將「歃血結拜弟兄」修改為「凡異姓人歃血訂盟焚表結拜弟兄」，並刪略「為從杖流」字樣。

雍正六年（1728），諸羅縣父母會成立的宗旨，主要是為了會中成員父母身故，互助喪葬費用，是屬於一種互助性的地方社會共同體，也是一種自力救濟組織。在移墾社會中，因社會普遍的貧困，亟需籌措喪葬費用，父母會就是一種泛家族主義的虛擬宗族。但因父母會的組織方式及其結拜儀式，是屬於異姓結拜活動。異姓人結拜弟兄，歃血盟誓，各人以針刺血，滴酒同飲，俱與清初律例相牴觸，而遭到官方的取締。父母會成員遵守盟約誓詞，民間共同體私人關係，取代了國家法律關係。臺灣鎮總兵官王郡、護理臺灣道臺灣府知府俞存仁、諸羅縣知縣劉良璧等人審擬父母會湯完一案時所援引的律例條文為：「定例，異姓歃血訂盟，不分人之多寡，照謀叛未行律，為首者擬絞，監候秋後處決；為從者杖

一百，流三千里，僉妻發遣，至配所折責四十板[9]。」父母會雖然共推湯完為大哥，其實是由陳斌首先起意招人入會，總兵官王郡等人即以陳斌為會首，照定例擬絞監候，而將湯完等人照為從例擬流。惟因黃贊、蔡祖、朱寶三人年幼無知，俱照律收贖。至於蔡蔭一案，則照依未曾歃血焚表結拜兄弟為首例，將蔡蔭杖一百，折責四十板，其餘陳卯等人則照依為從例，杖八十，折責四十板。惟董法、石意二人，年僅十五歲，照例責懲。總兵官王郡等人審擬父母會湯完、蔡蔭二案時，並非援引雍正三年（1725）重修〈奸徒結盟〉律例，而是援引康熙十年（1671）及康熙十二年（1673）舊例。但無論援引康熙舊例，或雍正新例，都是援引取締異姓結拜條例審理父母會。易言之，從臺灣地方官審擬父母會時都援引取締異姓結拜條例判決加以觀察，確實可以說明清代各種會黨是由異姓結拜共同體發展起來的秘密組織。異姓結拜組織與秘密會黨的區分，端在於有無會名的問題，異姓結拜組織倘若陰作記認，倡立名目，就是會黨。臺灣父母會並未暗藏大旗、槍械，不是政治性的叛亂組織，但福建總督高其倬卻比例加重，嚴加懲治，並將辦理經過，繕摺奏聞。其原摺略謂：

> 查臺灣地方遠隔重洋，向因奸匪曾經為變，風習不純，人情易動，此等之事，懲治當嚴。況福建風氣，向日有鐵鞭等會，拜把結盟，奸棍相黨，生事害人，後因在在嚴禁。且鐵鞭等名，駭人耳目，遂改而為父母會，乃其奸巧之處。臣查結盟以連心，拜把以合黨，黨眾漸多，即謀匪之根。湯完一案，雖據審無謀匪藏械；

9　《宮中檔雍正朝奏摺》，第 11 輯，頁 68。

蔡蔭一案，雖據審無歃血等情，似應照例擬究完結。
但臺灣既不比內地，而湯完等拜把，竟有銀班指，非
尋常拜把之物。且陳斌固係招人起意之人，而湯完現
做大哥，豈可輕縱。又蔡蔭一案，雖無歃血，而兩次
拜把，既屬再起，且其夥漸增，尤為不法。臣擬將湯
完、陳斌俱行令曉示立斃杖下，以示懲警，餘人照例
解審問流。蔡蔭二次拜把為首，亦應行令曉示杖斃，
　餘二次拜把者，加重枷責，押過海交原籍禁管安插[10]。

引文中所稱「向因奸匪曾經為變」，即指康熙六十年（1721）
四月朱一貴起事而言。福建總督高其倬認為臺灣地方，遠隔
重洋，「風習不純，人情易動」，不比內地，其結盟拜會案件，
不應照例擬究。基於政治上的考慮，為防範未然，並加強對
臺灣社會的控制，遂將湯完、陳斌改擬「立斃杖下」，以示懲
警，蔡蔭亦行令曉示杖斃，其餘人犯照例解審問流，或解回
原籍禁管安插。福建總督高其倬奏摺奉硃批：「知道了，料理
的是。」湯完、陳斌、蔡蔭三人，俱被立斃杖下，較當時現
行條例加重懲處，已與就地正法相似，可以了解清代地方官
審擬異姓結拜或結盟拜會案件因地而異的情形。

　　康熙十年（1671），清朝律例中關於禁止異姓結拜的規
定，已經在條款內容上把雜犯罪變成了謀叛罪。乾隆五年
（1740），清廷重修《大清律例》，正式刊佈，全書凡四十七
卷，四三六門，計一〇四九條，其中有關禁止異姓結拜的條
款，移置於第二十三卷〈賊盜・謀叛〉項下，其條文與雍正
朝所訂內容，基本相同，並無重大增補。乾隆初年以來，閩
粵地區的結盟拜會案件，雖然層見疊出，但清廷迄未針對秘

10　《宮中檔雍正朝奏摺》，第 11 輯，頁 69。

密會黨的活動制定取締專條。乾隆二十九年（1764）十月初
八日，福建巡撫定長具摺奏請嚴訂結會樹黨治罪專條，其原
摺略謂：

> 閩省山海交錯，民俗素稱強悍，凡抗官拒捕械鬥逞兇
> 之案，歷所不免。近經嚴立科條，有犯必懲，此風已
> 稍為歛戢。惟臣自抵任來，留心訪察，知閩省各屬，
> 向有結會樹黨之惡習，凡里巷無賴匪徒，逞強好鬥，
> 恐孤立無助，輒陰結黨與，輾轉招引，創立會名，或
> 陽托奉神，或陰記物色，多則數十人，少亦不下一、
> 二十人。有以年次而結為兄弟者，亦有恐干例禁而並
> 無兄弟名色者。要其本意，皆圖遇事互相幫助，以強
> 凌弱，以眾暴寡，而被侮之人，計圖報復，亦即邀結
> 匪人，另立會名，彼此樹敵，城鄉效尤，更聞有不肖
> 兵役潛行入夥，倚藉衙門聲勢，里鄰保甲，莫敢舉首，
> 小則魚肉鄉民，大則逞兇械鬥，抗官拒捕，亦因此而
> 起，是結會樹黨之惡習，誠為一切奸究不法之根源。
> 臣察知此弊，歷次通行嚴飭查挐，並剴切出示，曉以
> 利害，更於地方官謁見時諄諄告誡，雖現在少有發覺
> 之案，但恐漸染既深，惡習未能悉除，且參酌律例，
> 並無匪徒結會樹黨治罪之專條。惟例載異姓人歃血訂
> 盟焚表結拜弟兄不分人數多寡，照謀叛未行律為首者
> 擬絞監候，其無歃血盟誓焚表事情，止結拜弟兄，為
> 首者杖一百，為從者各減一等等語，外省如遇有異姓
> 人結會樹黨之案，多照此例分別辦理。惟是例內特嚴
> 於歃血盟誓焚表，若止結拜弟兄者，原無以人數多寡
> 區別之明文，而承問官拘泥例文，易啟避重就輕之弊。

蓋歃血盟誓焚表，事屬秘密，過後既少有形跡可驗，各犯到案，斷不肯據實供明，承審之員，亦樂於從輕完結，故若訊無歃血盟誓焚表，即使結會樹黨，並結拜弟兄至數十人之多者，皆得概予杖責釋放，間有比例量為酌加，亦終不足使匪徒懲創，以致釀成巨案，水懦易犯，諒由於此。臣愚以為凡鄉民無知結會，如香會、神會等名色，雖各處多有，然不過春秋祈報，初非有意為匪，即或另有愚民因情分相投，聯為同氣，亦不過數人而止，若夫糾約多人創會樹黨，結拜弟兄，其蓄心已非善良，其招引必多匪類，似不得以其並無歃血盟誓焚表概為輕恕，應即按其人數之多寡，定厥罪之差等，以免邊海匪徒肆行無忌，輾轉蔓延，為害無窮也。臣悉心斟酌，請嗣後凡異姓人結拜弟兄，如實有歃血訂盟焚表情事，仍不分人數多寡，為首之人照例擬絞外，其雖無歃血盟誓焚表，但經糾眾結拜弟兄數至三十人以上者，無論有無創會，將為首之人，即照歃血盟誓焚表例擬絞監候；數至二十人以上者，將為首之人杖一百，流三千里；數在十人以上者，將為首之人杖一百，徒三年；其為從之人，如曾轉為糾約多人者，各照為首例減一等；此係被誘聽從入夥者，准再減一等；若數在十人以下，為首者仍照原例杖一百，為從減一等；若雖無弟兄名色，而非實係春秋祈報，托名創會樹立黨與者，均按其人數，分別首從，照糾眾結拜弟兄例，各減一等，如有文武衙門兵丁胥役入夥者，雖為從各照為首之人一例問擬；鄉保失察，或知情不首，分別治罪；借端誣告者，照律究懲；至

該管文武及地方官如平日失於覺察，迨經告發，或上
司訪聞，即能捕獲要犯據實詳究者，仍照定例免其議
處；若不准理，又不緝挐，並獲犯到案故減人數，曲
為開脫者，從重參處。如此庶匪徒不敢任意糾眾結黨，
而地方官既不敢瞻顧失察處分，諱匪不究，亦得按人
數以定爰書，莫敢姑息養奸，懲匪僻而靖海疆，似不
無裨益[11]。

前引奏摺內容是福建巡撫定長針對秘密會黨活動而奏請增訂
的治罪專條，其主要內容包括兩個部分：一方面是將結會樹
黨案件援引雍正三年（1752）修訂取締異姓結拜修訂條例辦
理；一方面按照結拜人數多寡，以定罪情輕重。福建巡撫定
長奏摺指出原定律例，並無結會樹黨治罪專條，外省遇有結
會樹黨案件，多照禁止異姓人歃血訂盟焚表結拜弟兄定例分
別辦理。定長奏請增訂會黨治罪專條，也將異姓結拜與結會
樹黨聯繫起來，充分說明秘密會黨在性質上就是一種異姓結
拜組織。定長原奏於乾隆二十九年（1764）十一月經刑部議
覆增訂成例，並載入《欽定大清會典事例》之中。但對照定
長原奏與刑部議准條例後，可知定長按人數多寡以定罪情輕
重的建議，並未被採納。姑且不論這條律例的增訂和當時福
建天地會的活動是否有密切關係，但清廷欲首次正式將取締
閩省結會樹黨與禁止異姓人結拜弟兄合併增入清朝律例之
中，就是針對閩省會黨活動，在原有禁止〈奸徒結盟〉的條
例上增添「結會樹黨」字樣，這就同時充分表明福建地區結
盟拜會風氣的盛行。

11　《宮中檔乾隆朝奏摺》，第22輯（民國73年2月），頁804。乾
　　隆二十九年十月初八日，福建巡撫定長奏摺。

　　乾隆三十八年（1773），廣東揭陽縣有縣民四十餘人聚眾結盟，不序年齒，共推年僅二十二歲的陳阿高為大哥。此案經廣東巡撫德保覆審，擬以絞候，發回監禁。有陳阿高素好的林阿裕等，探知陳阿高罪名已定，起意糾眾劫獄，乘揭陽縣署理知縣交卸之際，約期舉事，衾夜爬城，因地保等人發覺喊叫，始行逃逸。次年正月，清高宗頒降諭旨云：

> 此案皆由陳阿高擬罪過輕，匪徒見其久繫囹圄，遂爾潛謀滋事，致皆身罹重典。使陳阿高犯案時，即行正法，林阿裕等無隙可乘，轉得杜其奸謀，亦即可全其軀命，所謂辟以止辟，用意正復如此。及查覆原案，則陳阿高之問擬絞候，尚係德保比例加重，是此條舊定之例，原未允協。夫以歃血訂盟，謂不分人數多寡，殊覺顢頇失當。豈以十人內外，與多至四、五十人者，漫無區別乎？即如陳阿高一案，結盟至四十餘人之多，又係該犯起意聚眾，且陳阿高年僅二十二歲，案犯較其年長者尚多，而眾皆推之為首，即屬匪黨巨魁，更非序齒結拜弟兄者可比，自當另定條例，以示創懲，所有陳阿高罪名，已諭令李侍堯歸於林阿裕等案內，從重定擬。至嗣後遇有此等案件，如何另行定例之處，著刑部詳細妥議具奏[12]。

由前引諭旨可知廣東巡撫德保審擬陳阿高一案時，已較原訂條例加重懲處。但清高宗認為舊例過輕，歃血結盟不分人數多寡，年少居首，亦未論及，顢頇失當，故飭刑部詳加修訂。刑部遵旨研擬條例具奏，其議准條例如下：

12　《大清高宗純皇帝實錄》，卷 951，頁 10，乾隆三十九年正月丙子，諭旨。

　　凡異姓人但有歃血訂盟，焚表結拜弟兄者，照謀叛未
行律，為首者擬絞監候，為從減一等。若聚眾至二十
人以上，為首者擬絞立決，為從發雲貴兩廣極邊煙瘴
充軍。其無歃血盟誓焚表事情，止序齒結拜弟兄，聚
眾至四十人之多，為首者擬絞監候，為從減一等。若
年少居首，並非依齒序列，即屬匪黨巨魁，首犯擬絞
立決，為從發極邊煙瘴充軍。如序齒結拜，數在四十
人以下，二十人以上，為首者杖一百，流三千里，不
及二十人，杖一百，枷號兩個月，為從各減一等[13]。

《欽定大清會典事例》中所載乾隆三十九年（1774）改定條
例，就是根據刑部奏准條文略加修改而增入的，例如刑部原
奏內「為從發極邊煙瘴充軍」，《欽定大清會典事例》作「為
從發雲貴兩廣極邊煙瘴充軍」，其餘文字出入不大。康熙、雍
正現行例中，禁止異姓結拜，並無按人數多寡定罪的規定。
乾隆三十九年（1774）改定條例，首次按人數多寡以定罪情
輕重，以免漫無區別。這條律例的增訂，充分說明異姓結拜
組織的擴大，以及秘密會黨的盛行，不但會黨林立，而且各
會黨成員也是人數眾多。

　　乾隆年間，臺灣秘密會黨隨著人口變遷而更加活躍，在
天地會起事以前，小刀會的活動，尤為頻繁，主要集中在彰
化一帶。乾隆四十八年（1783），福建水師提督黃仕簡、福建
臺灣道楊廷樺提審小刀會各要犯覆訊後，除林阿騫等九人為
小刀會首夥，又因攻庄搶殺，歸入械鬥案內被正法外，其餘
各犯俱依例審擬。黃仕簡等人所援引的條例如下：

13　《大清高宗純皇帝實錄》，卷 951，頁 11，乾隆三十九年正月丙子，
　　據刑部奏。

查例載結會樹黨，陰作記認，魚肉鄉民，凌弱暴寡者，
照兇惡棍徒例，發雲貴兩廣極邊煙瘴充軍，為從減一
等，各衙門兵丁胥役入夥者，照為首例問擬各等語[14]。

　　將前引條例與前列簡表互相對照後，可知黃仕簡等人所
援引的條例，就是乾隆二十九年（1764）改定的條例，而文
字稍簡略。黃仕簡等將小刀會成員林文韜等十四名均照例發
雲貴兩廣極邊煙瘴充軍，從重改遣伊犁等處，給種地兵丁為
奴；夥犯林豹等十名俱照為從減等杖徒例，從重照兇惡棍徒
例發雲貴兩廣極邊煙瘴充軍。由此可知地方大吏審擬臺灣小
刀會案件，無論首夥各犯，均比例加重，從重懲辦。至於凌
虐小刀會成員兇橫不法兵丁楊祐、曾篤等人，黃仕簡等人審
擬時，是按照兇惡棍徒例充軍，從重改遣伊犁等處，給種地
兵丁為奴。多羅質郡王永瑢議覆小刀會案件時，則以兵丁楊
祐、曾篤將林文韜擒至軍營，騎壓身上，剜瞎眼睛。控縣關
提時，又抗不到案，恃伍逞兇，目無法紀，實與光棍無異，
未便如黃仕簡等人所擬，而改照光棍為從例擬絞。臺灣為海
疆重地，兵丁肆橫，凌虐百姓，釀成事端，情罪較重，於是
請旨將楊祐、曾篤即行就地正法[15]。

　　臺灣諸羅縣的添弟會與雷公會，是屬於同籍同姓的械鬥
組織。乾隆五十一年（1786）閏七月初七日，石溜班汛把總
陳和帶兵四名押解添弟會成員張烈一名，行抵斗六門，楊光
勳率眾刦囚，殺害把總陳和及兵役。斗六門把總陳國忠率領
兵役往援，添弟會成員持刀拒捕。臺灣鎮總兵官柴大紀等率

14　《宮中檔乾隆朝奏摺》，第55輯（民國75年11月），頁860。乾
　　隆四十八年四月二十九日，福建水師提督黃仕簡等奏摺。
15　《軍機處檔・月摺包》，第2776箱，140包，33320號。乾隆四十
　　八年七月初一日，多羅質郡王永瑢奏摺錄副。

同文武員弁帶領兵役馳赴諸羅，拏獲楊光勳等八十九名要犯審究。柴大紀等人所援引的律例為「律載謀叛不分首從皆斬，其拒敵官兵者，以謀叛已行論；又例載閩省民人結會樹黨，不論人數多寡，為首者照兇惡棍徒例，發雲貴兩廣極邊煙瘴充軍，為從減一等等語[16]。」其中除謀叛律外，所稱閩省民人結會樹黨云云，就是援引乾隆二十九年（1764）改定的會黨治罪專條，而不是援引乾隆三十九年（1774）新例。楊光勳為首倡立添弟會，又同何慶等人率眾刼囚，張能等下手殺害弁兵，張光輝等放火，拒敵官兵，李鴻等傷斃巡檢家丁，以上楊光勳等十八名俱照謀叛不分首從皆斬律，擬斬立決，因其情罪重大，即於閏七月二十九日恭請王命，先行正法梟示。陳輝等二十八名，因聽從入會，又聽從刼囚，各持刀棍在場助勢，同惡共濟，除何郎等八名先被鎗傷斃命不議外，其餘陳輝等二十名，均照謀叛律擬斬立決梟示，各犯家屬緣坐，財產入官。楊媽世是監生，為首結會樹黨，不便照常例擬充軍，從重改發伊犂充當苦差。添弟會成員張泮等二十五名，雷公會成員潘吉等二十四名，以上共四十九名，因聽糾入會，俱從重發雲貴兩廣極邊煙瘴充軍，改發極邊足四千里。清代地方大吏以臺灣地方遠隔重洋，不比內地，對結盟拜會的審理，都持懲治當嚴的態度，雖然援引現行律例，但俱比例加重，並非按照常例辦理。

　　清軍平定臺灣天地會之亂後，林爽文等人被解送京師，按謀反大逆律凌遲梟示。林爽文之弟林躍興於福建南平縣地方因感冒病重，生命垂危，就地凌遲處死，並將首級傳示臺灣。莊大田因素患喘吼病症，又因跌傷頸項，解送臺灣府城

16　《天地會（一）》，頁173。

時，已成奄息，未便任其病斃，即被綁赴市曹凌遲梟示，並
將其首級帶送京師。其緣坐家屬俱援引謀反大逆祖父父子孫
兄弟皆斬律論斬，其十五歲以下及母女妻妾給付功臣之家為
奴。其拒敵官兵各黨夥要犯，於拏獲時，即於該處就地正法。
其被脅從並未打仗情節稍輕者，即賞給軍營駐防滿兵為奴[17]。

　　林爽文起事以後，諸羅縣崎內庄人李效倡言天地會黨夥
欲來搶掠，庄民紛紛逃避，李效乘間攫取所遺銀物。清軍平
定臺灣南北路後，李效恐被告發，於乾隆五十四年（1789）
六月間倡立遊會。同年八月，李效等人被拏解臺灣府審訊，
臺灣鎮總兵官奎林等人所援引的條例包括光棍為首斬立決及
乾隆二十九年（1764）閩省結會樹黨治罪專條，於審明後恭
請王命將李效等五人綁赴市曹斬決[18]。林爽文起事失敗後，天
地會的逸犯潛匿各地，企圖復興天地會。乾隆五十五年（1790）
九月，原籍廣東的謝志與原籍漳州的張標等人在臺灣南投虎
仔坑訂盟，復興天地會，共推張標為大哥，宰雞歃血鑽刀盟
誓。張標等人被拏獲後，臺灣鎮總兵官奎林援引乾隆三十九
年（1774）新定條例審擬，應將張標等人擬絞立決，但因張
標等人復興天地會，輾轉糾人，又藏匿林爽文天地會舊誓章，
不法已極，而將張標等三十一名，均照謀叛不分首從皆斬律
擬斬立決，於審訊後綁赴市曹，即行處斬。其餘林三元等九
名，聽從糾邀，但未訂盟，俱照異姓歃血訂盟焚表結拜弟兄
聚眾至二十人以上為從發雲貴兩廣極邊煙瘴充軍例，從重改

17　《宮中檔乾隆朝奏摺》，第 67 輯（民國 76 年 11 月），頁 37。乾
　　隆五十三年正月十二日，閩浙總督李侍堯奏摺。
18　《軍機處檔・月摺包》，第 2744 箱，175 包，42241 號，乾隆五十
　　四年十一月初六日，臺灣鎮總兵官奎林等奏摺錄副。

發黑龍江，給披甲人為奴[19]。

　　乾隆二十九年（1764），增訂結會樹黨治罪專條，是針對福建地區各種會黨活動而修改的，並非專指天地會而增訂的，洪二和尚傳授天地會，是後來查出來的。張標、謝志等人復興天地會一案查辦完結後，臺灣鎮總兵官奎林、閩浙總督覺羅伍拉納先後奏報了臺灣復興天地會的活動。乾隆五十七年（1792），刑部議覆張標一案後，針對臺灣復興林爽文天地會將律例作了重大的修訂，議定了典型的案例。其中最可注意的是在天地會的會名上冠以"復興"字樣，說明這條律例的修訂，與林爽文領導天地會起事有關。這是乾隆年間對取締異姓結拜及結會樹黨條款所作第三次重大的修訂，也是清廷第一次將「天地會」字樣明確地寫入了《大清律例》。乾隆五十八年（1793）二月，臺灣鎮總兵官哈當阿拏獲陳潭等復興天地會案內逸犯廖喜等人時，即援引新例從嚴審擬。乾隆五十九年（1794），鳳山縣拏獲小刀會鄭光彩等首夥共四十九名，亦照新例審擬斬立決，於審明後綁赴市曹處斬。新例原本是針對臺灣復興天地會而增訂的，但地方官也援引這條新例來審擬小刀會。

　　乾隆五十七年（1792），清廷針對臺灣復興天地會而修訂的新例，原本是暫時性的條例，清廷原以為臺灣復興天地會的活動，數年以後，即可平息。因此，在新例中有「俟數年後此風漸息，仍照舊例辦理」等語。所謂「舊例」，即指乾隆二十九年（1764），或乾隆三十九年（1774）的現行條例而言。但自嘉慶初年以來，不但臺灣結會樹黨的風氣，並未漸息，而且閩粵內地及其鄰近地區如江西、廣西、雲南、貴州、湖

19　《天地會（五）》，頁383。

南等省，其結盟拜會案件，更是層見疊出。因此，迄未恢復
舊例。嘉慶年間（1796-1820），清廷因應各省秘密會黨的盛
行，曾先後將有關取締秘密會黨活動的律例作了四次的修
訂。第一次修訂是在嘉慶八年（1803），根據乾隆三十九年
（1774）所訂條例作了部分的增訂。乾隆三十九年（1774）
所訂條例中對年少居首非依齒序列的結盟拜會活動，不論人
數多寡，其首犯擬繳立決。嘉慶八年（1803），將年少居首非
依齒序列的結盟拜會活動，修訂為四十人以上的首犯始擬絞
立決，其未及四十人的首犯定為擬絞監候。這部分的修訂，
充分反映嘉慶初年非依齒序列的結盟拜會活動，已極普遍。
第二次修訂是在嘉慶十六年（1811），將嘉慶八年（1803）改
定條例內增入乾隆二十九年（1764）閩省結會樹黨治罪專條，
遂將兩例合併為一條，並刪略「閩省民人」等字樣，以擴大
新例的適用範圍。第三次修訂也是在嘉慶十六年（1811），其
內容是根據乾隆五十七年（1792）新例而改定的，所修改的
文字，頗值注意，將「臺灣不法匪徒」修改為「閩粵等省不
法匪徒」等字樣。乾隆五十七年（1792）新例是專指臺灣復
興天地會而言，第三次修訂條例，則泛指「閩粵等省」，這個
條例的修改，充分反映閩粵等省內地秘密會黨的盛行，而將
臺灣一府使用的專條，擴大為內地各省適用的通例。第四次
修訂是在嘉慶十七年（1812），這次修訂，主要是綜合歷年舊
例，歸併為一條，以減少援引條例的紛歧。但就臺灣地區而
言，多援引乾隆五十七年（1792）臺灣復興天地會治罪新例，
而非援引嘉慶年間修訂條例。例如嘉慶三年（1799）七月初
九日，臺灣嘉義縣人徐章糾邀胡番婆等十人結拜小刀會，鑽
刀飲酒，拜天立誓。胡番婆等人被拏獲後，福建水師提督兼

管臺灣鎮總兵官哈當阿援引乾隆五十七年（1792）專條審擬，擬斬立決。嘉慶六年（1801）十二月二十五日，臺灣府知府吳逢聖等審擬鳳山縣小刀會逸犯林專，亦援引乾隆五十七年（1792）專條，將林專擬斬立決，於審明後恭請王命，綁赴市曹正法[20]。此專條原指臺灣復興天地會而言，地方大吏既援引此專條審擬小刀會，遂使此項專條逐漸成為通例。

　　道光六年（1826），臺灣分類械鬥規模擴大，巫巧三為首結拜兄弟會，兵役先後拏獲首夥四百餘名，閩浙總督孫爾準將審擬兄弟會首夥經過繕摺奏聞。其中巫巧三一名是兄弟會的會首，除糾鬥殺人結拜兄弟罪止斬絞不議外，其支解朱雄等二命，從重科斷，即按照支解人者凌遲處死律凌遲處死；嚴阿奉一名除結拜兄弟罪止擬絞不議外，其糾鬥殺人，即依照臺灣械鬥殺人例斬立決；劉萬盛等七名，起意糾鬥，俱按臺灣械鬥為首糾約聚眾例斬立決；吳阿生等三名除結拜兄弟為從輕罪不議外，其聽糾出鬥，又聽從巫巧三支解兩命在場加功，均依支解人為從加功律斬立決；羅弗生等二十五名助鬥殺人，除結拜兄弟為從輕罪不議外，均與聽糾械鬥殺斃人命之何阿貴等四十七名按照臺灣械鬥殺人例斬立決。以上八十四名內除巫巧文等八名在監病故外，其餘巫巧三等七十六名因情罪重大，於審訊後恭請王命，綁赴市曹，分別凌遲斬決，仍照例傳首犯事地方，懸竿示眾。此外，發遣新疆給兵丁為奴者計二二八名[21]。從閩浙總督孫爾準所援引的條例中標明「臺灣械鬥殺人」等字樣加以考察，說明清廷對邊陲地區，

20　《宮中檔》（臺北，國立故宮博物院），第 2712 箱，53 包，7078號，嘉慶六年十二月二十八日，福建臺灣鎮總兵官愛新泰奏摺。

21　《軍機處檔‧月摺包》，第 2747 箱，25 包，57516 號，道光六年十一月二十五日，閩浙總督孫爾準奏摺錄副。

尤其是臺灣地區，確實採取了亂世用重典的刑罰，使臺灣社會不至於失控。質言之，從清朝律例的修訂及地方審判紀錄的分析，對考察臺灣的社會控制是有意義的。

淑二人砍傷復赴海關稅口陳承將被甲碩瞻
砍傷搶去工食銀四十五兩洋銀四十八圓羊
皮棉衣紗布花褂被鋪窖五十一件燒燬稅房
及民居一二十四間燒燬米八十一石又搶林
振殿舖內銀錢衣飾等件複趕入漳浦縣之鹽
館張南張我殺柱張媽求殺死官事親了陳新
並哨捕張三梁權三人又殺傷陳新之父陳詩
志哨捕吳紫二人叔去關郎船牌三張縣照二
張撥單一張鹽價洋錢一百二十八圓錢二十
七千又箱一隻內皮棉夾褂衣服等三十一件
燒燬鹽四十餘包館屋七間該犯等又攜贓仍
由原船回至眉田社張媽求等商畫畢已殺死
兵民搶燒房屋霸性多搶殺過處得此財物逃
往臺灣各犯先從即初八日黎明仍同原匪
趕至杜得地方一路喊稱尚有臺灣數千人在
後之語本入浦南場屋大使霸衢署該大
使見眾匪蜂擁而至即行避匿伊子蕭宗軌護
持印箱欲避被砍其頂頸立斃蕭宗
戰胸膛隨命喪死搶得印箱蕭存霸之經畫
栢自房逃出被柱砍死其項頸立斃蕭宗
大小皮箱九隻竹箱一隻包袱二個內貯冬夏
衣服併舖蓋等物又銅鑼器皿各件磬卻無存
雖時各犯橫行道路沿途又有無賴棍徒隨聲

混入夥搶去數人數盡眾各匪又奔至下趙地方
稅廳內催工劉瑞喊叫被鎗傷漳南殺死未經搶有
在日房是會內之夥不能指出先結會顯
趕通綢布雜貨店內擄搶又銀銀
贓綢擄紗布難襪衣衫被帳等件該犯等又求
勢奔至古晉嘗房汛兵胡國祿開鎗手持械出抵
亦被張南殺死搶至古雷鹽館張媽
人為一夥各為黨羽均過素不相識之人間及
求將臨丁湯遘殺傷併叔又課銀洋錢一百三
十八圓錢四十六千又又及鋪蓋什物該犯又
東勢奔至雷霄八尸門汛搶叔鎗一樣腰刀三
口是夜又至五都地方后林汛將營房一所燒
燬復趕至三埔汛黃梓將兵丁莊士英砍傷叔
去鳥鎗一桿腰刀二把鋪蓋衣服等件即經漳
浦縣羅潭坤會同署漳州鎮本昌曙臀斃蛟
帶領兵役前赴追橋並飛扎和會雷雷遊擊
王萬青平和營遊擊岳新泰各帶兵哉曾提
督漳州鎮亦泰汀海龍道伊軒布示即里足前
往督捕該犯等見官兵繼守嚴緊不能下串遂
各紛紛逃匿經該該文武隆續獲解昏督同司道
逐一戶究驗名該犯供認即意指夥謀搶縣城
及訊搶稅署鹽館汛兵戕殺兵丁哨捕
情叉覆究詰句各件認不諱已以張媽求等既
經入會或即係逆黨羽道相攝搭必須嚴加
確訊並跟究因何結會作何謀為務得實在情

天地會黨羽均有弟兄並將三拾向心
坎一披便知是同會大家彼此照應那臺灣林
與文實亦不認識也並無通過信息夥誰問既非
同夥何以有此令旗大將軍字樣與
逆匪與文偽號相口擾供那令旗因從前盧
茂原有順天軍事字樣又聞得林與文自稱順
天將軍故此此仿照製造有令旗可假托未
自臺灣以便哄勸眾人實在並沒與林與文句
結的事情豈加訊食供無異只查臺灣逆犯係
天地會匪令該犯等亦係天地會雖擄獲之
堅供並非逆員黨匪但會此臺澄賊匪清竇之
時該犯宰猶畏在內地受機焼搶成多命並
持有悖逆旗印不法已極應從重辦理以示懲
創　查律戴凡謀叛但共謀者不分首從各凌
遲　戴凡謀叛者不限籍之同異皆流二十里又例
嫁已定子子孫過房與人聘妻未成者俱不坐父
母子孫不限籍之同異皆流二十里又例
戴克慈棍徒社祟商謀放火搶奪基本非同夥
借名救火東機搶掠財物者照搶奪律治罪又

閩省民人有結會樹黨陰作記認魚肉鄉民陵
弱暴寡者不論人數多寡為首者發極邊煙瘴
充軍為從杖減一等各等語此案張媽求張南邱
哇林屬會館首先起意謀殺叔縣城各庫製造旗
印執掌斜殺追至事已敗憲猶敢殺其夥當實
起意搶說閩鹽館官署殺多命實屬罪大惡
極若照謀叛已行斬首不足蔽辜應從重凌遲
處死方開山雕刻偽印與何體張令旗發張社
張發同係會匪亦各商謀叛城分執令旗招彩
焚搶殺人均屬相濟未便與各犯一律論
斬亦應從重督凌遲處死邱哇一犯拒捕受傷
取供後因傷身艱已經斃戮其胡仲江陳承何
賴劉剪劉曼張來鄭火林東陳龐吳厥鄭宗割
腰劉俊洪障張寧務鄭玉其鄭水黃羊盧銀
張王送林團張王奇林德壽林與趙炳何波李
央張媽生張公政張螺陳合張劍黃慶張彩消
清林言孫提張從邱春張然郭湖邱柳林德祿
等四十四犯本係會匪搶搶張午陳佳張
胡藏張王轉張六遜張猷邱助陳文陳伴邱杜
張集蔡援張勤張提張清黃堆張轄林范鄭烟
屬劉虔梅牽戴惠吳德原川陳媽旺陳鄭王珮
洪令張媽恩張照郊張海張興許鄭蔡報林再
黃烈黃旺陳市邱探劉名等四十一犯雖並未
結會然亦被斜入夥謀搶縣城該犯等均各執

工命委令汀漳龍道伊報布漳州府徐鎮臣標中軍
副將布當阿將各犯押赴市曹分別凌遲處斬
仍桌首傳示犯事地方其洪盆楊孫盧陳平盧舊
何屢陳龍寬張灌蔡該張陳宋成陳倫等
十二犯雖非叛案經隨同搶殺而實係會匪就現
入搶劫應與未經隨同搶殺各犯本例問擬未
犯內輒斬究出查孚到案之張若陳劉劉秦龔
抜李等張媽姐張松陳革張茂張蘆招使張偏
張英鄭權張震陳標快黃成茂嶺胡奧胡
修胡享張潤鄭水陳遵陳細趙磨泡胡奧胡
錢邱居方進等三十二犯如各本例問擬未
免輒應從重改發伊犁照新例給蔡哈爾及
駐防滿洲官兵為奴俟全間擬此外各犯
填張寶胡賞田罩等六犯均係照新例剩字陳珠陳偏
窄各犯時一併窄獲應歸綠坐間擬此外各犯
緣坐黃家屬及犯產現在飭縣照例辦理逸犯陳
悍黃彤張親例全即世美全張羊張媽璥方積
陳功邱賢黃嚴張抄陳日修何柳劉庇等十四

犯現飭地方官上緊嚴密偵緝務獲究明照律
辦理毋使一名漏網遺失鹽場鈴記谷部另請
鑄給被叔鹽場大使及鹽稅各館銀錢及鄭通
等市店各什物查追給還被搶軍械及燒煆營
房並鹽稅等館飭縣分別補建捐修毀所
銷燬所有失察各犯為匪謀逆之文武各員職
名另行查

奏臣合將審明辦理緣由繕摺具
奏除各犯供詞抄錄送部外謹另繕各犯間清
單恭呈

御覽伏乞

皇上睿鑑勅部核覆施行謹

奏

　　硃批核批查奏

乾隆五十三年正月　十二　日

《宮中檔》，乾隆五十三年正月十二日，李侍堯奏摺

奏為孥獲聚眾結會叛圖謀叛之首夥名犯審明

辦理恭摺具

奏事竊照臺灣民情浮動當有結會煽惑之事且

屬認真訪查不敢稍存忽濫於本年十一月

陳錫念等案內餘匪未淨恐等惟有廣布耳目督

初八日亥刻風聞嘉義縣屬之許秀才庄有匪

徒結會煽誘當即密飭地方營縣上緊查核

據該營縣及佳里興退檢蕭撥摩先後稟捐查

得十一月初七夜有匪徒多人在許秀才庄荒

埔水港即行四散升開有賊匪白啟神人欲攻

鹽水港現在防乾藏孥孥等情奏等遇商派城守

營參將敕祿護本摺左營遊擊陳得孥署鹿港

同知葉寶書前赴該處委員之事並於十三日

據員負等稟稱查得匪黨之事並於十三日

十一夜搶割洲仔庄武生蔡水家銀穀馬匹

戳傷工人現在該處見此匪授黑搬別庄

之事乃安撫謝等由前來等孥查徒結會

搶割且有欲攻鹽水港之信以致民情驚惶必

須乘其夥黨未竪上緊搜捕庶幾消患未萌隨

會同商定本廳慶保在郡稽查彈壓令愛新泰督

同臺灣府知府吳達聖護臺協中營遊擊陳階

陛選帶兵役即於十四日自郡起身親往督孥

十五日行抵嘉邑十六七等日據營縣護到匪

夥輪刀劍代二名訊據供稱係匪目李柑李柑招伊

入夥此外另有首犯白啟匪目林烏番郭定柯

密赴鳳山轉約夥黨以圖將來接應郭慶保隨

得首犯白啟寬實惟嘘喈番縣即遣派道

役飛往圍捕夥黨嘉此案吳諳連李權又訪

究係欲來城內紉人又曾派匪夥郭烏番林景

前赴鳳山轉約夥黨以圖將來接應另慶保隨

密赴鳳山轉郭烏番二犯孥解首犯郭定柯又訪

得首犯白啟寬人多唆唆諳社藏縣郭又訪

目林烏番偽軍師王諳等共八名已經金穫又

獲飛往圍圍嘆等三十二名人犯眾多亟須孥

辦未便久稽隨往退札商意見相同另慶保即

於十二月二十五日前赴適中之笨港尾地方

會同提督音宰臺灣府知府吳達聖研審緝首

犯白啟姦無懂撚與已穫之匪目林烏番李權

柯瑰鍾添送揚美交叉好嘉慶六年十一月初五

日有陳錫念姦內逸匪郭定從內山逃出赴白

啟家藏縣林烏番等為匪目王諳求匪自揣

罪重難逃懇求設法拯援白啟再結小

刀會紉人攻搶鹽水港美圖滋事供名允從隨

於初七夜林烏番李柑柯瑰添送揚美等齊

赴白啟姦中連白啟韓紉之王諳及郭定李

犯白啟無懂撚與已穫之匪目林烏番李權

故家藏縣林烏番等為匪目柯瑰李權

柯瑰鍾添送揚美交叉好嘉慶六年十一月初五

八人攜帶牲體香燭美許秀才庄荒排列推

白啟為首林烏番等為匪目王諳為偽軍師一

同拜天立誓歃血訂盟言明各自要緊招人訌

於十一月十一夜各匪夥等赴林秀才仔地方

赴白啟姦中連白啟韓紉之王諳及郭定李

遶沈富陳傳翁切王歡葉清彩鍾柔林章陳倬

軍匪林經蔡孥林色張送林獅孤送送揚美齊

達陳蔡經蔡孥林色張送林獅孤送送揚美齊

縣各員獲到匪目林烏番李權鍾添送郭定偽

偵捕連陳日據臺灣府知府吳後義勇匪線分頭

該盜寶逸竄須追蹤孥俾免迴匿道役等由

縣營員派搬熟悉路徑之兵役義勇匪線分頭

桶山溝捜捕匪目揚美匪謝講二名並據孥

等二十八犯又匪夥白倫林面枕強替歃四名

闖孥自起軍營設役白鎮上愛新泰赴

嘉後督同在郡文武各處城廂內外加緊退防

並恐匪徒四散竄逸即飛札各屬於山陬海

汶分派負升認真踉縷以免踈漏據道役會同

把總陳安於郡城東門外盤穫匪目柯瑰一名

事等語白啟又令王諳列刻大將軍白四字木

戰用黃綾剪成尖角旗式上蓋戳記臨時分給夥黨自稱隨夥得已護之蔡光煥詹全白添藏挺滄面並投首之白倫林面及未獲之王四湖白萆等九犯林烏番得已護之張送林御及未獲之韶詩等七犯郭定斜得已護之陳傳翁切二犯柯璦斜得已護之郭烏番王歐二犯郭烏番又轉斜柯景一犯惟王詩末赴洲彩鍾柔林章陳余四犯楊美斜得已護之葉清李達陳孟慈歐寧林色六犯惟王詩末經斜仔荒埔醬集自斜隨夥王詩將斜到夥黨遠名昼薄畫虎人數僅止四十四名闊營縣已有防備恐雜抵敵官兵不致動手因知武生蔡廷光養有馬匹隨帶斜到夥黨蔡家捨斜剔戳傷工人復令眾分頭多招夥黨改期再聽信息匪目柯瑗璞潛赴郡城併令郭烏番帶同所斜之林景赴南路鳳山地方斜人以圖外應嗣先後就護又究出鍾添送一犯曾於嘉慶五年十二月初八日起意斜曾除匪黨攻汛恐一案查斜報晉拼符苷等查該匪躭圆攻汛經所招夥黨不止此數再三究結堅供實因用經結會首夥止有四十四人以致不敢舉事亦無

置造砲械所有旗式木戳及會匪名簿因閘字緊急俱白斜燒未能繳出等語加以刑夾矢口不移查律載謀反大逆凌遲處死又謀及匪目謀者未分首從皆斬等語此案首犯白斜匪目林烏番等聚眾結會蓄謀圓謀叛偽軍師王詩復又刊刻木戳基用旗式煸誘諸武人均屬匪大惡極未便輕縱白啟林烏番李瑗郭定斜柯瑗鍾添送楊美王詩八犯除捨斜罪名不讓外應照大逆律達違處死匪黨蔡光煥詹全白添藏挺滄面張送林御面黃力詹代藏白燕斜陳傳翁切陳傳翁郭烏番王歐林景葉清彩鍾柔林章陳余謝詩李達陳孟慈蔡寧林色等二十八犯已行律斬決岑等等分明後即恭請

王命將斜剮等三十六犯鄒藍市曹分別凌遲斬決聽斜入會持械前往實屬甘心從逆照謀叛正法結辦首夥示以昭炯戒各犯有無經坐觀屬應抄財產另行辦理匪黨心倫林面林強蔡獻四名訊係被脅入夥現在悔罪投出與甘心從逆者有閘可否仰邀

天恩貸其一死援照陳錫宗妻內投出匪夥之例發往黑龍江等處給兵丁為奴之處伏候

御覽外合將窩護結會謀叛夥各犯審辦緣由恭摺具

奏伏乞

皇上睿鑒謹

奏

再有旨日

供出夥盜姓名併屬嚴家祿蘋另結逸犯玉四湖白尊林陶施詩等四名罕等仍派委員升協

嘉慶六年十二月　二十八　日

同地方營縣上緊搜拏道日再行辦理以盡根抹仍剮出示曉諭凡有在逃逸匪果能及早悔過自行投首當為據情具

奏仰懇

聖恩准于免死使彼知有生路不致復萌故智現在首夥已犯就擒完辦前次怕匪搜景撥移各庄之戶先經曉諭撒回安業容看各庄居民歡忻鼓舞咸稱此次首夥之匪徒均已搜捕淨盡閭閻極其寧貼足以仰慰

聖懷芽於會辦後即撤兵拔郡至此案白啟等犯甫於十一月初旬結會即經訪聞算護首夥及故首匪犯共四十名照例辦理所有地方文武失察職名應請免開除另繕供單恭呈

《宮中檔》，嘉慶六年十二月二十八日，愛新泰等奏摺

奏為續護會匪逸犯就明辦理恭摺具

奏事竊照乾隆五十九年五月間鳳山縣屬匪徒
鄭光彩等糾結小刀會異圖搶奪滋事經前任
鎮道及蒙奪新泰任內先後拏護各犯節
次辦理恭摺具

奏在案本案內尚有逸犯李學侯烟林專林補莊
評等五名未獲蒙嚴飭接任後會飭營縣密訪
查拏并派役偵緝茲於本年十二月十八日據
道役於臺鳳兩縣交界之金瓜蒙地方盤護逸
匪林專一名協同汛兵解郡先經拏慶係訊取
確供通拏等等訂於十二月二十五日至茅港尾
會辦嘉邑匪犯白故等一案即提林專前往訾
同臺灣府知府吳達聖覆加研鞠緣林專原籍
龍溪寄居鳳邑與已正法匪犯陳旺交好乾隆
五十九年五月內鄭光彩糾人結小刀會陳旺
糾邀林專入夥即於五月二十三日首夥五十
四人同至已正法之楊骨家中會誓於僻靜荒
埔排列牲醴拜天立誓鄭光彩為首換次用刀
割破左手食指滴血酒中各人分歃約定每人
置備牛角柄小刀一把隨身攜帶作為同夥暗
號又因楊骨家房屋窄小恐人識破另於近山
偏僻之柳仔林地方搭蓋草寮數間異圖聚匪
搶刻旋被營縣訪聞拏護首夥鄭光彩等犯解

郡正法該犯林專逃入內山縣過莊事隔年久
滑出情信行至金瓜蒙地方即被道役盤護據
供各情核與原票相符詰無異糾夥黨逃後亦
無另犯別案查驗該犯左手食指刀痕尚在其
為正犯無疑查例載匪徒潛謀結會
情願入夥之犯擬斬立決等語所有本案內前
護首夥各犯照此例辦理在案今林專一犯
甘心入夥異圖聚眾搶刻應照例新決茅專於
審明後即恭請

王命將林專一犯赴鄉曹正法以昭炯戒逸犯李
學侯烟林補莊評等四名飭屬嚴拏務護另結
除繕具供單恭呈

御覽外合將續護會匪逸犯審辦緣由恭摺具
奏伏乞
皇上睿鑒謹

奏

知道了

嘉慶六年十二月　二十八　　日

《宮中檔》，嘉慶六年十二月二十八日，愛新泰等奏摺

信仰與生活

——從現藏檔案資料看清代臺灣的民間信仰

　　宗教信仰是一種複雜而多面的文化現象，在我國傳統信仰中，存在著人為宗教與民間信仰的區別。構成人為宗教的基本要素，至少包括：教派名稱、寺廟建築、經卷教義、組織結構、規範化儀式、神職性質師徒關係等項要素。民間宗教也有自己尊崇的主神，有自己的寶卷，有自己的教主和嚴密的組織，也有教派名稱，有舉行宗教聚會的建築物，建立師徒縱向的關係。民間信仰主要是指民間宗教以外的多神崇拜類型，雖然有其神秘性的信仰特點，但它並未具備構成各種教派的基本要素，它沒有像民間宗教團體那樣特定的至高無上的崇拜對象，沒有像民間宗教那樣的創教祖師等最高威權，沒有形成完整的哲學體系或教義思想。因此，學術界將民間信仰歸屬於隱文化或文化潛流的範疇[1]。

　　我國傳統文化與傳統信仰，大致可以分為上下兩個層次，上層文化是傳統社會的主導文化，可以稱之為「顯文化」；下層文化即民間文化，是傳統社會的文化潛流，可以稱之為「隱文化」[2]。民間文化的內涵，不只是民間的風俗習慣，還

1　金澤著《中國民間信仰》（杭州，浙江教育出版社，1995 年 3 月），頁 25。
2　金澤著《中國民間信仰》（杭州，浙江教育出版社，1995 年 3 月），

包含其背後的價值觀念與信仰體系[3]。民間信仰雖然是宗教信仰，但它不具備宗教的組織制度、教義教規，並無教派名稱，因此，我們要注意到在傳統社會的文化潛流之中，存在著民間信仰與民間宗教的區別。

姑不論民間信仰歸屬於隱文化或冷文化，但民間信仰確實是構成傳統下層社會民眾精神生活與民俗文化的重要組成部分。從清代臺灣民間信仰可以看到臺灣的文化特質，反映清代臺灣社會的精神文化現象，它不僅表現在神靈或鬼靈的多樣上，而且還表現崇拜對象的多樣神格，考察臺灣民間信仰的特點，有助於理解臺灣早期移墾社會的群眾心理素質與價值觀，探討清代臺灣民變事件，不能忽視民間信仰的特點。

民間信仰對民間文化的影響，主要表現在衣食住行及思想觀念各個方面。由於地理背景及社會發展階段的差異，我國各地區的民間信仰，其發展進程，極不平衡。臺灣孤懸外海，地處海疆，清廷領有臺灣後，閩粵移民，渡臺拓墾者，與日俱增。由於臺灣早期移墾社會的人文背景較為複雜。在民變事件中，民間信仰扮演了重要的角色，民變領導人多利用民間信仰，創造氛圍，假藉災異徵兆、巫師法術、測字算命、擲筶占卜等等活動，激勵士氣，產生了不可忽視的作用。《淡水廳志》記載清代臺灣的民間信仰，內容頗詳，節錄要點如下：

> 淡地膏沃，易生財，亦易用財。凡遇四時神誕，賽願生辰，搬演雜劇，費用無既。又信鬼尚巫，蠻貊之習

頁25。

3 鄭志明撰〈臺灣民間信仰的生活世界〉，《臺灣常民文物展—信仰與生活》（臺北，國立歷史博物館，民國87年12月），頁13。

猶存。有曰菜堂，吃齋拜佛，男女雜居。有為客師，
遇病禳禱，曰進錢補運，金鼓喧騰，晝夜不已。有為
乩童，扶鸞跳躍，妄示方藥，手執刀劍，披髮剖額，
以示神靈。有為紅姨，托名女佛，探人隱事，類皆乘
間取利，信之者牢不可破。最盛者莫如石碇堡，有符
咒殺人者，或幻術而恣淫，或劫財而殞命，以符灰雜
以煙茗檳榔間食之，罔迷弗覺，顛倒至死[4]。

菜堂吃齋拜佛、乩童降神附身、紅姨通靈牽亡、符咒殺人、
幻術恣淫等等都是民間信仰，也是構成民眾精神生活與民間
文化的重要內容。但因民間信仰是屬於「潛文化」，或「隱文
化」，其活動較少受到官府的重視，因而始終沒有得到系統而
全面的記述與梳理。

民變與徵兆迷信

　　臺灣早期的移墾社會，由於社會組織不健全，社會的流
動性及不穩定性，十分顯著，社會案件，屢見不鮮，動亂頻
仍。有清一代，臺灣社會各種動亂，包括叛亂、分類械鬥、
番漢衝突、盜匪搶劫等等，所謂民變則指其人民反抗政府的
政治叛亂而言，在民變事件中，民間信仰扮演了重要的角色，
民變領導人多利用民間信仰，創造氛圍，假藉災異徵兆、巫
師法術、測字算命、擲筊占卜等等活動，激勵士氣，產生了
不可忽視的作用。

　　清代臺灣的民間信仰，屬於多神崇拜，有其傳承性，也
有它的普遍性。清代臺灣民變，與民間信仰的關係，十分密
切，其起事前的活動，固然是利用民間信仰的力量，其起事
以後的軍事行動，亦多假借民間信仰的力量，以鼓舞士氣。

4　《淡水廳志》(南投，臺灣省文獻委員會，民國 66 年 2 月)，頁 292。

伊能嘉矩撰〈利用迷信的戴萬生之亂〉一文已指出,「在臺灣,
變亂與迷信的關係密切,變亂的動機,往往是迷信的利用[5]。」
民間信仰的力量,確實有利用價值,探討臺灣民變事件,更
不能忽視臺灣的民間信仰。據《諸羅縣志》記載,康熙四十
年（1701）,諸羅縣境內有劉卻之亂,原書有一段記載說:

> 卻,臭祐莊管事,拳棒自負;日往來無賴惡少,歃血
> 為盟。久之,其黨有欲謀不軌者,以為非卻眾莫從。
> 嘗深夜燃樟腦,竊置卻屋瓦火上燭,召同盟者示之,
> 曰:「劉大哥舍中每夜紅光燭天,非常兆也!」會卻家
> 神爐無故發火,眾曰:「此不君,即帥耳!」卻心動。
> 穴地於舍,佯置田器,冶鐵為刀鎗各械,約日舉事。
> 臘月初七日,揚旗擊鼓,熄下加冬各營,散其兵,乘
> 夜抵茅港尾,掠市中貨。亂民及諸番乘機四出劫掠,
> 破家者甚眾[6]。

　　由引文內容可知劉卻倡亂時,在尚未舉事之前,黨夥中
欲謀起事者,為了神化劉卻,創造氛圍,以便推舉劉卻出面
領導,於是設計密置樟腦於劉卻屋瓦,至深夜時暗中點火,
紅光燭天,每夜如此。眾人詫異,相信是天象的異常徵兆,
人事將有變化,正好有一天,劉卻家中神爐竟然無故發火。
民眾相信劉卻即使不是帝王,也該是將帥。劉卻果然心動,
同夥弟兄遂推舉劉卻為大哥,豎旗起事。伊能嘉矩撰〈迷信
之勢力及影響〉一文已指出,「如斯兒戲之異兆奇祥,轉瞬間
投合無智愚民之迷信,幾將卻視為神,前來參加其眾者日多,

5　伊能嘉矩撰〈利用迷信的戴萬生之亂〉,《臺灣慣習記事》,中譯
　　本（南投,臺灣省文獻委員會,民國73年6月）,第3卷下,第
　　10號,頁197。
6　《諸羅縣志》（南投,臺灣省文獻委員會,民國82年6月）,頁280。

終於是年十二月作大亂[7]」。黨夥奉劉卻為神，由於入夥群眾，與日俱增，於是在康熙四十年（1701）十二月初七日正式起事。但因勢力不大，又是烏合之眾，所以在起事後不久，劉卻等人便在笨港的秀才庄兵敗被捕。

自然崇拜是人類對自然力或自然物的信奉，在很長一段歷史時期裡，人類支配客觀世界的能力，十分微弱，無法解釋天象的神奇變化，於是逐漸形成了對大自然及周圍事物的崇拜，相信天象和人事，常有相互影響的關係，古聖先賢多利用天文現象來解釋政事，他們相信自然界的災變是一種天象示警的徵兆。劉卻起事前，也利用民間信仰的力量，假藉屋頂紅光燭天及神爐發火等異常現象，使其叛亂行為合理化，為順應天意，於是聚眾起事。劉卻屋頂紅光燭天、神爐發火等等，都是徵兆或前兆迷信下的產物，人們相信這些徵兆都是神靈的意志。

朱一貴是福建漳州府長泰縣人，兄朱勤，弟朱萬，朱一貴居次，小名朱祖。朱一貴等渡海來臺後，寄居鳳山羅漢門內。康熙五十三年（1714），朱一貴在臺廈道衙門充當兵營的一名哨探，因當班時撤夜未眠，這種哨探，習稱夜不收。後來，朱一貴被革退，至大目丁地方，向當地人鄭九賽租地種田度日。《平臺紀略》有一段記載說：

> 一貴，漳之長泰人，小名祖，游手無藝，好結納奸宄，為鄉里所嫉，於康熙五十二年之臺灣，充臺廈道轅役，尋被革，居母頂草地，飼鴨為生。其鴨旦暮編隊出入，愚甿異焉。奸匪過者，輒款延烹鴨具饌，務盡歡。時

承平日久，守土恬熙，絕不以吏治民生意，防範疏闊，一貴心易之。辛丑春，鳳山縣令缺，臺郡太守王珍攝縣篆，委政次子，頗踰閑，徵收糧稅苛刻，以風聞捕治盟歃者數十人，違禁入內山砍竹木者百餘人，奸匪遂藉為口實，日誣謗官府短長，搖惑人心[8]。

　　康熙五十九年（1720），歲次庚子，臺灣府知府王珍攝理鳳山縣篆務，令其次子向百姓收糧，折銀繳納，每石要折銀七錢二分，相當於番銀一圓，負擔沈重，百姓個個含怨。後來又因地震，海水泛漲，官府賑災不力，百姓求神護佑，唱戲謝神。王珍次子以百姓無故拜把，而拘拏百姓。又逮捕砍竹工人二、三百名，誣指百姓謀逆，將給錢的釋放，不給錢的責打四十板，驅逐過海，押回原籍，交地方官管束。農人飼養耕牛，要抽重稅，每隻耕牛給銀三錢打印後方許使喚，不給銀兩的，即以私牛論，不許使喚。每座糖磨舖要收銀七兩二錢，方許開舖。向來米隆砍藤人俱被勒派抽分，騷擾民間，民怨沸騰。康熙六十年（1721），朱一貴聚眾起事，南北兩路，紛起響應，這是康熙年間規模最大的一次臺灣民變事件。

　　由於臺灣早期移墾社會裡，民間信仰盛行。因此，朱一貴聚眾起事，也充分利用民間信仰的力量。民間相傳朱一貴以養鴨為業，游飼各地，每至一處，即搭蓋鴨母寮棲息。其鴨早晚編隊出入，也能任意指揮溪裡的鴨群。更不可思議的是他所飼養的母鴨，每天各生兩蛋，民間稱呼朱一貴為鴨母王。有一天，朱一貴趕鴨到二層溪上游的岡山溪，他到溪邊

8　《平臺紀略》，頁1，見《欽定四庫全書》（臺北，商務印書館），
　　第369冊，頁559。

洗臉的時候，忽然看見水面上映著自己的人影，頭戴通天冠，身穿黃龍袍，與明朝皇帝的裝扮一樣。當天夜晚，朱一貴又夢見自己當上了臺灣皇帝殿的帝王。《平臺紀略》所載朱一貴飼鴨，旦暮編隊出入等語，反映臺灣鴨母王的傳說，已經相當普遍。

　　民間相信，社會的變亂，人類的災難，都和自然界的異象，有密切關係，認為自然界的反常現象，是社會動亂的前兆，以致群眾心理，受到很大的影響。臺灣民間相信山嶽鳴動，就是一種亂兆，父老相傳臺灣若有變亂，南路大岡山必先鳴叫。朱一貴起事前，南路的傀儡山崩裂，其山石裂口如刀割之狀。諸羅山傾頹，山巔噴沙如血。民間傳說朱一貴是接受一位國公的勸說而起兵的，那位國公夜觀星象，望見月眉潭鴨母寮上空閃爍著兩道紅光，夜夜如此。國公屈指一算，方知朱一貴是真命天子，於是力勸朱一貴順應天意，起兵反清。關於朱一貴的神奇故事或靈異傳說，屬於民間信仰的範疇，都是以群眾心理為基礎的庶民信仰，各種神話的徵兆和異象，具有自然崇拜或多神信仰的性質，其主要目的是在製造天意，期盼「愚夫愚婦」相信朱一貴是奉天承運的真命天子。《重修鳳山縣志》有一段記載說：

　　飛虎等議：據府難於統攝。有朱祖者，長泰人，無眷
　　屬，飼鴨鳳山大武汀。鴨甚蕃，賊夥往來咸款焉，乃
　　以祖冒名一貴。初四日，自鳳山逆居道署，越日，詭
　　言洲仔尾海中浮出玉帶七星旗，鼓吹往迎，以為造逆
　　之符，僭號「永和」，蓋慮賊黨之自併也[9]。

9　《重修鳳山縣志》（南投，臺灣省文獻委員會，民國82年6月），頁274。

　　洲仔尾在臺南永康鄉，海中浮出玉帶七星旗，是天授令旗，朱一貴起兵，是順天應人的義舉，假藉天意，將反清運動合理化。

　　在早期臺灣移墾社會裡，相信農曆五月是末劫月分。大稻埕街外的牛車埔流傳一個故事，有一農家的耕牛，忽然能講人話，牠說：「有五月五日，無七月十五日。」民間迷信認為五月是臺灣民眾遭受重大災難的末劫，過了五月，就過不了七月。開臺始祖鄭成功在臺灣罹患瘧疾，終而不起的時間是在農曆五月，朱一貴攻陷臺灣府城的時間，也是發生在農曆五月。康熙六十年（1721）四月十九日夜間，朱一貴帶領李勇等人到黃殿庄上，一共五十二人，焚表拜把，各自分頭招人入夥，共邀了一千餘人，眾人砍竹為尖槍，旗旛上寫著「激變良民，大明重興，大元帥朱」字樣，四月二十日，攻陷岡山汛。五月初一日，朱一貴與林君英會合，民兵數萬人，攻打府治，官兵奔散。百總楊泰，綽號達勇，先已通敵，為朱一貴內應，乘機刺殺總兵官歐陽凱，副將許雲，遊擊游崇功等陣亡。同日午刻，府治失陷，杜君英進駐總兵官衙署，朱一貴入居臺廈道衙門，同開府庫，分掠金銀，開啟赤嵌樓，獲得大小礮位、硝磺、鉛彈無數。朱一貴屬下李勇向眾人宣稱，朱一貴姓朱，是明朝後裔，稱為義王，替朱一貴穿上黃袍，國號大明，年號永和。《平臺紀略》有一段記載說：

> 是時，偽職填街，摩肩觸額，優伶服飾，搜括靡遺。或戴幞頭，衣小袖，紗帽金冠，被甲騎牛；或以色綾裹其首，方巾朝服，炫煌於道。民間為之謠曰：「頭戴明朝帽，身穿清朝衣；五月稱永和，六月還康熙。」

蓋童孺婦女皆知其旦暮可滅而禽也[10]。

引文內容反映了朱一貴起事前後，臺灣流傳各種民謠。朱一貴攻陷府治，建號永和的時間，就是在五月初一日，與臺灣民間信仰中五月末劫降臨的迷信不謀而合。朱一貴雖然在短短數日之內攻陷府治，但是後來卻在一夜之間，又因兵敗而被俘，民間遂有「三日打到府，一暝溜到厝」的民謠。

占卜決疑的社會影響

巫術是一種古老的文化，巫術活動在民間信仰中佔有十分重要的位置，幾乎所有的民間信仰內容，都不可避免地具有巫術特點。我國民間信仰的巫術活動，源遠流長，在一定程度上影響或左右著人們的物質和精神生活，譬如問卜占卦、測字算命等等，人們期待神靈附身，以超自然的力量，達到預言休咎或吉凶禍福的效果。

占卜就是術數家預測吉凶禍福的一種傳統方法，術數家被認為是具有超自然能力的靈媒，根據占卜工具上顯示的信號等判斷吉凶禍福，認為那種信號，就是鬼神的意志，人們根據這樣得來的信息，作為人們行為的指針。占是觀察，卜是以火灼龜，就其裂紋，以預測未來。灼龜觀兆，精微深妙，變化無窮，古法久已失傳。後世民間流行的龜卦、錢卦、米卦、六壬、拆字、占候、星命、鳥占、草占、夢占等，多具有占卜的作用。古人將占卜徵兆看作是祖靈或神鬼對人們的啟示或警告。龜甲蓍草，雖然是枯骨死草，但古人相信由明通公溥無適無莫具有超自然能力的巫師或術士，卜以靈龜，筮以神蓍，即能通天地，愜鬼神，可以與神靈溝通，而預知人們的吉凶禍福。《史記‧龜策列傳》記載說：「蠻夷氐羌雖

10　《平臺紀略》，頁9。見《欽定四庫全書》，第369冊，頁563。

無君臣之序，亦有決疑之卜，或以金石，或以草木，國不同俗，然皆可以戰伐攻擊，推兵求勝，各信其神，以知來事[11]。」占卜術是為了要克服不安或不確定的感覺，並且把它予以合理化的辦法。占卜術之所以源遠流長，主要是它具有某些對於人們的精神狀態往往產生正面的影響。有清一代，臺灣卜卦、拆字、算命的盛行，就是內地民間文化的派生現象。其中拆字，隋代稱之為破字，宋代叫做相字，後人習稱測字，是把字形拆開其偏旁點畫而離合參互他字，以預卜吉凶禍福。《後漢書·五行志》有一段記載說：

> 獻帝踐阼之初，京師童謠曰：「千里草，何青青。十日卜，不得生。」案千里草為董，十日卜為卓。凡別字之體，皆從上起，左右離合，無有從下發端者也。今二字如此者，天意若曰：「卓自下摩上，以臣陵君也。青青者，暴盛之貌也。不得生者，亦破亡[12]。」

董字拆為千里草，卓字拆為十日卜，就是拆字或測字以預卜吉凶禍福的占卜方法。

　　我國是一個多民族的國家，各少數民族所流行的占卜形式和用具，雖然不同，但他們判斷吉凶禍福，多根據占卜時所出現的徵象作為判斷的標準。占卜遂成為各民族的民間信仰，舉凡狩獵、農事、婚媾、戰爭、治病等等都要先進行占卜，期盼通過占卜預知行動的後果。《臺灣慣習記事》對臺灣的占卜有一段記載：

> 卜筮為一種迷信之結果，與開化之進度成反比例。所以開化進步遲緩之臺灣土人深信卜筮，並不足怪。對

11　《史記》（臺北，鼎文書局，民國 79 年 7 月），列傳 68，頁 3223。
12　《後漢書·五行志》（臺北，鼎文書局，民國 76 年 1 月），頁 3285。

於例如：婚姻、遷居、企業、患病、子之有無、建築、旅行、失物、尋人、時雨、墳墓之位置、竈之方向、婚姻之月日、土地家屋買賣、婢女之雇用、命名、改名，其他一切萬事有均依卜筮決定之習慣[13]。

　　占卜是以現實的生活為基礎的，巫師或術士從事宗教信仰或民俗醫療等活動等，主要是依據占卜。清代臺灣民間常見的占卜方法，是以聖筶、聖籤、拆字等較為常見。民間傳說林爽文領導天地會起事時，在推選大盟主的儀式中，因臺灣民間信仰盛行，凡事都要占卜吉凶，所以也用擲筶占卜的方法，以磁碗為筶，一一喝名而擲下，相約以碗筶未破者為盟主[14]。當司儀唱出林爽文的名字，同時擲下碗筶，磁碗竟然未破，於是眾人推舉林爽文為大盟主，稱呼他為大哥。

　　我國占卜之術，流傳久遠，不僅形式和內容多樣化，問卜的項目也非常廣泛。舉凡征戰、農事、祭祀、婚姻、治病等等，多以占卜預測行動的後果。推算個人的命運用占卜，國事的決疑也常求之於占卜。臺灣早期移墾社會裡，閩粵內地的游民渡海來臺後，從事卜卦算命者，不乏其人。

　　在臺灣早期移墾社會裡，閩粵內地的游民渡海來臺後從事拆字卜卦的算命術士，並不罕見，相信拆字算命的「愚夫愚婦」，也大有人在。林爽文領導天地會起事以後，許多江湖術士也投入了天地會的陣營裡，為天地會效力，此外也有僧人。例如福建漳州府南靖縣人蕭悟天來臺後，挑賣雜貨度日。乾隆四十八年（1783），出家為僧，學習經文。天地會起事以後，蕭悟天加入天地會，林爽文封他為軍師。他被捕後，押

13　《臺灣慣習記事》，中譯本，第 1 卷上，第 4 號，頁 130。
14　《臺灣慣習記事》，中譯本，第 3 卷上，第 8 號，頁 87。

解入京，軍機大臣審訊時，曾詰問他使用何種法術經咒，替林爽文出力[15]。又如董喜、陳梅、連清水等人，都是江湖術士，他們先後投入南北各路天地會的陣營，為會黨効力。會黨要犯陳泮由林爽文封為都督，陳泮被捕後押解入京，軍機大臣審訊陳泮時，陳泮供出，「林爽文與官兵抵禦時，如何籌劃，都是與董喜、陳梅等算計[16]。」清軍進剿會黨時，林家齊、林茂等人被拏獲。其中林家齊是福建漳州府平和縣人，據林家齊供稱，「林爽文做事，全仗他同姓兄弟林泮給他主謀，還有個軍師陳奉先，攻破諸羅縣時，他就逃走了。又有一個軍師董姓，我不知他名字，他能馬上使刀[17]。」林家齊所供董姓軍師，就是董喜。平和縣人林茂是林爽文無服族叔，林茂渡海來臺後，寄居彰化縣，與董喜是鄰舍，彼此向來熟識。乾隆五十一年（1786）十二月，董喜邀林茂到大里杙加入天地會。據林茂供稱，「董喜係林爽文軍師，他會算命，眾人稱他為董仙[18]。」據林爽文供稱，大盟主手下人的官職，「俱係董喜編造名號，叫我封了，他們就有體面[19]。」陳梅原籍福建泉州，渡海來臺後，寓居笨港，倚靠算命起課度日。他被捕後供認，「我素日起課，不過借此度日，不能靈驗。後來入了林爽文的夥，亦曾替他起過課，我總說是吉利，這都隨口答應[20]。」陳梅等人隨口答應，總說是吉利，陳梅因此被封為軍師，林

15　《天地會》（四）（北京，中國人民大學出版社，1983 年 3 月），頁 431。

16　《天地會》（四），頁 141，陳泮供詞。

17　《天地會》（二），頁 205，林家齊供詞。

18　《天地會》（四），頁 344，林茂供詞。

19　《天地會》（四），頁 398，林爽文供詞。

20　《天地會》（四），頁 399。乾隆五十三年三月初三日，陳梅供詞。

爽文等人信以為真，提昇會黨士氣，起了鼓舞的作用。

　　林爽文於乾隆五十一年（1786）十二月間，派遣陳天送等前往鳳山糾約南路天地會起事響應，以牽制官兵。陳天送等人原推莊大田族兄莊大菲為南路天地會大哥，因眾人不服，改推莊大田為大哥。莊大田自稱洪號輔國大元帥，將「洪」字拆為「五點二十一」，知道暗號就是天地會內的弟兄，會中木質印信鐫刻「洪號輔國」四字。由於莊大田的響應，南北兩路天地會，攻城略地，聲勢浩大。

　　莊大田起事後，也利用民間信仰的力量，以助長其聲勢。其中金娘等原住民巫師，傳聞法術靈驗，而受到莊大田的重視。金娘是南路鳳山縣上淡水社原住民巫師，據金娘供稱，「我並沒別的本事，跟著番婦賓那學畫符治病。後來莊大田請我去替他兒子治病，好了，他們就信我有些法術[21]。」畫符治病也是原住民社會裡常見的一種民間信仰，金娘曾拜原住民婦女賓那為師，學習畫符治病，曾經治癒莊大田兒子的疾病，其治病方法，是使用法術，屬於一種民俗醫療，巫師念經誦咒，以超自然的神力治好了莊大田兒子的疾病，使莊大田等人相信金娘確實有法術。莊大田起事以後，便封金娘為軍師，林爽文封她為一品夫人，金娘稱呼莊大田為大哥，莊大田出陣打仗時，金娘跟著他在兵營裡請神念咒，保佑眾人，就可以不受槍礮，刀槍不入。與莊大田同夥的莊錫舍，他也曾用轎子迎接金娘，替他們眾人治病。金娘上陣作法時，有林紅等人跟著金娘，在轎旁拿著半斬刀，保護金娘等人。乾隆五十二年（1787）五月十一日，官兵義民生擒金娘、林紅等人，押赴泉州，交閩浙總督派員押解入京，由軍機大臣等提審。

21　《天地會》（二），頁129。乾隆五十二年八月初一日，金娘供詞。

將軍常青將擒獲金娘等人的經過，具摺奏聞。原摺附有金娘等人供詞筆錄，節錄金娘供詞如下：

> 小婦人名叫金娘，年四十歲，是鳳山縣上淡水社番。父母已故，並無兄弟，曾招內地人洪標為夫，三年就死了，並無子女。小婦人三十二歲那年患病，曾從番婦寶那學畫符醫治，後來就替人畫符醫病。這幾本請神治病的經，又是鳳山人林乞寫的，傳給小婦人，林乞已死過三、四年了。這莊大田自稱大元帥，是林爽文夥黨，共有一百多枝旗，賊夥有萬餘人，亦有脅從的在內。小婦人向不熟識，是今年正月間，請小婦人在打狗港祭神，又醫好他們同夥的病，就請小婦人做女軍師，假說會請神保祐眾人不著槍礮，至三月初，莊大田兒子莊天位〔畏〕，要攻鳳山，小婦人假說鄭王即鄭成功顯神助戰的話，莊大田叫畫符哄騙眾人，稱做仙姑。三月初八日攻破鳳山，小婦人同去念咒，眾人就信果有法術。及莊大田每次來攻府城，小婦人帶一把劍在山頭念咒打鼓，假說神人保祐不受槍礮。其實槍礮打死的甚多，小婦人只說是他命裡該當，眾人就不疑了。四月二十外，莊大田又將林爽文的札諭交給小婦人，封做一品夫人。其實小婦人並不認識林爽文，亦未曾入他天地會。這林紅五、六年前在鳳山，小婦人認做兄弟，學符治病，去年才和小婦人通姦，每次打仗，他也幫著打鼓。莊大田還請有一個番婦，名叫罔仔，是上淡水社番，也會念咒請神，眾人稱他仙媽，現在往上淡水去了[22]。

---

22 《天地會》（二），頁257。乾隆五十二年五月十四日，金娘供詞

　　原住民巫師信仰的觀念及其活動，是以巫術為主體和主流發展而來的複雜文化現象。巫術的性質，因其功能的不同，而有保護巫術、破壞巫術和生產巫術的分別：就巫術的使用目的而言，又有白巫術與黑巫術的分別。白巫術以行善為目的，例如保護巫術或治病巫術與生產巫術，都屬於白巫術，是民間信仰中的主流巫術，其目的在於解除自己人所遭遇的災難。與此相反，意在把災難與疾病降臨到他人身上的巫術，就是屬於黑巫術。原住民社會中有專司祈禱的魯依保，是一種巫師，其受族人的尊敬，僅次於頭目。魯依保的專務是為死者出殯及埋葬的祈禱、治療疾病、占卜、預言。據《臺灣慣習記事》記載，「死者埋葬後之祈禱，其目的在不使靈魂徘徊於住屋內外，以免貽禍，並使死者靈魂早日昇天。治療疾病患者時，一手捧著盛有清水之碗，一手拿小樹葉，邊灑清水於病患身上，邊祈禱，尤其疼痛部分，常用樹葉拂打[23]。」魯依保以巫師兼醫師，祈禱治病，都屬於白巫術。原住民的作向，是一種咒詛，原住民巫師常藉符咒害人生病或致人於死，就是屬於黑巫術的範疇。莊大田起事以後，在南路天地會的陣營裡也有原住民的巫師如仙姑、仙媽，金娘是仙姑，罔仔是仙媽，都會念咒請神，畫符治病，金娘傳習請神治病的經文。莊大田起事後，在打狗港祭神，由金娘充當祭司，主持祭祀。天地會陣營裡的兵民打仗負傷或生病時，由金娘畫符醫治。莊大田等出陣作戰時，由金娘請神保祐鎗礮不過火，都是屬於白巫術。金娘除白巫術外，也能使用黑巫術。莊大田每次進攻臺灣府城時，金娘都立在山頭上仗劍念咒打

　　筆錄。
23　《臺灣慣習記事》，中譯本，第 5 卷上，第 5 號，頁 199。

鼓，一方面對天地會陣營裡的戰士產生鼓舞士氣的作用；一方面使官兵義民原住民因巫師咒詛的壓力，而產生心理的畏懼。南路天地會陣營裡，除金娘、罔仔等巫師外，還有兩個軍師，執劍出陣，俱會看陣勢。金娘供詞中的鄭王即鄭成功顯靈助戰的說法，與民間信仰也有密切關係。民間相傳清朝入主中原後，定海龍王自愧並無寸功上報朝廷洪恩，因此，當鄭成功艦隊通過定海時，龍王海神即作法阻止，狂風駭浪大作。但因鄭成功精忠貫日，義薄雲天，上蒼庇佑，艦隊並未覆沒，鄭成功傳令軍中齊開大礮，摧燬龍王宮，海神中礮，浴血滿身，血滴漂浮海面，瞬間風平浪靜，晴空萬里，四方舉義來歸，鄭成功勢力遂成為東南抗清義師的砥柱[24]。莊大田起事以後，揚言鄭成功顯神助戰，可以激勵士氣，探討群眾運動，確實不能忽視民間信仰的力量及其作用。

　　王周載原籍福建漳州府，寄居鳳山縣，莊大田領導臺灣南路天地會起事後，王周載也投入了天地會陣營，莊大田封他為北門大將軍。連清水原籍福建，渡海來臺後，寄居鳳山，平日替人測字算命為生，與王周載相識。乾隆五十二年（1787）二月十二日，王周載勸令連清水替莊大田測字起課。連清水被捕後解送軍機處審訊。據連清水供稱：

> 我係鳳山縣人，年四十一歲。家裡有父親連錦志，年六十歲，母親郭氏，年五十八歲。我平日算命測字為生，有漳州人王周載，素日原與我相好。上年十二月內，有賊匪莊大田在鳳山一帶搶劫，到今年二月十二日，我在鳳山縣門口，遇見王周載。他說他於去年十二月內從了莊大田打仗，封他做北門大將軍，叫我替

24　《臺灣慣習記事》，中譯本，第6卷上，第1號，頁36。

他起一課，問出陣可能得勝。我測了一個田字，我說
是好的。他給了我五百大錢，並說事成之後封我為巡
檢，他就去了，以後總沒見面。我仍舊在鳳山城內測
字度日，到二十三日，有官兵將我拏獲，說我同王周
載相好，又會測字，一定是他們軍師了[25]。

　　測字起課可以克服不安或不確定的感覺，而予以合理
化。測字算命是常見的民間信仰活動，會黨成員多屬於下層
社會的販夫走卒，習於測字起課。因此，會黨成員出陣打仗，
多以起課測字強化信心，期盼出陣可以得勝。連清水雖然測
得的是「田」字，但莊大田等人仍然相信它是好卦，王周載
就給了連清水五百大錢。當軍機大臣進一步詰問連清水時，
他又供出了「田」字的歌訣：

那日王周載叫我測字，我隨手拿著「田」字。那「田」
字的歌訣是：「兩日不分明，四口暗相爭。半憂又半喜，
不行又不行。」本不是好話，我要得他的錢，就哄他
說是好的。他給了我五百錢，又問我會打仗不會，我
說不會。他說帶你去無用，將來事成後封你做個巡檢
罷。我實沒有跟他去，不敢謊供[26]。

　　引文內容指出「田」字的歌訣是「兩日不分明，四口暗
相爭。半憂又半喜，不行又不行。」「田」字歌訣的意思，本
非吉利的意思，但連清水不敢據實告知王周載。王周載令連
清水測字起課，目的在期求一定的結果，期盼有求必應。連
清水為了迎合王周載的心理，便說「田」字是好卦。軍機大

25　《天地會》（二），頁370。乾隆五十二年六月二十九日，連清水
　　供詞。
26　《天地會》（二），頁370，連清水供詞。

臣詰問連清水時亦斥責他測字起課用心不當，「你既知道王周載從了賊匪莊大田，做北門大將軍，你若並沒從賊，你那時就該到官稟首，如何反替賊人測字？又說測這字是好的？明係你叫他與官兵打仗。」將「田」字說成好卦，確實可以產生鼓舞的作用。但連清水對南路天地會的活動，堅供不知實情，他說：

> 王周載叫我測字的時候，鳳山正被賊攻擾。府城離鳳山又有八十多里，沿路多有賊眾攔截，我一人如何能到官稟首？我平日替人測字，不過二、三十文不等。因王周載告訴我說，他已從了莊大田，做了北門大將軍，所以替他測字，隨口說是好的，誆他要了五百大錢，原不過貪圖多得錢文。那時王周載只問是他要出陣好也不好，並沒有告訴過他那裡有多少人。他們虛實光景，我既沒跟他，也不敢向他細問。至我平日就在鳳山縣衙門口測字，知縣湯太爺待百姓是極好的，我素所知道，不敢誣賴[27]。

　　由供詞內容可知連清水平日多在鳳山縣衙門口擺攤測字，收費不高，每次不過二、三十文不等。連清水供詞對研究臺灣民間信仰確實提供了珍貴的原始資料。測字占卜的靈驗，雖然是偶然的，不是必然的，然而會黨首領除了期求現實利益之外，還要找尋精神心理的寄托和昇華。連清水等人將占卜結果哄說是好卦，對鼓勵會黨與官兵打仗起了不可忽視的作用。靈驗在所有的巫術行為中只佔極少數，但是，任何民間信仰無不期求一定的結果，有求必應，久而久之，人們必然揚棄不靈驗的事例，只傳誦靈驗的事例，深信心誠則

27　《天地會》（三），頁7。

靈，對不靈驗的事例，往往視而不見，或歸咎於心不誠。在這種氛圍裡，人們往往產生靈驗的心理反應和生理反應。當信則靈，靈即信的心理和生理交織在一起時，就已經在一定程度上擴大了民間信仰的社會影響作用。雖然「田」字歌訣的意思並不吉利，但會黨首領除了期求現實利益之外，還期求精神上的解脫和昇華。

畫符念咒的巫術作用

　　臺灣位於大陸與大洋之間，孤懸外海，東臨廣闊的太平洋，西距亞洲大陸不遠，濕氣較重，益以山嶽高峻，森林茂密，瘴氣極重，易致疾病。在臺灣早期的生界各社原住民的村落中，普遍相信人們生病的原因是由於鬼怪精靈潛入人體或村寨內作祟，於是產生巫師驅鬼逐祟的民間信仰。臺灣巡撫劉銘傳具摺時已指出：

> 臺灣沿山內外，疫癘大作，守隘勇丁，半多移住山外避疫。番社瘟疫尤重，番俗殺人禳災，疊據統帶北路土勇都司鄭有勤稟報，大嵙崁鹹菜甕三角湧等處俱有化番潛出殺人[28]。

殺人禳疫就是巫師驅邪治病的一種民間信仰。相傳布農族村寨中有一種瘟疫，叫做「廷明托」，得病後病人發高燒，嚴重時晨患夕死。如果鄰村發生了可怕的廷明托傳染病時，布農族立即邀請巫師施以保護巫術。巫師取茅草四根，縛扎荊棘，插在通往鄰社的路上及本社各家的門上。巫師一邊插荊棘，一邊祝禱說：「我所做的茅草荊棘結擺好後，魔鬼一觸即走。無論各種魔鬼多強，一見此物，即會掉頭就跑。從今以後，

28　《光緒朝硃批奏摺》，第 117 輯（北京，中華書局，1996 年 12 月），頁 167。光緒十三年十一月初三日，臺灣巡撫劉銘傳奏摺。

我所做的茅草荊棘，定能擋住魔鬼，而魔鬼也必定不能進入
我部落中來。」巫師祝禱後，村民們將豬放走，公雞全部殺
掉，因為布農族害怕這些動物的喊叫聲音會把病魔引到村子
裡來，各家各戶的人們都將倉頂屋蓋掀起，由此洞口爬出，
到山頂上躲藏，等待瘟疫過後，先由巫師念咒，然後人們才
陸續返回村寨[29]。臺灣相傳最可怕的黑巫術是泰雅族古代巫師
秘密馴養的一種名叫「浩奈」的魔鳥，無論誰見到牠，都會
立即死亡。而泰雅族巫師又常受雇於人，放浩奈出來害人。
後來人們聚集起來，把所有馴養浩奈的巫師全都殺了，從此
以後這種害人的黑巫術才得以消失[30]。

　　以驅祟禳災治病為目的而施用的符咒，屬於白巫術；藉
邪術害人生病或致人於死而施用的符咒，則屬於黑巫術。現
藏《教務教案檔》中也含有因畫符念咒問題引起中外交涉的
教案，同治七年（1868）三月間，臺灣鳳山縣民程賽具稟指
出：

> 伊妻程林氏即林便涼，於本月十八日路過北門外，遇
> 有奉教之打鳥陳，邀伊妻入室，勸伊入教，伊妻不允。
> 打鳥陳即喚教師高掌在林便涼背上畫符念咒，茶中放
> 入迷藥，勸令飲下。林便涼飲後回家，忽發狂病，聲
> 言定要入教禮拜，便覺快活[31]。

　　由於地方人士對天主教或基督教的誤解，在臺灣民間信
仰的濃厚氛圍裡，也懷疑傳教士假藉左道邪術，畫符念咒，

29　金澤著《中國民間信仰》，頁163。
30　金澤著《中國民間信仰》，頁165。
31　《教務教案檔》，第2輯，第3冊（臺北，中央研究院近代史研
　　究所，民國69年9月），頁1272。同治七年五月二十八日，總
　　理衙門清檔。

茶中下毒，迷惑婦女入教。鳳山縣民程賽相信其妻林便涼忽
發狂病，堅持要入教，就是由於傳教士高掌即高長在林便涼
背上畫符念咒，茶中放入迷藥所致。縣民程賽對傳教士的指
控，雖然不足採信，但此事件的背後已反映臺灣畫符念咒施
用黑巫術的盛行，以及反教排外的激烈。

　　在臺灣早期移墾社會裡，不僅原住民藉黑巫術害人，就
是在漢人社會裡也因利害的衝突，江湖術士多藉畫符念咒害
人生病，或致人於死。現藏《月摺檔》中含有臺灣術士畫符
害人的資料，掌江南道監察御史謝謙亨等人於〈風聞臺灣淡
水縣邪匪為害請飭嚴拏以遏亂萌事〉一摺，對淡水縣的符咒
巫術描述頗詳，節錄一段內容如下：

> 臣聞臺北府淡水縣有十餘年前已獲正法之邪匪陳烏開
> 館授徒，能以符咒殺人，烏雖伏誅，餘黨復熾。其術
> 用食指畫符於水，或用符燒灰，拌入食物，與人飲食，
> 其病立至。曰釘心符，使人心痛如刀刺；曰鎖喉符，
> 使人食不下咽；曰火符，使人身熱如火燒。催以咒，
> 則其死較易，死後身上均有紅色符紋，被害者不可勝
> 數，惴惴然，一飲一食，必加詳慎。該匪蹤跡詭秘，
> 難保無與外匪勾結情事[32]。

　　在信仰巫術的文化氛圍裡，人們對符咒的法力深信不
疑。當人們面對巫師或術士畫符念咒的壓力下，其必死的社
會暗示，加劇了由心理畏懼和焦慮所產生的生理變化。實驗
證明，強烈的情感會引起血管變化，血壓降低，供氣不足，

32　《清宮月摺檔臺灣史料》（四）（臺北，國立故宮博物院，民國
　　84 年 8 月），頁 3463。光緒九年八月初三日，四品銜掌江南道監
　　察御史謝謙亨奏摺抄件。

加上不飲不食的脫水狀態，會使當事人進入休克狀態，也會使神經系統發生分裂，往往因恐懼而致人於死亡，不僅信仰巫術的人會如此，非信仰因素的恐懼也會引起死亡。《淡水廳志》所載石碇堡以符咒殺人的案件，與監察御史謝謙亨奏摺的描述，彼此相符合，都足以說明臺灣畫符念咒的巫術活動，是相當盛行的。其符籙種類，名目繁多，譬如術士施放釘心符，使人心痛如刀刺；鎖喉符能使人食不下咽；火符能使人身熱如焚。若益以念咒，更易致人於死亡。巫師或術士往往開館授徒，專門教人施放符咒殺人。符咒巫術的作用，對下層社會的「愚夫愚婦」，無論是個體的，或是群體的心理狀態，都起著決定性的作用，尤其是產生恐懼心理而導致死亡，是不容忽視的。

會黨起事與災異之變

　　清朝後期，臺灣會黨的活動，是以兄弟會和添弟會的規模較大，歷時較久。乾隆末年，林爽文領導天地會起事，主要是導因於漳、泉分類械鬥的激化以及地方官處理不善，以致官逼民反。道光初年，淡水廳兄弟會的活動，則是閩粵分類械鬥激化的產物，其起因主要是由於盜匪李通與粵籍客家庄居民黃文潤挾嫌糾鬥起釁，都對社會造成了極嚴重的破壞。同治初年，戴潮春所領導的會黨起事，也對臺灣社會造成了重大的侵蝕作用。

　　戴潮春，字萬生，原籍福建漳州府龍溪縣，來臺後寄居彰化縣四張犁庄。關於戴潮春所領導的會黨名目，諸書記載，頗不一致。《重修臺灣省通志》記載，咸豐十一年（1861），戴潮春「召集黨眾，立八卦會，一稱天地會，辦團練，自募鄉勇三百，隨官捕盜。知縣高廷鏡給戮〔戳〕重用。豪盜斂

手，咸歸約束。八卦會者祀五祖，會眾互稱兄弟，自是轉相招納，黨勢日盛，多至數萬[33]。」《臺灣通史・戴潮春列傳》記載戴潮春之兄戴萬桂與阿罩霧人爭田，不勝，集股戶為八卦會，約有事相援。戴萬桂死後，戴潮春乃集舊黨立八卦會，辦團練，自備鄉勇三百，隨官捕盜[34]，文意相近。原書〈宗教志〉對八卦會祀五祖的敘述，頗為詳盡，節錄一段內容如下：

> 林爽文、戴潮春之役，亦以天地會、八卦會為號召。天地會者相傳延平郡王所設，以光復為旨，閩粵之人多從之，故爽文率以起事。而八卦會者，環竹為城，分四門，中設香案三層，謂之花亭，上供五祖，中置潮春祿位，冠以奉天承運大元帥之號，旁設一几，以一貴、爽文為先賢而配之。入會者為舊香，跣足散髮，首纏紅布，分執其事。凡入會者納銀四錢，以夜過香，十數人為一行，叩門入。問從何來？曰從東方來。問將何為？曰欲尋兄弟。執事者導跪案前，宰雞，誓曰：會中一點訣，毋對妻子說，若對妻子說，七孔便流血。宣示戒約，然後出城，張白布為長橋，眾由橋下過，問何以不過橋？曰有兵守之。問何以能出？曰五祖導出。又授以八卦隱語，會眾相逢，皆呼兄弟，自是轉相招納，多至數萬人，而潮春遂藉以起事矣[35]。

　　《臺灣通史》將戴潮春祀五祖的傳說置於〈宗教志〉佛教篇內，並不妥當，但是由引文內容可知戴潮春之役，與宗

33　《重修臺灣省通志》（南投，臺灣省文獻委員會，民國83年6月），卷1，〈大事志〉，頁1900。
34　連橫著《臺灣通史》（南投，臺灣省文獻委員會，民國81年3月），卷33，頁983。
35　《臺灣通史》，卷22，〈宗教志〉，頁655。

教信仰關係密切。引文指出，林爽文以天地會為號召，戴潮
春則以八卦會為號召。八卦會的會場，稱為花亭，供奉五祖。
邵雍撰〈臺灣八卦會起義述略〉一文指出戴潮春不用天地會
的名義是為了隱蔽。原文又稱，「八卦會供奉五祖，配祀朱、
林，清楚地表明以戴潮春為首的八卦會和天地會是一脈相承
的，實為天地會的別稱[36]。」傳說八卦會配祀的「朱、林」，
就是指朱一貴、林爽文。但就現存檔案而言，戴潮春所領導
的會黨名目是添弟會，而不是八卦會。臺北國立故宮博物院
典藏《月摺檔》閩浙總督慶端等奏摺抄件記載，同治元年
（1862）三月間，「訪聞臺灣彰化縣轄有匪徒戴萬生倡立添弟
會名目，煽惑多人，肆行搶掠，當經密飭臺灣鎮道查拏解散[37]。」
天地會或添弟會的會員證，習稱腰憑，其本底樣式，內圈多
畫八角形的八卦數層，每層各刻隱語詩句，作為暗號，腰憑
因形似八卦，故習稱腰憑為八卦，或因添弟會成員持有八卦，
會外之人遂稱添弟會為八卦會。

　　戴潮春領導添弟會起事前後，災異疊見，彰化縣署之鼓
夜間自鳴，明倫堂時聞鬼哭，民間出現了許多謠傳。同治元
年（1862）春，彰化四張犂庄有耕牛，能為人語說：「免咻有
田，播無稻收。」是歲，果然牛語成讖。民間迷信反映戴潮
春起事，就是生靈塗炭的災禍。民間對河水或泉水的異常現
象，也看成是治亂的徵兆。傳說彰化縣太武郡保出水庄後坑
內每當泉水大湧，則時事有變，泉若驟枯，則穀價高昂，歷
驗不爽。民間相傳濁水溪源出內山，河水流急而渾濁，罕見

36　邵雍撰〈臺灣八卦會起義述略〉,《歷史檔案》，第 4 期（北京，歷
　　史檔案雜誌社，1990 年 11 月），頁 97。
37　《月摺檔》（臺北，國立故宮博物院），同治元年四月二十四日，
　　閩浙總督慶端奏摺。

澄清之日，倘若溪水一清，則臺灣必生反側。同治元年（1862）
春，濁水溪水清三日，果然有戴潮春之亂[38]。嘉義火山，稱為
水火同源，相傳地方有亂事，則火必熄，戴潮春起事之前，
水火同源，竟火熄三日。戴潮春聚眾起事後，劉阿妹等人為
軍師。民間傳說劉阿妹死後六日又復活，大談起事為順天應
人的義舉。戴潮春得知此事後，認為奇貨可居，因此，邀請
劉阿妹加入添弟會，封劉阿妹為軍師，並贈送繡衣朱履，築
壇於葫蘆墩，祭告天地，以襄贊其事。在祭典中劉阿妹高呼
「天父有旨，命潮春為千歲，日成為大元帥。」劉阿妹屢次
假託神諭，妄言休咎。他又畫寫符籙，分發會黨成員，令其
粘貼於軍械，宣稱打仗可以獲勝，身體免遭刀鎗傷害。

　　同治元年（1862）九月，戴潮春以揀東人莊天賜為左相。
傳說莊天賜目眇口斜，手足偏廢，曾因殺人而亡命。戴潮春
繼邀莊天賜加入添弟會，起初他拒絕受命。過了幾天，莊天
賜家裡的香爐無火而燃燒，經過問神占卜後，得知以參與起
事為吉利，莊天賜遂應舉而為左相。伊能嘉矩撰〈利用迷信
的戴萬生之亂〉一文已指出，「戴逆之振威，再困嘉義，三圍
大甲，蓋可謂顯示此迷信的吉祥神兆迷惑人心之固結，而賦
予力量[39]。」戴潮春利用民間信仰號召民眾，招人入會，因此，
民間信仰對群眾運動的影響，是不可忽視的力量，對民眾心
理產生了重要的作用。原文認為不逞之徒，往往為了肆其惡，
故有利用迷信，煽惑愚民以為奇貨者，而此風尤其盛行於中
國，移居臺灣的中國人可說是其最盛者。其中戴萬生即戴潮

38　《臺灣慣習記事》，中譯本，第 4 卷上，第 5 號，頁 146。
39　伊能嘉矩撰〈利用迷信的戴萬生之亂〉，《臺灣慣習記事》，中譯本，
　　第 3 卷上，第 7 號，頁 32。

春之亂即以利用迷信而終始，其影響民心之強弱，即是勢力消長之指標。同治二年（1863）正月，添弟會重要頭目林日成〔晟〕敗於大甲，正月十八日，林晟登鐵砧山的國姓井，卻得鄭成功古劍，於是祭告天地曰：「日成〔晟〕若得成大事，劍當浮出；若無成，即以一砲相加可也。」林晟祭告天地後，展開對官兵的攻擊，但不幸中砲，斷兩齒而遁。果然，添弟會的士氣，從此一蹶不振。民間相傳彰化縣城的東門有楊知縣修建的八卦樓，樓上有讖云：「八卦樓開，必有兵災。」因此，樓門常閉。後有某知縣強令開啓，未及一月，彰化縣遂有分類械鬥案件，縣民開始盛傳讖語的靈異。後來戴潮春又捏造八卦樓讖語云：「雷從天地，掃除乙氏子；夏秋多漂沒，萬生靡所止。」將讖語密置樓下，捏稱是楊知縣遺讖。讖語中的「雷」是指彰化縣知縣雷以鎮，意即添弟會是從雷知縣之令而起；乙氏子是臺灣道孔昭慈的「孔」字；夏秋是指副將夏汝賢及秋日觀，皆死於民變。戴潮春最後亦因窮蹙而企圖竄入內山番界，走上靡所棲止的末路。民間傳說戴潮春曾於坑溝中掘得五個劍形青石，奉為神明，每次出兵上陣，都令人手捧青石劍跟隨，每戰必勝，似有神助。後因折損一劍，戴潮春的巢穴遂為官兵所破。《東瀛紀事》記載戴潮春的祖父戴天定，於重修文廟時，襄辦經費出入。戴潮春將作亂時，戴天定之墓，夜聞鬼哭。果然，官兵平定戴潮春之亂以後，其祖墳竟為羅冠英所挖掘[40]。戴潮春固然利用迷信，以煽誘善男信女，加入添弟會，官兵也常利用民間信仰，藉以收攬民心。相傳戴潮春起事後，聲勢浩大，有人於竹塹城隍廟卜問

40　林豪著《東瀛紀事》（臺北，臺灣銀行經濟研究室，民國46年12月），頁53。

彰化何時可以收復？即得一籤語云：「若遇清江貴公子」等句。後來果然竹塹人總辦臺北團練鹽運使銜浙江補用道林占梅帶兵進剿，終於平定戴潮春之亂。伊能嘉矩撰〈利用迷信的戴萬生之亂〉一文已指出「林占梅小字為清江，蓋雖似奇驗，惟恐係預託清江之名於籤而未披露者乎[41]？」藉城隍爺信仰反制會黨，確實有助於收攬民心。

乩童崇拜與巫師作向

薩滿，滿洲語讀如「saman」，是阿爾泰語系通古斯語族稱呼跳神巫人的音譯。在通古斯族的語言中，薩滿一詞是指能夠通靈的男女，他們在跳神作法的儀式中，受到自我暗示或刺激後，即產生習慣性的人格解離，薩滿人格自我真空，將神靈引進自己的軀體，使神靈附體，而產生一種超自然的力量，於是具有一套和神靈溝通的法術。崇奉薩滿信仰的民族認為人生的禍福，宇宙的各種現象，都有神靈在冥冥之中主宰著，人們與神靈之間，必須設法溝通。通過占卜，祭祀、祈禱等手段，可以預知、撫慰，乃至征服自然界中的某種神秘力量。薩滿就是在相信泛靈論的環境中，與神靈溝通的靈媒，是連繫人的世界與神靈世界的橋樑，在阿爾泰語系各民族中，具有超自然能力的這些人就是薩滿。

乩童與薩滿，都是靈媒，人們相信乩童與薩滿都能溝通人與超自然界的關係。乩童信仰與薩滿信仰都是屬於古代巫覡文化的範疇，都是以巫術為主體和主流而發展起來的複雜文化現象或信仰體系。乩童與薩滿降神作法時的精神現象，都是一種習慣性的人格解離。惟因其傳佈地域不同，生態環境有差異，而形成不同系統的民間信仰。典型的薩滿信仰，

41　《臺灣慣習記事》，中譯本，第 3 卷上，第 7 號，頁 32。

盛行於北亞或東北亞的草原社會，相信萬物有靈，是屬於多神的泛靈崇拜，包括自然崇拜、圖騰崇拜、祖先崇拜等等，相信薩滿與各種神靈都具有圖騰或同宗的血緣親密關係，薩滿信仰可以反映北亞或東北亞文化圈的文化特質。乩童信仰也屬於泛靈崇拜，但其自然崇拜、圖騰崇拜的內容，卻極罕見，缺乏草原氣息，不能反映北亞或東北亞文化圈的文化特質。因此，為了凸顯乩童的特徵，除了真正崇奉薩滿信仰的北亞或東北亞地區外，確實不應將臺灣的乩童信仰歸屬於薩滿信仰系統之內。

　　臺灣由於早期移墾社會的人文背景較為複雜，其宗教信仰的基礎，亦極複雜，其中王爺廟特多，其乩童的活動，極為盛行。黃文博著《臺灣信仰傳奇》一書將臺灣民間信仰中的巫師分為道士、乩童、法師、三才和通仔等五個系統，他們都以嚴肅、神秘的祭祀儀式，扮演著人神交通的角色。其中乩童的法術內涵，並未超越符咒、驅煞的範疇。以地緣關係與移民背景而論，作者認為乩童移殖根源，似為閩南俗信的「獞子系統」，但是長期的發展，乩童在臺灣早已塑造出具有獨特風格的鄉土形象[42]。

　　廣東、福建及東南亞的華人社會中，都有乩童或童乩這個詞彙，臺灣乩童可以說是屬於嶺南巫覡文化圈的系統，所謂臺灣乩童是閩南「獞子系統」的說法，確實有一定的參考價值。「獞子」，又寫作「僮子」，或「童子」，宋代以降，文獻上已有福建地區以「童子」降神的記載。陳盛韶著《問俗錄》一書對福建仙游縣的童子有一段記載說：

42　黃文博著《臺灣信仰傳奇》（臺北，臺原出版社，民國 80 年 5 月），頁 140。

民間正月，各村舁出廟神，環游四鄉，達于城市，文
武衙署排月而進。生監楚楚隨行，金鼓之音，羽旄之
美，冠帶盔甲之備。馬數十騎，各象其神之爵，歸則
設醮誦經。有童子焉，鄉民畏敬指為現身說法。求符
者爭先恐後，必俟城隍舁至縣署，昂然坐大堂，各鄉
之游神始停車。城隍曷為乎坐此？曰：「聽訟」。書役
皆悚然。演劇，官則親臨致祭，或數日經旬，卜歸乃
歸，始方嚴禁。里人曰：「此風數百年于茲矣，不過賽
神求福，執事燈彩，仿儺者執戈揚盾遺意，以弭災患，
非有邪術惑人，聚眾斂錢，亦無漳泉藉此朋毆惡習。」
然防微杜漸，不可不慎。朔望宣講聖諭，使務民之義，
久而自知其無益，可以已乎[43]！

福建仙游等地的童子活動，已有數百年的歷史，童子現身說
法，求符者爭先恐後。連橫著《臺灣通史》一書對臺灣的民
間信仰，有一段記載說：

臺灣巫覡凡有數種：一曰瞽師，賣卜為生，所祀之神，
為鬼谷子，師弟相承，秘不授人，造蠱壓勝，以售其
奸；二曰法師，不人不道，紅帕白裳，禹步作法，口
念真言，手持蛇索，沸油於鼎，謂可驅邪；三曰紅姨，
是走無常，能攝鬼魂，與人對語，九天玄女，據之以
言，出入閨房，刺人隱事；四曰乩童，裸體散髮，距
躍曲踊，狀若中風，割舌刺背，鮮血淋漓，神所憑依，
創而不痛；五曰王祿，是有魔術，剪紙為人，驅之來

43　陳盛韶著《問俗錄》（北京，書目文獻出版社，1983年12月），
　　頁77。

往，業兼醫卜，亦能念咒，詛人死病，以遂其生[44]。

引文中已指出臺灣乩童就是巫覡的一種。《澎湖廳志》亦記載澎湖等地，法師與乩童相結，欲神附乩，必請法師催咒。每當賽神建醮時，則乩童披髮仗劍，跳躍而出，血流被面。或豎長梯，橫排刀劍，法師揉而上，乩童隨之。同書又指出澎湖各澳都有大王廟，神各有姓，民間崇奉維謹。甚至造王船、設王醮，其俗亦自內地傳來。王船造畢，或擇日付之一炬，叫做遊天河，或派數人駕船遊海上，叫做遊地河，都是維神所命。每神各有乩童，或以乩筆指示，比比皆然[45]。

乩童屬於巫覡文化的範疇，臺灣乩童就是屬於閩粵童子或僮子系統的一種巫覡。林富士著《孤魂與鬼雄的世界：北臺灣的厲鬼信仰》一書指出「童乩」的「童」字，有可能只是「dang」的音譯。故而，有些文獻就寫做「僮」、「獞」、「銅」這些字。這個推測雖然不見得就是正確答案，但是，至少提醒我們，「童乩」不一定和「孩童」有關，至少不會是指「童昏」和「童蒙」[46]。「童乩」的「童」，閩南語讀如「dang」，是指能讓神明附體的人，或神明附體的現象，而越南語裡的「dang」，也有和神靈溝通，進入精神恍惚狀態的意思。因此，有些學者認為「童」就是源自古越語的「dang」。童乩或乩童就是指一種降神的術士。

鸞乩和乩童略似，所不同者，鸞乩是藉扶乩而傳達神意。

---

44 連橫著《臺灣通史》（南投，臺灣省文獻委員會，民國 81 年 3 月），中冊，頁 652。

45 林豪修《澎湖廳志》（臺北，臺灣銀行經濟研究室，民國 52 年 6 月），第 2 冊，頁 325。

46 林富士著《孤魂與鬼雄的世界：北臺灣的厲鬼信仰》（臺北，臺北縣立文化中心，民國 84 年 6 月），頁 163。

鸞堂奉祀玄天上帝、王爺等神，在神案前置一方桌，桌上擺
一沙盤，以丁字形木架安放其中，懸錐於木架直端，由兩人
扶其橫兩端，用法術請神至，畫沙成字，或示人吉凶休咎，
或為病者開藥方。其扶鸞的乩童，可稱為鸞乩。以問神和牽
亡為主要職能的「尪姨」，也是巫覡的一種，亦可歸屬於乩童
系統，但尪姨都由女性扮演，可以說是一種女巫，文獻中的
「紅姨」，就是尪姨的異寫。尪姨焚燒黃紙，念咒請神，進入
催眠狀態後，裝作亡魂口吻說話。其巫術範圍很廣，主要的
職能是問神牽亡，消災解厄。其中牽亡是尪姨牽引亡靈與生
人對談的法術，又稱關亡，是關提亡魂的意思，即由尪姨召
亡者之魂附於己身，以言禍福，是一種秘術，作法時必須使
用符籙，猶如官府的移文關提人犯，所以叫做關亡。尪姨取
一條長兩三尺的繩線，兩端穿針作結：一端插入亡者靈牌；
一端插入尪姨自己頭髮中，口念咒文，呼請亡靈，當亡靈附
體後，尪姨即可與問靈者對話[47]。關亡類別很多，包括：看香
頭、走無常、走陰差、調水碗、打神拳、落北陰、響鐺鐺、
頂大仙、走路頭、降神等秘術。其中以落北陰為最高秘術，
相信能至陰司詳查病源，例如有無冤鬼為祟，有無生祿，若
生祿已盡，可由親生子女自願將陽壽借給亡者，由壇主做功
德，身披法衣，造具疏文，入壇落北陰，奏達陰司[48]。

　　臺灣文獻中的「法師」，又稱為桌頭，善用符籙祈禳諸術，
是協助乩童作法的副手。澎湖王爺主神向例多以乩童指示神
意，兼以各地廟宇「請王」、「送王」的風氣很盛行，王爺通

47　《臺灣省通志稿》（南投，臺灣省文獻委員會，民國44年5月），
　　〈禮俗篇〉，頁60。
48　佛穩居士著《關亡召鬼秘術》（上海，中西書局，民國16年1月），
　　卷上，頁10。

常會選召新乩童傳達旨意，以致乩童數目更多。但乩童不能
單獨作法，必須由法師配合作法及翻譯，方能成為人與神之
間的媒介。因此，法師也活躍於廟宇或私人的乩壇[49]。

　　學者已指出「童乩雖為巫術之一，但亦非僅由上古時代
所傳之巫術而已，其受道教及密教思想之影響者大[50]。」臺灣、
澎湖地區的乩童及法師，源遠流長，一方面起源於我國古代
的巫術，一方面又吸收了佛教及道教的成分，隨著先民的移
殖拓墾方向而流入澎湖、臺灣等地，其間又受地方特殊情形
的影響，而形成臺灣、澎湖地區既特殊且普遍的民間信仰。
由於乩童、法師的活動，流弊滋多，形成社會問題，曾遭受
清廷的取締。日人伊能嘉矩著《臺灣文化志》一書有一段記
載如下：

> 光緒十年五月，在澎湖廳內之媽宮，有法師黃虔生及
> 乩童許周泰等詐稱神示，毀損媽祖廟前之照牆及良民
> 之店屋三十餘間。官民乃捐貲築復。分巡臺灣兵備道
> 特派委員札明將許周泰緝捕，但黃虔生則脫逃。尋暗
> 中潛回，故態復萌，與廖蔭及舊黨等通謀，仍假借神
> 威毀壞照牆、店屋。於是商民等仍各自出力築成，但
> 慮屢被其害，乃將實情具稟通判程邦基，請頒示勒石
> 永禁。因而翌年十二月，以福建巡撫劉銘傳之名建禁
> 碑於媽宮。曰：「照得左道異端，實閭閻之大害，妖言
> 惑眾，為法律所不容。乃有不法之徒，輒敢裝扮神像，
> 妄作乩童，聚眾造謠，藉端滋事，往往鄉愚無知，被

49　黃有興著，《澎湖的民間信仰》（臺北，臺原出版社，1992年8月），
　　頁82。
50　國分直一撰，周全德譯〈童乩的研究〉，《南瀛雜俎》（臺南，臺南
　　縣政府，民國71年4月），頁171。

其煽惑，此風漸不可長（中略）。據此，除批飭查拏究
辦外，合行剴切示禁。為此示仰兵民人等一體知悉。
爾等須知，藉神惑眾，例禁甚嚴。自示之後，務各痛
改前非，各安本分。倘敢蹈故轍，一經該管營廳察查，
或被告發，立即按名嚴拏，照例重懲，決不姑寬，其
各凜遵毋違，特示。」當時由此嚴霜烈日之處置，因
此事端之復萌，幸得絕於未然云[51]。

　　光緒十年（1884）五月，澎湖廳有乩童、法師滋擾案件，
翌年，下令取締乩童、法師的活動。引文中的「媽宮」，即今
馬公。日據時代，為破除迷信，取締乩童更是不遺餘力。光
緒二十六年（1900），日本政府即開始以違警令取締臺灣的乩
童，但乩童並未因此絕跡。

　　民國元年（1911），據臺南縣北門區西港派出所宮下繁松
氏報告，西港慶安宮，每三年一次，舉行盛大祭典時，乩童
不乘神輿，便徒步街上或村落，割額切背，以金銀紙拭取鮮
血，投於觀眾中，給人們爭取，有一年曾受禁止，因而是年
祭典，不及往年熱鬧，民眾頗不高興。依據民國七年（1918）
的調查，臺灣全島乩童共有一千一百一十四名，民國二十四
年（1935），日人國分直一在臺南縣新豐區灣裡，觀賞盛演京
調戲劇時，首次見到乩童，以半裸體流血淋漓，狂舞亂叫，
見後大為吃驚。民國二十六年（1937）六月，臺南東石郡警
察課檢舉郡下乩童多達三百二十九名，一方面命其解散，一
方面令其作精細實地表演，並記錄下來，其記錄是由警察課
長永田三敬以及司法主任篠宮秀雄整理，經州衛生課長野田

51　伊能嘉矩著，《臺灣文化志》（東京，西田書店，昭和40年10月），
　　第7篇，第8章，頁457。

兵三進一步整理，其後國分直一又再加以整理，並採取若干資料，於是撰成〈童乩的研究〉一篇田野調查報告。原文指出東石郡乩童的職業分佈，大都是由苦力、礦坑工人、漁夫、遊藝等人兼業。此外，小學畢業三名，法師六名，小學肄業一名，通譯三名，日語補習班畢業當乩童的一名，當法師的三名；在私塾讀漢文而當乩童的十四名，當法師的五十三名，甲長而當乩童的有二名，甲長而當法師的有十名，保正而當法師的有一名。乩童雖以男性居多，但被檢舉的也有女乩童，又有當尫姨的女巫。警察飭令乩童、法師、尫姨轉業，但至民國三十年（1941），臺南地區所整理出來的乩童數字，仍多達五七八人[52]。

　　大致而言，乩童的產生，至少有三個途徑：一是自願的，即自願拜師學習；二是被動的，得到神示，要他去當乩童；三是因緣成熟，突然通靈，就當了乩童[53]。黃有興著《澎湖的民間信仰》一書指出澎湖漁村的民眾，大都相信乩童是由神所選召的，人在無法抗拒之下，才當乩童。相傳當乩童的人必須是「八字」較輕，壽限較短的人。神選他為乩童，是要他為神和人服務，因行善積德而增長其壽命[54]。要成為一位稱職的乩童，還要經歷坐關等訓練過程，由老乩童或法師傳授起童、退童、畫符、派藥、操演法器等法術。坐關期滿後又要經過所謂過火、過釘橋、爬刀梯等儀來考驗他的真假及法力。

　　乩童法力的高低，決定於守護神的強弱，常見的守護神

52　《南瀛雜俎》，頁 175。
53　馮華濃編著《靈媒》（臺北，武陵出版社，民國 74 年 11 月），頁 73。
54　《澎湖的民間信仰》，頁 88。

如玄天上帝、哪吒太子、神農大帝、白衣觀音、王爺等，臺南東石地方，常登場的守護神較多，包括義愛公、朱王爺、三王、蘇王、金王、李王、城隍爺、五府千歲、保生大帝、太子爺、老王、陳乃夫人、四太歲、五太歲、興王、池府千歲、虎爺、吳府夫人、觀音佛祖、媽祖、先師、林元帥、鄭元帥、武德英侯、林王爺、五穀王、上帝爺、巡府千歲、祖師娘媽、魏千歲、關帝爺等等，都具有地方特殊性。乩童請神上身的方法，主要有兩個途徑；一由法師做法念咒請神上身；一由乩童自我催眠請神上身。

　　乩童的出現，有其時機及過程，日人國分直一提出三個實例加以說明：

（1）廟宇安置新神像時，乘著祭典的氣氛，常出現乩童。新神像的安置，大約須從一個月前開始，準備開演臺灣戲劇，使全村籠罩著熱鬧祭典的氣氛，當氣氛高昂時，乩童全身劇烈顫動，暗示新神的附身，施行神秘的法術。

（2）瘧疾及其他因惡寒而全身顫動時，自起催眠作用，跳進廟裡，向民眾宣稱神已附身。

（3）在自宅發生顫動，經家族和鄰居宣傳出現乩童，於是受到社會的公認[55]。

　　乩童展示神通或超能力的方式，可以分為文、武兩方面，文的方面，主要是透過靈鬼先將當事者的個人資料報知乩童，以展示乩童是真神附身；武的方面，多在公眾廟宇或私宅神壇進行各種表演。可以分為不流血性質和流血性質兩類，不流血性質的表演是以不傷身體見功夫，較常見的表演包括睏釘床、坐釘椅、爬刀梯、過釘橋、過刀橋、過火、煮

55　《南瀛雜俎》，頁172。

油和解運等等；流血性質的表演，主要是巫器流血表演。乩
童常用的巫器，包括七星劍、沙魚劍、狼牙棒、月眉斧及刺
球等五種，稱為五寶。乩童割舌刺骨，砍背劈額，鮮血淋漓。
乩童流血性質的表演，其真正用意，是因為流血象徵一種見
誠與避邪行為，以鮮血做為朝聖的真摯心情，同時也是一種
驅邪除煞的祭祀儀式，有許多廟會，就是以乩童見血作為接
香時的禮數[56]。乩童操演巫器，必須得到附體神明的自我暗示
後方能進行，即所謂神所憑依，創而不痛。乩童進入起童階
段後，其聲調會變得與附身神明的性格一樣，或像媽祖的女
聲，或像太子爺的童音，或如齊天大聖的猴語，因此，凡有
問神之事，就要請桌頭來翻譯。乩童的乩字，不論是四轎或
手轎的轎仔字，也由桌頭解讀，不識字的桌頭則藉附身發跳
的輦轎之公信力來作為判示的依據。起童高潮過後，乩童在
助手協助下退童，回復本來自我。

　　乩童的活動，對於一般民眾的精神生活方面，有重大的
影響。乩童的民俗醫療，被稱為「巫術醫學」，或「巫術醫療
法」。乩童問神治病的範圍很廣，依照問題的性質，可以作很
多種的分類。民國二十六年（1937），臺南東石郡司法課曾令
乩童們列舉其種類，包括問神明或觀童乩、落地府、進花園、
貢王、脫身、法事、討嗣等七項。澎湖地區常見的乩童巫術
醫療法，除東石郡乩童所列舉的七項外，還有繞境祈福、煮
油過火、禳解作向、捉妖驅邪、調解冤仇等項。

　　觀童乩，又稱觀乩童，就是祈禱降神。乩童在病患家起
童，祈禱神明附身，指示病源，由桌頭翻譯，然後派藥治療。
桌頭依照乩童的指示，寫出藥方，與符籙或爐丹混合煎煮。

56　《臺灣信仰傳奇》，頁 17。

有時候則指示方向，請高明醫師看病。乩童也會用毛筆在金紙上面寫字畫符，包括平安符、治病符、鎮宅符、驅邪符、安眠符、鎮夢符、鎮驚符等。治病符燒化水中，令病人服下。由於亡靈、孤魂、惡鬼、妖魔等作祟的病情較多，所以不但開列藥方，還要將作祟的妖魔惡鬼，或由天井梁木，或由屋隅等處查出，用包裹紅布的犬貓獸骨，把鬼祟除掉，病人方能痊癒。

為了祈求闔境平安，善男信女於神明誕辰前一天，舉行神轎繞境活動，乩童表演操劍破頭，刺球傷背，穿插五針等巫術，善男信女相信神轎從門前經過，經乩童以七星劍比劃及鎮符後，就可以驅逐邪魔，保佑全家平安。

廟宇舉行大祭典時，在廟前表演煮油過火的儀式，乩童手洗熱油，口噴熱油等節目。過火是祭典時的清淨儀式，同時在廟前堆積木炭或木柴，燒成火灰，於祭拜後撒上大量的鹽粒，先由乩童通過，信徒們隨著過火，相信可以消災解厄。病患家屬相信隨著乩童過火，病人很快就可以恢復健康。

捉妖驅邪是乩童治病的一種法術，病患家屬準備油鍋一個，將油煮沸，由乩童指示挖出骨頭，放入油鍋滾炸，使惡鬼妖魔不再作祟。日據時期，澎湖案山里傳說黑狗精為害地方，鬧得村裡很不平安。有一天，黑狗精及玄天上帝各選召一位乩童，都說是「帝公」，要以法術的高低來證明真假。帝公附身的乩童，把刺球打在長椅上，伏臥刺球上，腹部流著鮮血。黑狗精附身的乩童不敢展示法術，臨陣逃跑，被追趕爬到電線桿上，筆直的睡在上面，最後被帝公附身的乩童識破，捉住黑狗精，炸油鍋消滅。

解運或改運也是乩童的一種民俗醫療方法，由乩童改掉

或解除霉運，以祈求好運的到來。黃文博著《臺灣民俗趣譚》一書指出在臺南縣北門鄉三寮灣鬼隆宮的解運，就是由乩童主持，他一手持五營旗，一手握七星寶劍，逐一為十方善信上擦下拭，前揚後揮。乩童法眼瞧出信徒運途特差者，便會沾起額上的鮮血作法，在信徒頭上點捺數下，表示神符勅身，神可隨時保佑[57]。

　　病家問神，乩童診斷指示為沖犯各種煞神時，就要擇日祭煞。事先用竹枝製作煞神形狀的替身，取病人衣服一件，穿在替身上面，祭煞儀式結束後，即將替身焚化，以期病體復原。病人的靈魂若被惡鬼捕捉，或病人被鬼魂糾纏時，乩童也取病人的衣服，穿在小稻草人身上，放在病患家不遠的十字路口，以代替病人，任由惡鬼捕捉，乩童這種治病法術，也叫做脫身。乩童診斷病因，若是因為家中有夭折嬰靈作祟時，就是因討嫁討嗣而使人生病。乩童即進行安撫亡靈的儀式，即將女鬼出嫁，以期女鬼魂靈能給男方子女供奉。男鬼則要求兄弟討一個兒子立為後嗣來供奉他，並傳其香火，舉行過房儀式後，將兄弟中一子過繼為嗣，亡靈獲得照顧，病人就恢復健康。

　　病患家屬問神，由乩童指示病因，若是病人前世因財色殺人，冤魂討命時，即由乩童居中調解，使冤魂放棄報仇，並勸令病患行善積德，以禳解災厄，病體方能康復。

　　貢王，意即進貢王爺。王爺是守護地方的主神，地方瘟疫流行時，各村莊的守護神即統率神兵，與疫鬼作戰。為了作戰補給，增援神兵，進貢王爺，即由乩童動員村民莊眾，

57　黃文博著《臺灣民俗趣譚》（臺北，臺原出版社，1993 年 1 月），頁 97。

備辦五、六十桌或數百份的盛大餚饌酒醴來犒賞神兵，慰勞守護神。

　　日本學者飯沼龍遠認為乩童和日本的降神，或鎮魂歸神並無二致，都是請神上身的靈媒。但他認為乩童的想像性質頗為豐富，他在〈臺灣的童乩〉一文中說道：

> 在日本人的中間，如罹了病，就說對祖先的供養不夠，或對神主及墓地的照顧不全，這樣歸著了靈魂的問題，這是不稀罕的事。但童乩的想法更加想像性質；如果人間罹了病，就是他們的靈魂，做過不切之事，受閻魔王拘到地府，或被惡鬼所訴，所以他們就罹了病，這時候，童乩就請他們的守護神到閻魔廳去談判，如果能保釋他們的靈魂回來，他們的病就可以痊癒了。但這樣談判和人世間一樣，也要用保證金才能贖靈魂回來。這完全是一種商業方法，但在人間是用金銀，在陰間那裡是用金銀紙箔，就是要送幾百幾千金銀到地府，只燒幾百幾千的金銀紙箔就可以，這樣祈禱法就是所謂落地府[58]。

　　落地府又稱下地府，人們相信疾病是因惡鬼使病人的靈魂脫離身體而進入地府。日人國分直一曾撰文敘述乩童落地府的儀式，文中有一段敘述說：

> 法師在廳堂香案前，以桃紅色布自纏其頭顱，吹著以水牛角製成的「鼓角」，唸著請神咒，患者家屬在香案前，燃燒有色粗紙，一名鼓紙，揮上揮下地振動了約三十分鐘之久，神明就寄託童乩身上。神明一寄童乩，法師就唸落地獄「探宮科」的咒文。這個咒文，是說

58　飯沼龍遠撰，林永梁譯〈臺灣的童乩〉，《南瀛雜俎》，頁168。

明往地獄途中狀況；因為本島人的冥府思想，具有深
奧興味，所以若有其他機會，便要實行全譯。於唸「探
宮科」當中，童乩在地下由閻魔就其原因，受其指示
而回來。此時法師，便將乩示譯為人間語言；然而關
於通譯乩示，必有預約暗號，方能判明原因[59]。

　　乩童橫臥地上片刻，表示到了冥府，向閻王請示病患的
原因。有時候家中老幼不平安時，乩童亦落地府查詢。進花
園與落地府很相近，都是乩童過陰的一種法術。飯沼龍遠撰
〈臺灣的童乩〉文中有一段記載說：

流產或養育不好的孩子，祈禱進花園。這和落地府大
體同樣的想法，近閻魔廳有一處六角亭，這裡有很大
的花園，孩子們的靈魂發源在這裡的花木。所以這裡
的花木若有蟲害，或營養不良而枯死的時候，孩子就
不能養育，所以這時候也要請守護神來降乩，而經花
園看顧花木。祈禱的方式和落地府一樣，童乩坐在神
前待其降神，而後拿孩子的肚掛或狗仔褲等物，手持
寶劍途中遇惡魔就戰，到花園才燒金紙，照顧花木，
後才回到佛前。[60]

　　婦女常流產，或嬰兒發育不良，以及嬰兒夭折時，乩童
即舉行進花園的儀式。俗信通往閻王殿的路上，有一個關口，
名叫六角亭，婦女都有一棵生命之花栽種在六角亭旁邊的花
園裡。婦女流產，嬰兒發育不良或夭折，就是因為那棵生命
之花，花朵不佳，或快要凋謝，或因花根腐敗，或因肥料不
足，或因培養不得其法。儀式開始時，由家屬燃燒鼓紙，法

59　《南瀛雜俎》，頁173。
60　《南瀛雜俎》，頁168。

師一面吹著鼓角，一而念著神咒。神明附在乩童身上後，法師就念落地府探宮科咒文，催促乩童進入地府的花園。乩童把捲著五色紙的甘蔗，揮上揮下，徘徊在牲禮桌案的周圍，象徵進行培養或整修花園歸來，信徒相信這樣可以驅逐病源。和落地府、進花園相對的，就是上天庭，乩童進入催眠狀態後仰臥於釘床上，表示上天庭謁見南極仙翁，為病患祈求長壽。

「作向」是一種咒詛，相傳古時候，有人偶然進入熟番系家，討了茶喝，腹部便膨脹生病，據說是因受番婦作向的緣故。日人國分直一之友盧嘉興曾說過，他的父親盧蔗頭，住在噍吧哖地方，患病回家，請託乩童，舉行乩童問神明儀式，方知被人作向的緣故。於是地方民眾始知乩童的咒術，可以抵抗熟番的作向，乩童的活動遂更加盛行[61]。

在臺灣各社原住民的村寨中，巫師降神作法，驅祟禳病的活動，亦極普遍。黃文博著《臺灣風土傳奇》一書對頭社平埔族夜祭的變遷，論述頗詳。作者指出每年農曆十月十四日下午至十五日清晨是臺南縣大內鄉頭社村一年一度的平埔族夜祭。原書描述夜祭的儀式頗詳，節錄一段內容如下：

> 頭社平埔族的阿立祖祭典，雖然稱作「夜祭」，但事實上，十四日下午就已經展開各種儀式了。下午三四點左右，爐主和廟中諸執事，必須為所有祀壺換新裝，包括纏紅綢布，插放鮮花，和掛官印於正副身上，正身瓶口並繫滿信徒歷年來奉獻的大小金牌；同時，代表三十六營將的黃色令旗，也逐支換新。另外，書寫五社阿立祖的紅布新神位，也在法師唸咒、噴酒之後，

61　《南瀛雜俎》，頁176。

安裝於正廳牆壁上。其間，包括香蕉葉、甘蔗葉和檳榔等等的公廨內舊物，都一樣一樣的換新了。就在此一祭物換新過程中，負責整個祭典的靈魂人物——乩童（亦有人稱尪姨）也開始在廟中「作向」。神智一如常人的乩童，首先跪在入口處的矮案桌前咒唱一番，似乎敬告阿立祖，同意接受他的服事，接著走到神壇左邊的水缸前，折斷放於缸口的甘蔗葉，一面攪動缸水，一面咒喝，唱畢，將甘蔗葉插於缸口，然後倒入米酒；左邊結束後，轉到右邊的水缸，繼續作法，過程同左，這個儀式，稱為作向；作向之後的向水，開放飲用，據說可治病療毒保平安，如同漢人的符水[62]。

原住民降神作法的儀式，稱為作向。早期平埔族夜祭的靈魂人物是族中的巫師，其巫師是否也叫做乩童或尪姨，仍有待商榷。臺南縣頭社平埔族夜祭後的向水，可以治病療毒，並保平安，這種以行善為目的之巫術，也是屬於白巫術的範疇。

原住民巫師降神作向，除了白巫術外，也有黑巫術。臺灣布農族中就有一種防竊的黑巫術，據說是用四種毒蟲焙製而成。如家中養雞，常被人偷去，人們就請布農族巫師研製成此藥，放入雞舍內，此後小偷若伸手入籠偷雞，他的手就會停在雞籠內不能動彈，任由主人捉拏。巫師作向，以害人為目的，可以歸入黑巫術的範圍。在賽夏等族各社原住民，也都傳習作向的巫術，巫師作向，可以使人生病致死，使漢族十分畏懼。日人國分直一撰〈童乩的研究〉一文也有臺灣平埔族作向害人的記述。節錄一段內容如下：

---

62 黃文博著《臺灣風土傳奇》（臺北，臺原出版社，民國 78 年 1 月），頁 142。

　　據石陽睢氏所說：「古時，偶進熟蕃系家，一討茶喝，
腹部便膨脹生病。」這是因受蕃婦施以「作向」的緣
故。所謂「作向」，即相當於咒詛之一。據筆者之友盧
嘉興：「我的父親盧蔗頭，住在噍吧哖地方，患病回來，
請託童乩，舉行問神明，方知被人作向的緣故。」於
是地方之人，纔認為童乩的咒力，可以抵抗熟蕃的作
向，而盛行應用[63]。

引文中的「蕃婦」，就是平埔族的女巫師，她擅長於咒詛作向，
飲用作向的茶水，會使人腹部膨脹生病，心生恐懼，幸好漢
族社會的乩童咒術高強，可以抵抗平埔族的作向，破解作向
的咒詛。

　　透過自我期望而達成的改變，常被解釋成乩童造成的改
變。由於期望心理的作用，乩童對天災人禍的解釋，常使當
事人產生安慰的效果。因此，乩童確實可以用暗示的方法治
癒病人，醫學界也認為民俗醫療法對於一部分病患或病患家
屬，確實有正面的醫療價值。尤其對於較易出現神佛鬼怪等
幻覺的精神病患，民俗醫療法確實產生了較佳的效果。張珣
著《疾病與文化》一書指出：

　　臺灣的童乩本質上屬於東北亞「薩滿信仰」的系統。
　　因為他在處理宗教儀式時，表現出恍惚忘我的失神顫
　　動（trance），狀態與東北亞的薩滿（shaman）一樣。
　　薩滿（童乩）在他們進入失神顫動狀態後，便可遨遊
　　於天庭、地府之間，與神明、鬼怪等各種超自然精靈
　　交往，溝通人與超自然界的關係，傳達彼此的訊息意
　　旨，而為二者之媒介。而此種人神間之媒介比其它宗

63　〈童乩的研究〉，《南瀛雜俎》，頁177。

教執事如神父、牧師、和尚、道士等更引人入勝乃因
藉著童乩，人神可直接對話，直接問答。人問話於神，
神藉童乩之口馬上回答人，指使人，解決人的疑問。
且每個神的性格，脾氣在其代言人童乩身上表露無
遺，使人更相信之，更神往之。童乩何以能替神說話
呢？一般學者認為童乩在失神顫動時，靈魂離開肉
體，產生脫魂（ecstasy）狀態，外界精靈便可進入其
體內，依附其身體（possession）而藉口說話。但在精
神醫學來說，童乩作法時的精神現象是一種習慣性的
人格解離（personality dissociation），在這一精神狀態
下，童乩本人平常的人格暫時解離或處於壓制的狀態
而不活動，被另一人格所取代，這另一人格就是童乩
熟識的神的性格，亦即並非真正有神降附在童乩身上
[64]。

　　乩童與薩滿都是靈媒，人們相信可以溝通人與超自然界
的關係。乩童與薩滿作法時的精神現象，都是一種習慣性的
人格解離，乩童信仰與薩滿信仰都是以巫術為主體和主流而
發展起來的複雜文化現象，薩滿信仰是北亞各民族的共同文
化特質，女真、滿族、赫哲等族所崇奉的薩滿信仰，是屬於
東北亞文化圈的系統，臺灣的乩童，並非屬於東北亞薩滿信
仰的系統。

　　乩童信仰與薩滿信仰都是屬於古代巫覡文化的範疇，惟
因其分佈地域不同，生態環境有差異，而形成不同系統的民
間信仰。典型的薩滿信仰，盛行於北亞草原社會，相信萬物

64　張珣著《疾病與文化》（臺北，稻鄉出版社，民國 83 年 9 月），頁
　　81。

有靈，是屬於多神的泛靈崇拜，包括自然崇拜、圖騰崇拜、祖先崇拜等等，薩滿對於各種動植物及已故祖先或英雄等神靈所以具有特別的力量，是因為薩滿和那些神靈具有圖騰或同宗的血緣親密關係。乩童信仰也屬於泛靈崇拜，乩童的守護神，多屬於偉人崇拜或英雄崇拜，但自然崇拜、圖騰崇拜中的動植物或飛禽走獸等神祇，則較為罕見，缺乏草原氣息。

　　靈魂的飛昇，導致宇宙概念的發展，北亞各民族對自然宇宙的觀察程度及靈魂飛昇概念的不同，他們對宇宙層次的想像，就有了差異。原始薩滿信仰一方面保留了古代天穹觀念中天地相通的思想痕迹，一方面也反映北亞草原文化的特色。原始薩滿信仰認為在地下土界有惡魔，也有善神，人們在下界生活，並非地獄，而是越深越溫暖，深處也有陽光，亡魂所到的地下土界，是和人間相像的另一個世界。佛教、道教普及於北亞草原社會後，薩滿信仰也雜揉了輪迴、酆都城、十殿閻羅等觀念，以及牛頭馬面、黑白無常惡鬼等角色，北亞草原族群的亡魂所到的下界，也不再是像人間獵場、漁場那樣美好的另一個奇異世界。乩童信仰的靈魂概念及其對地獄的想像，主要是以民間信仰為基礎，並雜揉佛、道思想而形成的三界觀念，並無近似原始薩滿信仰的天穹觀念。

　　乩童與薩滿的社會功能，頗為相近，乩童與薩滿的民俗醫療效果，對於一部分人確實可以產生較佳的效果。薩滿跳神作法以後，因受到自我暗示或刺激而產生人格與精神意識的變化，逐漸達到忘我境界，接著進入催眠狀態，魂靈開始出竅，薩滿過陰進入冥府，找尋亡魂，然後護送死者的魂靈，返回人間，附體還陽，使已經病故的死者復活，薩滿進入靜止狀態，停止呼吸遊歷地府的時間，長達數日之久。薩滿魂

靈出竅，過陰追魂的法術，是北亞薩滿信仰最主要的文化特質，乩童雖然也有落地府、進花園的過陰法術，但乩童的催眠狀態，並非靜止的狀態，也缺乏找尋魂靈，護送魂靈，附體還陽的法術。尪姨問神牽亡雖然進入催眠狀態，但她裝作亡魂口吻說話，同樣也不是靜止的狀態，尪姨也缺乏靈魂出竅，過陰追魂，附體還陽的法術。

　　乩童流血性質的表演，主要用七星劍、沙魚劍、狼牙棒、月眉斧、刺球等法器，表演割舌刺骨、砍背劈額，鮮血淋漓，狂舞亂吼，這是乩童的主要特色。薩滿也有上刀梯等考驗方式，但它是以不流血性質的表演為主。薩滿法術的象徵，主要為薩滿的法器及神服，薩滿跳神治病時所使用的神鼓及銅鏡等飾物，不僅是薩滿的外部標誌，而且也是薩滿巫術法力的象徵，缺乏法器、神服，薩滿就無所施其神術。乩童與薩滿確實有許多共同特徵，但也有許多差異，為了凸顯乩童的特徵，除了真正崇奉薩滿信仰的北亞地區外，臺灣的乩童，確實不應歸屬於北亞薩滿信仰系統。

右旋白螺與天后媽祖信仰

　　厄魯特蒙古，又稱衛拉特蒙古，是漠西蒙古各部的總稱，明代稱為瓦剌。分佈於錫什錫德河與葉尼塞河等地。經長期發展變化，並融合周圍突厥與各族及東蒙古諸部，至明末清初形成準噶爾、杜爾伯特、和碩特、土爾扈特四大部，及附牧於杜爾伯特的輝特部，信仰藏傳佛教。其牧地不斷向額爾齊斯河中游、鄂畢河、伊犁河流域、青海擴張。清聖祖康熙四十一年（1702）十二月二十六日，《聖祖仁皇帝實錄》有一段記載云：「厄魯特丹津阿拉布坦來朝。上御保和殿，理藩院引見，行禮畢。召入殿內寶座前。上諭曰：『昔厄魯特歸降我

朝，未有率人如爾之眾者。爾既傾心歸嚮，甚屬可嘉。朕所用
避風石數珠，最利風疾，今以賜爾。』」引文中「避風石數珠」，
滿文讀作 "bi fung ši erihe"，句中 "bi fung ši"，是漢文「避
風石」的滿文音寫。數珠，滿文讀作 "erihe"，意即「念珠」，
又作「素珠」，滿文讀作 "erihe tolome nomun hūlambi"，意即
「捻珠誦經」。康熙皇帝御用的避風石數珠，最利風疾。

　　右旋白螺，俗稱定風珠，其全名為「大利益吉祥右旋白
螺」，是班禪額爾德尼所進呈的法器。清宮珍藏右旋白螺多
種，形式不一，乾隆皇帝御製贊文稱：「螺多左轉，希有右旋。
孰謂生海，而能從天。所以梵帙，標奇著編，丹書呈瑞，弗
恒遇焉。寓聲於寂，三乘提全。」又云：「白螺右旋為至寶，
梵音普具三乘法，如是梵音如是聞，羣生悉被福無量。」右
旋白螺是吉祥靈物崇拜的產物，其螺既白又右旋，為罕見神
物。乾隆皇帝憑藉右旋白螺，則眾生可以被福無量。

　　臺灣位於太平洋西側颱風路徑的要衝，每年夏秋之時，
經常遭受到颱風的侵襲，這種颱風是一種熱帶氣旋，清朝文
書稱這種熱帶氣旋為颶風。由於海上颶風或颱風常常發生，
以致海難頻傳，渡海入臺文武大員，多裹足不前。乾隆五十
二年（1787）八月，因林爽文領導天地會起事，規模擴大，
乾隆皇帝即命大學士福康安渡海來臺督辦軍務，並將右旋白
螺賜給福康安帶赴臺灣，往來渡海時祈佛保佑。清軍平定林
爽文後，福康安等於乾隆五十三年（1788）五月初九日由鹿
耳門登舟內渡。五月十四日，福康安等至廈門。五月十五日，
福康安奏聞內渡情形云：

　　　伏念臣上年奉命赴臺灣剿捕，疊次被風吹回，及徵調
　　　各兵到齊，風色即為轉順。自崇武澳放洋，一帆即達

　　鹿仔港，兵船百餘號，同時並到，為從來未有之事。
　　此次凱旋內渡途次，雖遇風暴，瀕危獲安，此皆仰賴
　　我皇上誠敬感孚，神明默佑，並恩賜右旋白螺，渡海
　　得以益臻穩順。臣欣幸頂感，莫可名言，登岸後即至
　　懸掛御書聯匾廟內敬謹拈香瞻禮，敬謝神庥。茲復奉
　　到加贈天后封號諭旨及御書匾額一面，令於海口廟宇
　　應懸處所一併懸掛。竊臣上年由崇武澳徑渡鹿仔港，
　　風帆恬利，因於鹿仔港寬敞處所恭建天后廟宇，今駐
　　防兵丁等即在該處港口被風，遇危獲安，疊徵靈異，
　　請將奉到御書匾額齎交徐嗣曾在鹿仔港新建廟內敬謹
　　懸掛，以昭靈貺[65]。

由於乾隆皇帝賞賜右旋白螺，使福康安等渡海大員獲得神明
默佑，吉祥穩順。鹿仔港海口已有廟宇，福康安渡海入臺時，
即由鹿仔港上岸，風帆恬利，所以又於鹿仔港寬敞地方另建
天后宮。

　　天后宮媽祖崇拜，久已成為福建及臺灣民間的普遍信
仰。由於閩省官兵民人渡海入臺時屢遭海難，乾隆皇帝也認
為或因閩省地方官平日不能虔誠供奉媽祖，以致未邀神佑。
因此，乾隆皇帝令軍機處發下藏香一百炷，交兵部由驛站馳
遞福建督撫，令地方大吏於媽祖降生的原籍興化府莆田縣地
方及濱海一帶各媽祖廟，每處十炷，敬謹分供，虔心祈禱，
以迓神庥，而靜風濤。閩浙總督魁倫遵旨將藏香每十炷為一
份，共計十份，派員遞送，一份交給興化府知府祥慶親身敬
謹齎赴莆田縣湄洲媽祖廟供奉。閩浙總督魁倫會同陸路提督

65　《宮中檔乾隆朝奏摺》，第 68 輯（臺北，國立故宮博物院，頁 270。
　　乾隆五十三年五月十五日，福康安奏摺。

王彙率同道府親送一份前往福州府南臺海口天后廟供奉。其餘分送福寧府、臺灣府、廈門、金門、海壇、南澳、澎湖等處，交提鎮道府親赴瀕海各廟宇敬謹分供，虔誠祐禱希望從此船隻往來海上，帆檣安穩，免除遭風沉船之虞[66]。清朝皇帝順應福建臺灣民間信仰的習俗，提高媽祖信仰的地位，使媽祖信仰的普及化產生了積極性的作用。

　　福康安等人往返臺灣海峽時，一方面將藏傳佛教的法器右旋白螺供奉於船中，一方面因虔敬祈禱天后媽祖護佑，果然風靜波恬，渡洋平穩。乾隆五十三年（1788）三月初七日申刻，凱旋官兵雖然遇颶風，但都平安無事，福康安具摺奏聞這段奇蹟，節錄一段內容如下：

> 查福州駐防一起官兵，原派在鹿仔港內渡，於撤回郡城時，即令乘坐哨船前往。三月初六日，該起官兵均已更換大船，候風放洋。有福州駐防領催蘇楞額等三十三名，於初七日申刻已至港口，未上大船，陡起風暴，拋碇不住，吹折篷桅，船內前鋒德福等四名跳過別船，惟蘇楞額等二十九名未及過船，隨風飄至大洋，正在危險間，忽有異鳥一雙，赤喙赤足，眉作金色，飛集船頭，頗甚馴熟。船戶謂得神佑，必可無虞，飄流兩日兩夜，水已半艙，戽水前進，幸不覆溺。初九日，於黑水洋地方，適遇許長發船自澎湖駛至，兵丁等遇救過船，軍裝搬運甫竟，見原坐哨船下有數丈大魚浮出水面，船隻登時沉沒，該兵丁等現在由鹿耳門

66　《宮中檔》（臺北，國立故宮博物院），第 2706 箱，11 包，1426 號。嘉慶元年十一月初六日，閩浙總督魁倫奏摺。

登岸[67]。

各民族對鳥的信仰，不盡相同，滿族把鴉鵲當做神鳥。航海家把赤喙赤足的海鳥，視為神鳥，牠是傳達神意的靈鳥，靈鳥飛集船頭，相信已得神佑，必可無虞。福康安具摺時，亦指出，「伏思自用兵以來，運送錢糧鉛藥，失風者甚少，臣等自崇武開駕，一晝夜間駛行千里，兵船百餘隻，同抵鹿仔港，渡洋時即聞各船傳說靈異，猶以為事屬偶然，未敢形之奏牘。今凱旋駐防兵丁船隻遭風，危而獲安，復著靈應，此皆仰賴我皇上誠敬感孚天神默佑[68]。」福康安凱旋回京後，即將右旋白螺繳回宮中供奉，以期永資護祐，普被吉祥。乾隆五十三年（1788）十一月，命福康安補授閩浙總督。十一月二十一日，軍機大臣遵旨寄信福康安，將右旋白螺發交福康安，於閩浙總督衙門供奉，節錄〈寄信上諭〉內容如下：

> 乾隆五十三年十一月二十一日奉上諭，上年福康安前赴臺灣，特賞給右旋白螺帶往，是以渡洋迅速，風靜波恬，咸臻穩順。今思閩省總督將軍巡撫提督等每年應輪往臺灣巡查一次，來往重洋，均資靈佑，特將班禪額爾德尼所進右旋白螺發交福康安，於督署潔淨處敬謹供奉，每年督撫將軍提督等，不拘何員，赴臺灣時，即令帶往渡海，俾資護佑，俟差竣內渡，仍繳回督署供奉。至前往巡查大臣，亦不必因有白螺冒險輕涉，總視風色順利時再行放洋，以期平穩，將此諭令知之[69]。

67　《宮中檔乾隆朝奏摺》，第 67 輯（民國 76 年 11 月），頁 600。乾隆五十三年三月二十二日，福康安奏摺。

68　《宮中檔乾隆朝奏摺》，第 67 輯，頁 601。

69　《乾隆朝上諭檔》（北京，檔案出版社，1991 年 6 月），第 14 輯，

飄洋過海，風強浪大，海難頻仍。因此，乾隆皇帝欲藉靈物或法器護佑，期盼順利吉祥，反映乾隆皇帝對文武大員的關懷與祝福。閩浙總督衙門在福州，督署第五層是樓房，高敞潔淨，福康安派人將樓房加以拂拭灑掃後，即將右旋白螺敬謹安龕供奉。右旋白螺雖然不能解除颱颶天災的侵襲，但可使渡海大員免除望洋之驚的心理作用，也是可以肯定的。嘉慶初年，清朝冊封使趙文楷等前往琉球時，亦經閩浙總督玉德奏准將右旋白螺交給趙文楷等供奉於冊封船艙內，希望往返重洋時，能得靈物護佑，而於穩順之中，更臻穩順。由於海盜猖獗，臺灣沿海多遭劫掠。嘉慶十年（1805）十一月間，海盜搶掠南路鳳山縣城，清廷即命欽差大臣賽沖阿渡海入臺督剿海盜，並將右旋白螺發交賽沖阿帶往渡洋。嘉慶十一年（1806）正月初四日頒諭稱：

> 臺灣遠隔重洋，風濤靡定，特發去大藏香五枝，著賽沖阿敬詣天后宮代朕虔禱，以期仰叨神佑。又福康安平定林爽文時，携帶大利益吉祥右旋白螺，往來渡海，風帆順利，茲亦發交賽沖阿祇領，帶往渡洋，以資護佑，俟凱旋日，派大員齎送回京供奉[70]。

天后媽祖信仰是臺灣較普遍的民間信仰，信眾最多。右旋白螺是定風珠，是藏傳佛教的吉祥法器，對航海人員而言，尤其具有穩定心理的積極作用，臺灣民間信仰，確實有它的地區特徵。

傳統文化中的風水信仰

就廣義而言，風水所指的是包括陽宅與陰宅的地勢、方

頁684。

70　《清仁宗實錄》，卷256，頁6。嘉慶十一年正月壬子，諭旨。

向等。人們相信住宅、墳墓的地勢、方向會帶來不同的吉凶
禍福。其中陰宅墳墓的方向與地勢等因素會給死者的後代子
孫帶來不同的命運。金澤著《中國民間信仰》一書指出中華
各民族中的風水信仰，有許多共通之處，但相形之下，尤以
漢族的風水信仰最為複雜，講究最多。由於風水信仰注重陰
陽兩宅地勢、水勢與風勢的選擇，千百年來形成一套複雜的
模式，其中有些信仰是有利於衛生與人體健康的，因而不能
一概否定。而且從信仰的意義上說，風水信仰不同於宿命論
的算命之術，它包含著人的命運是否可以通過某種方式加以
改變的意義。但是，風水信仰的價值取向，是把自己命運的
改變，很明顯地寄托在死者墳墓的風水之上，既無任何科學
根據，也缺乏自強不息積極進取的精神。誠然，風水信仰是
我國傳統文化下的一門知識，自古以來，它對社會生活的影
響，是不容忽視的事實。

　　多神崇拜，是臺灣民間信仰的共同特徵，人們相信山有
山神，水有水神；大山有大神，小川有小神，樹木花草，都
有精靈，名山大川，多有山神地祇的祭祀。篤信風水之說，
也是臺灣早期移墾社會裡的普遍信仰。在傳統社會裡，慎終
追遠，厚葬先人的孝道觀念，更是根深蒂固。選擇風水較佳
的地勢與方向，山明水秀，為祖先建造墳墓，這是為人子孫
者對祖先應盡的義務。現藏檔案中涉及臺灣風水信仰的資
料，數量相當可觀，為臺灣風水學研究提供了豐富的直接史
料。比如國立故宮博物院典藏《月摺檔》中就含有頗多風水
信仰的資料，道光三十年（1850）七月二十五日，閩浙總督
劉韻珂具奏稱：

　　　本年三月，臣劉韻珂於出省閱伍之前數日，接到夷酋

哎喀照會，欲求採購臺灣雞籠山煤炭，以備火輪船之
用。臣劉韻珂當以臺灣非通商之地，該國船隻不應違
約擅到，該處向不產煤，所有居民亦從無燒煤之事。
雞籠山為全臺總脈，該處居民，係閩粵兩籍，性情強
悍，保護甚嚴，久禁開挖，以培風水，斷非官員所能
強勉，此事斷不能行等詞照覆，並咨兩廣總督臣徐廣
縉就近向該酋諭阻，一面飛飭臺灣鎮道府會督淡水
廳，固結民心，堅為防拒，使之無可覬覦[71]。

　　雞籠即基隆，基隆山被認為是全臺總脈，閩粵移民相信
風水之說，不許開挖煤礦，以培風水。地方大吏俯順輿情，
不便勉強開礦採煤，假藉民意，堅拒外人採購煤炭。

　　同治末年，因琉球事件，日人窺伺臺灣。同治十三年
（1874）四月，清廷命沈葆楨巡視臺灣，兼辦各國通商事務。
沈葆楨為鎮撫臺民，並預防窺伺，決定在瑯璚築城設縣。同
年十二月十三日，沈葆楨帶同臺灣府知府周懋琦等由臺灣府
城起程，前往履勘瑯璚情形。次日，抵鳳山。十五日，宿東
港。十六日，宿枋寮。十七日，宿風港。十八日，抵瑯璚，
宿車城，接見夏獻綸、劉璈，得知已勘定車城南方十五里的
猴洞，可以作為縣治。現藏《月摺檔》有一段記載說：

　　臣葆楨親往履勘，所見相同，蓋自枋寮南至瑯璚，民居
　　俱背山面海，外無屏障。至猴洞忽山勢迴環，其主山
　　由左迤趨海岸而右，中廓平埔，周可二十餘里，似為
　　全臺收局。從海上望之，一山橫隔，雖有巨礮，力無

─────────────

71　《清宮月摺檔臺灣史料》（一）（臺北，國立故宮博物院，民國83
　　年10月），頁180。道光三十年七月二十五日，閩浙總督劉韻珂
　　奏摺抄件。

　　所施，建城無踰於此。劉璈素習堪輿家言，經兼審詳，
　　現令專辦築城建邑諸事[72]。

　　劉璈素習堪輿，是一位堪輿家，對風水學素有研究。他
履堪過瑯璚地形山勢，可以說是「全臺收局」，北臺灣的雞籠
山是全臺總脈，南臺灣的猴洞是全臺收局，勘地築城，必須
具備風水學的基本知識。

　　同光年間，丁日昌、劉銘傳等地方大吏極力主張在臺灣
興建鐵路，但因鐵路所經，其田地、廬舍、墳墓多遭破壞，
山川之靈不安，旱潦之災屢見，破壞風水，貽害於子孫，大
則有害於宗族，小則有害於身家。因此，劉銘傳等人在臺灣
修築鐵路，必須屢易路線，繞避墳墓，因而使臺灣鐵路產生
過急的彎曲[73]。《月摺檔》選錄了丁日昌奏摺，節錄一段內容
如下：

　　夫臺灣不辦輪路礦務之害如彼，辦輪路礦務之利如
　　此，其得失取舍固可不待懸揣而知，而或者慮輪路礦
　　務一辦，必致傷人廬墓，百姓怨嗟。不知臺中曠土甚
　　多，輪路不致礙及田廬，開礦之處，並無人居，且風
　　水之說，亦未深入膏肓[74]。

興辦鐵路礦務，是自強運動的重要內容，但是由於風水信仰
的盛行，而遭到許多阻礙。福州將軍穆圖善具摺時亦稱：

　　日本得煤礦機器利，人所共知，惟華人惑風水之說，

72　《清宮月摺檔臺灣史料》（三），頁 1908，光緒元年正月十二日，
　　沈葆楨奏摺抄件。

73　吳鐸撰《臺灣鐵路》，《中國近代史論叢》，第五冊（臺北，正中書
　　局，民國 56 年 5 月），頁 182。

74　《清宮月摺檔臺灣史料》（三），頁 2472。光緒三年正月二十二日，
　　福建巡撫丁日昌奏摺抄件。

> 多撓開礦；西國不言風水，都邑市鎮無不得地，英京
> 倫敦地下通鐵路，富強如故。蓋風水者，山水形氣，
> 以聚散為吉凶，在地面不在黃泉。天氣降，地氣升，
> 呼吸衹地下數尺至數丈，若深數丈下，無關風水。中
> 國形家言有吉地葬深及破爐底即凶之說，實為確鑿憑
> 據，宜大張告示，以解民惑[75]。

福州將軍穆圖善對風水的詮釋，值得重現。他指出所謂風水，
其山水形氣，是以聚散為吉凶。風水在地面，不在黃泉，深
至數丈以下的黃泉，就無關風水了。但因民眾惑於風水之說，
對築路開礦，多加阻撓。

　　同光年間，西洋傳教士在臺灣廣置教堂，以傳播福音。
但是，民間認為西洋人專奉天主耶穌，不敬山川神衹，教堂
的建造，將破壞山川風水。英國傳教士監物在臺灣嘉義縣白
水溪地方傳教，被店仔口民人乘夜焚燒教堂。福州將軍文煜
在呈文中對民眾焚燬教堂的原因提出說明，節錄一段內容如
下：

> 同治十三年十二月二十三日，據署嘉義縣陳祚稟：是
> 日辰刻有洋人監物來縣面稱：伊在白水溪地方傳教，
> 突被店仔口人乘夜焚燒住居，慌忙逃走，幸未受傷。
> 訊其起釁情由，則稱添蓋教堂房屋，有吳志高聲言礙
> 其祖墳風水，釀成事端等語。當飭役勇護送該教士赴
> 郡，一面親赴查勘拏辦等情。旋准駐臺英國領事額勒
> 格里照會，以據教師監物稟稱，向在嘉義白水溪地方
> 傳教，因欲添蓋房屋，被店仔口吳志高等藉稱有礙伊

75　《清宮月摺檔臺灣史料》（五），頁4328。光緒十一年七月，福州
　　將軍穆圖善奏摺抄件。

祖墳風水，乘夜將小禮拜堂燒燬。該處受教番民先有被牽牛隻毆傷情事，照請嚴加查辦，以符和約等由，飭據該縣陳祚稟復，會營勘得白水溪距店仔口十餘里，教堂與吳姓祖墳尚隔一山，四無鄰居，該教士所住草寮均已燒燬[76]。

由引文可知由於風水信仰的盛行，也成為地方官紳民眾反教排外的一個重要藉口。人們相信教堂的建蓋，將影響祖墳，破壞風水。英國傳教士在嘉義白水溪建蓋教堂，與居民吳志高的祖墳，相隔一山，但吳志高等人仍然相信山後的教堂會破壞山前祖墳的風水，風水信仰確實深入人心。

書院為士子研習古聖先賢著述之所，不容許怪力亂神或左道異端的存在。同治七年（1868）八月間，淡水境內因英商向百姓租屋，破壞書院風水，而發生民教衝突案件。據署淡水同知富樂賀等稟稱：

艋舺地方有黃姓房屋一所，民婦黃莊氏私租與英商寶順行，已立字據，收過定銀一百元。八月二十一日，黃姓族眾因該屋與書院附近，恐礙風水，正向黃莊氏阻止，適該洋商嘉姓同一行夥押帶行李，至黃莊氏屋前，踢門強入。黃姓族眾吶喊恐嚇，該洋商即開放空洋鎗，致被黃姓奪鎗毆傷[77]。

艋舺黃姓房屋，鄰近書院，英商崇奉天主耶穌，他們向黃姓租屋居住傳教，民眾相信將破壞書院的風水，使士子考試名落孫山，以致引起公憤，群起阻撓洋商搬入黃姓房屋，

---

76 《教務教案檔》，第 3 輯（民國 69 年 9 月），第 3 冊，頁 1442。光緒元年五月初十日，總署收福州將軍文煜咨文。

77 《教務教案檔》，第 2 輯，第 3 冊，頁 1300。同治七年十一月二十一日，署淡水同知富樂賀等稟文。

而引起中外交涉，民眾篤信風水之說，通省皆然，中外交涉
案件，遂層出不窮。

　　大自然是人類生存的環境，從初民社會開始，便把人類
環境分為兩類：一類是吉、善、福；一類是凶、惡、禍，由
這兩類互相對立的抽象概念，又產生了人類對待大自然的兩
種不同態度：一種態度是消極安慰自己，以求得心理的平衡；
一種態度是力圖積極控制它們。這兩種概念和態度形成了彼
此交叉重疊的原始宗教意識和巫術意識的兩種不同意識場，
這兩種不同意識場的存在，是產生原始宗教與巫覡信仰的不
同性格和特徵的根源。原始宗教是由吉、善、福以及人們對
待這些概念的態度所構成的意識場為核心而發展起來的宗教
觀念。巫覡信仰則是以凶、惡、禍各種觀念為核心的意識場，
企圖以人們的力量直接披凶除惡，由此而衍化出巫術消災除
禍、預言占卜等一系列的社會功能。由此可知原始宗教意識
與巫覡信仰意識是兩種非常相近的社會意識，都伴隨著吉
凶、善惡、禍福等不同概念以及人們對待這些概念所採取的
不同態度所構成的意識場的出現而誕生。民間信仰就是一種
複雜文化現象，它既含有原始宗教的成分，又包含大量巫術
意識的成分。

　　臺灣民間信仰的內容，雖然主要是閩粵內地民間傳統信
仰的派生現象，但同時也包含原住民原始宗教信仰的成分，
都是構成民眾精神生活與民俗文化的重要內容。因此，了解
和探討臺灣民間信仰的性質及特點，對於考察清代臺灣社會
的文化內容，了解民眾的心理素質與價值觀，確實具有不可
忽視的重要意義。大致而言，清代臺灣民間信仰只能說是傳
統文化中的文化潛流或隱文化，即所謂常民文化，並非主流

文化，各種形式的臺灣民間信仰都不是正信宗教，也不具備民間宗教的特徵。但因臺灣地理環境較為特殊，保留了多元性的民間信仰的原始特質，提供了珍貴的研究資料，對於搶救臺灣文化遺產而言，也是不容漠視的工作。

清代臺灣民間信仰的主要特點，就是以原始宗教信仰的靈魂觀念與巫術原理為基礎。其中測字算命的活動，是屬於占卜巫術的範疇，源遠流長。例如林爽文領導天地會起事以後，寄居鳳山縣的連清水，曾替莊大田測字起課，以占卜會黨出陣打仗是否能得到勝利。連清水隨手測了一個「田」字，它的歌訣是「兩日不分明，四口暗相爭。半憂又半喜，不行又不行。」並非吉祥字，「田」字的離合變化，產生了負面的聯想，四口暗相爭，食指眾多，無論農業社會或一般群體，都是負面的作用，測字起課的社會價值觀，隱藏了民間信仰的神秘作用。但就測字起課活動而言，對會黨成員或出征戰士卻可以產生精神解脫和昇華的力量。

有清一代，臺灣是屬於開發中的地區，社會經濟較落後，瘴癘時疫，對人們造成較大的傷害，巫師驅邪禳災的活動，極為普遍。生界原住民的獵頭或殺人習俗，就是禳災逐疫的行為，反映生界部落瘟疫的流行。在天地會陣營裡，為出征傷患請神治病，或畫符醫病的原住民女巫師，可謂不乏其人，仙姑、仙媽都為天地會效力，天地會假藉她們的巫術，使刀槍不入，免除槍砲傷害，也藉降神作去使鄭成功顯靈助戰，可以鼓舞士氣，對衝鋒陷陣的會黨弟兄，產生了激勵的作用。

巫術有保護與破壞的作用，以驅邪禳災治病為目的而進行的巫術活動，屬於白巫術。反之，藉邪術傷害人使人生病或致人於死而進行的巫術活動，則屬於黑巫術。例如同光年

間北臺灣常見的釘心符、鎖喉符、火符等等，巫師念咒，畫符燒灰，拌入食物，給人飲食，其病立至，往往致人於死，受害者死後身上均有紅色符紋。平埔族婦女的咒詛作向，也是屬於黑巫術的範疇，飲用作向的茶水，會使人腹部膨脹生病，心生恐懼。鳳山縣傳教士高長曾被民眾誣指使用作向黑巫術，誘使婦女入教。民眾指控他在婦人林便涼背上畫符念咒。又勸令林便涼飲下作向的茶水，以致林便涼忽發狂病，聲稱定要入教禮拜，便覺快活。民眾也相信乩童巫術高強，可以抵抗平埔族的作向，破解作向咒詛的黑巫術。符咒巫術的作用，使人們產生恐懼心理，因而往往導致死亡，是不容忽視的現象。

　　由於風水信仰注重陰陽兩宅地勢與方向的選擇，長久以來，已經形成一套複雜的模式。人們深信陰宅墳墓的方向、地勢、水勢與風勢等因素會給死者的後代子孫帶來不同的命運。傳統社會的價值觀，認為安土重遷是具有積極的社會價值，入土為安是對往生者的尊重，後世子孫有保護祖先墳塋的義務，否則就將對後世子孫帶來不幸。例如開礦採煤，修築鐵路，都會震動墳墓，破壞子孫，貽害子孫。人們相信教堂的建蓋，會影響祖先墳墓，破壞風水。英國傳教士在嘉義白水溪建蓋教堂，與居民吳志高的祖墳，相隔一山，但吳志高等人仍然相信山後的教堂會破壞山前祖墳的風水。書院為士子研習古聖先賢著述之所，教堂固然不許鄰近書院，就是西洋人也不許在書院附近賃屋居住，以免破壞書院的風水，否則士子參加科舉考試，必致名落孫山。外人崇奉天主耶穌，左道異端，不容於聖賢之側，風水信仰，深入人心，中外交涉案件遂層出不窮。民間信仰本身雖然是怪力亂神的複雜文

化現象，但都屬於民間信仰的範疇，對臺灣民間文化的塑造與演化，都產生深刻的影響。

奏

奏為渡洋已抵廈門恭摺奏

臣　福康安跪

竊事竊照臣在臺灣將善後章程及奏擬案件辦理完
竣後於五月初九日由鹿耳門登舟候風業經
恭摺奏
聞在案竊臣於初十日清晨獲有順風揚帆行至日暮
抵黑水洋地方距澎湖內洋二十餘里風急不
能前進測量該處海水甚深破浪長至六七十
大猶未沉底難以寄泊即在洋面往來飄蕩十
二日午後風浪大作竟夜不止船隻顛簸戰側
幸而安穩無虞行程甚速十三日晚間至大擔
門外溜邊山根礁石並未銷損船身十四日由
廈門港口登岸伏念臣上年奉
命赴臺灣剿捕疊次被風吹回及微調各兵到鹿仔港
色即為轉順自崇武澳放洋一帆即達鹿仔港
兵船百餘隻同時並到為從來未有之事此次
凱旋內渡途次雖遇風暴瀕危籲安此皆仰賴
我
皇上誠敬感孚
神明默佑並蒙
恩賜右旋白螺渡海特以茲臻穩順臣欣幸頂戴其

可名言登岸後即至懸掛

天后封號
蒭言及
御書聯匾廟內敬謹拈香賠禮敬謝
神庥盜護來到加贈
御書匾額一面令於海口廟宇應懸處所一併懸掛
竊臣上年由崇武澳經渡鹿仔港恃利因
於鹿仔港寬廠處所恭建
天后廟宇今駐防兵丁等即在該鹿港仔港口被風遇
危獲安置微靈異請將來到
御書匾額貴父徐嗣曾在鹿仔港新建廟內敬謹懸
掛以昭靈蹟現現在巴圖魯侍衛及簡放官員俱
已陸續到大擔門一俟登岸後即起身前赴泉
州與李侍堯會晤將應行面商事件另行會摺
具
奏至廈門一帶甘霖廣沛四野均霑早禾現俱結
穗顆粒充盈實收可卜現在糧價不昂民情極
為歡慶堪以仰慰
聖懷所有臣抵廈廈門日期理合恭摺馳奏伏乞
皇上睿鑒謹
奏
欣悉

乾隆五十三年五月十五日

《宮中檔》，乾隆五十三年五月十五日，福康安奏摺

奏

福建總督臣高其倬謹

奏為

奏為臺灣人民撤眷情節事臣查臺灣各廳居住
人民多係隻身在彼向來皆不許挈帶婦
女其意以臺地遠隔重洋形勢險要人民
眾多則良奸不一恐為地方之害近來聞
省之人及曾經住閩各員條陳議論多謂
人民居彼既無家室久遠安居之志且
既無父母妻子繫念所以敢於作為不法
之事若令撤眷成家則人有守其田廬
顧其妻子之心不敢妄為實安靜臺境之
一策且以為近情理但前人
如彼料理豈無前人見若不折衷至今一是但何敢
輕易辦理一年以來臣反復詳細詢訪等
思查得臺灣府所屬四縣之中臺灣一縣
皆係老本住臺之人原有妻眷其諸羅鳳
山彰化三縣皆新住之民全係妻子間有
在臺居縣聚妻者亦不過千百中之什一
大概皆無室家之人此種之人不但心無

繁戀散處於為非且聚二三十人或三四十
人同搭屋寮共居一處農田之時尚有耕
耘之事及田收之後顧有相聚賭飲彼兄弟或
又終日無事有相聚賭飲花費此等或
酒酣耳熱之後較鬥逞力逞萌搶刻之言
或賭輸計窮之時竊通異情即有偷竊之
樂若令各有妻子則內外有分不至雜
紛紅且名領墾略妻子則賭飲花費之事
自減各領保守家室則搶奪攘竊之志自
消費為形搖撼禁之要務但細思家地所
民皆無妻室戶口不能繫滋苦家家生聚
以較內地多墾戶土可以留客人民地所
歲歲增添亦自有土滿之患失又何可止
計目前不為遠慮臣就淺昧之見以為若
令全不撤眷固非臣長策若令一抽撤眷亦
非長策現今三縣之人閩粵泰半亦不

且年久者亦有承種甚少且年淺者於中
更淳頑不等臣愚見嗣後住臺人民若欲
撤眷往臺其貿易者雇工及無業之人全無
田地原非安土之輩一概不准撤外其開
墾往臺其貿易在耕食之人欲行撤眷者則
呈明地方官詳細確查有無墾種之田滿
一甲并有房廬者即行給照移明該營地
方官令其撤往仍查明安插明晰至
佃戶之中有佃田滿一甲住臺經五年而
業主又肯具結著落業戶保領安插其佃田
有妻為甘與同罪者亦准其呈明給照撤
眷前往查明著落業戶保領安插其佃田
不及一甲并住臺未滿五年及佃田滿一
甲住及五年而業戶不肯具結者一概不
准如此辦理似撤眷而往者皆將來耕田
安分之家而就此一番確查又可以得其
田產多少之抵并係何人下之佃戶誠有
犯法貴有所歸查拿亦易似為有益至現
今再住臺灣求田耕種之人即雖係誠實

奏

雍正伍年柒月初捌日

開伏乞

皇上睿裁臣謹請

旨謹

奏

且行者

覩無田業亦應一概不准帶眷前往以誚
海疆再此種攜眷之人恐臺灣及本籍各
員需查驗給照起文以及海口弁兵雙查層
層索索庭留難則人皆最足畏難不前
嗣後臣等請竭力嚴查務期禁絕倘有仍
不遵承之不肖文武屬員即行查參重懲
以除陋習其尊者亦請一體嚴禁此臣就
愚昧之見謹酌本敢遽行謹將情節繕摺

《宮中檔》，雍正五年七月初八日，高其倬奏摺

尼山薩滿畫像　　　　　臺灣土地神像

右旋白螺式樣

右旋白螺藏、滿、蒙、漢四體記事

右旋白螺藏、滿、蒙、漢四體贊

sahaliyan tasha inenggi, ūlet i danjin arabtan hengkilenjihe de, dele enteheme hūwaliyambure diyan de tucifi, tulergi golo be dasara jurgan i hafasa yarume ibebufi dorolobuha, wajiha manggi, diyan de dosimbufi soorin i hanci gamafi, dergi hese wasimbuhanggi, daci ūlet i baci dahame jihengge, sini gese geren be gaifi dahame jihengge akū. si gūnin hungkerefi dahame

王寅，厄魯特丹津阿拉布坦來朝。上御保和殿，理藩院引見，召入殿內賽座前。上諭曰：「昔厄魯特歸降我朝，未有率人如爾之眾者。爾既傾心歸嚮，

jihengge ambula saišacuka. jai mini baitalara bi fung ši erihe, edun nimeku de labdu sain, te sinde šangnaha sefi, geli hese wasimbuhangge, te bicibe suweni ūlet udu gurun efujecibe, tondoi leoleci, daci kalka ūlet ishunde afandure de, bi kemuni kalka be waka, suwembe uru sembihe. damu galdan kalka i anagan de, meni jecen de latunjire jakade, tuttu gurun efujehebi. bi

------

甚屬可嘉。朕所用避風石數珠，最利風疾，
今以賜爾。」又諭曰：「今爾厄魯特，國雖破
滅，從公論之，前噶爾喀與厄魯特互相搆難，
朕常以噶爾喀為非，以爾為是。但噶爾丹乘
喀爾喀之釁，來侵我境，是以國破。

galdan be mukiyebuhengge, cohome meni jecen de latunjiha turgun dabala, umai kalka be dailaha turgun waka sehe manggi. danjin arabtan hengkišeme wesimbuhengge, ejen i hese umesi inu. meni ūlet dubei jecen de banjifi, gasha gurgu i gese ulhicun akū, seibeni abkai gurun be necihe be, te gūnihadari niyaman silhi gemu meijembi seme wesimbuhede,

朕之滅噶爾丹者，以其侵犯我境，非為征喀爾喀之故也。」丹津阿拉布坦叩首奏曰：「誠如聖諭，臣等厄魯特生生於絕域，如禽獸無知。昔犯天朝，今每一思及，心膽俱裂。」

dergici hese wasimbuhangge, suweni ūlet i niyalma umesi kenehunjere mangga, mini beye cooha gaifi kerulen de isinafi, galdan de ududu mudan elcin takūrafi, dahame jio seci, umai ojorakū ofi, tuttu afafi koro baha. tere fonde dahame jihe bici, bi inu wajimbihe. neneme ūlet i urse dahame jihengge be, bi ambasa i jergi de baitalahangge gemu bi, erebe suwe ainahai akdara, urunakū ere gemu arga,

上曰：「爾厄魯特，為人多疑，朕親率師至克魯倫。屢遣使諭噶爾丹歸降，彼不肯從，故至交戰失利。其時設若歸款，朕亦即已。前厄魯特來歸者，朕有授以大臣之職，爾等尚不之信，有言此必是計，

amala toktofi wambi seme gisurembi dere. te ūlet i urse be, amban obufi ujime juwan aniya oho, arga waka biheo. arga waka biheo. jai kalkai niyalma eberhun, ūlet de isirakū, ūlet i dahame jihe urse, udu cooha dain de dahame faššame yabuhakū bicibe, muran i aba de dahame yabure de, umesi hūsun bumbi, sini beye giru etuhun be dahame, amaga inenggi urunakū hūsun bahambi.

後定誅戮。今厄魯特為大臣者見在，以養至十年，計耶？非耶？至於喀爾喀，人材庸劣，不及爾厄魯特。厄魯特來歸者，雖未遇從征立功，其圍場巡哨，亦甚盡力。今觀爾體貌壯健，他日得力可知，

si goro baci jifi šadaha, taka beyebe saikan uji, šolo de geli sini baru gisureki sefi, kesi ulebufi, geli seke sijigiyan, kurume, menggun suje, enggemu tohoho morin i jergi jaka šangnafi, doroi giyūn wang fungnefi, honggor ajirgan i bade nukteme tekini sehe.

念爾遠涉勞乏，且善調攝，暇日更與爾言也。」命賜宴，並賜貂皮、袍褂、銀幣、鞍馬等物，封為多羅郡王，令於洪郭爾阿濟爾罕地方遊牧。

《大清聖祖仁皇帝實錄》，康熙四十一年十二月二十六日，滿文上諭

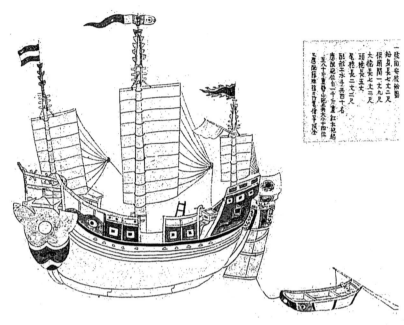

海船圖（34.5×37.5 公分）

臣　福康安郭輝瑞跪

奏為欽奉

恩諭恭摺覆奏事竊臣等奉到二月初五日

諭旨大兵凱旋非如前此進剿時關係緊急遲延不及

待不得不冒險遍行者可比將來凱旋渡洋不但

福康安海蘭察及領兵大員不可冒險輕渡即微

末弁兵亦不可輕易涉險總須侯風色順利再行

開駕伊等內渡即稍遲數日亦屬無碍總期全殊

穩順以副朕體恤勤苦優加軫念至意等因欽此

臣等跪讀之下仰見我

皇上恩慈體恤委曲周詳實深欽感之至查凱旋官

兵等查明鹿耳門鹿仔港船隻多寡酌量官

兵名數奏明於兩處分起撤回而春令風色鹿

仔港洋面更為平穩且水程比鹿耳門為近遇

日內地撥來船隻收入該處港口者較多未便

拘況指定地方致有遲候已酌分原派渡鹿耳門

兵丁數起於鹿仔港配渡令海蘭察並各起巴

圖魯侍衛亦由該處登舟查福州駐防一起官

兵原派在鹿仔港內渡於撤回郡城時即令乘

坐哨船前往三月初六日該兵均已更換

大船侯風放洋有福州駐防領催撫標等三

十三名於初七日申刻巳至港口未上大船徒

起風暴拋碇不住吹折蓬桅船內前鋒德福等
四名跳過別船惟薪拯頜等二十九名未及過
船隨風飄至大洋正在危險間忽有異為一隻
赤嗉赤足眉作金色飛集船頭頗甚馴熟船戶

謂得
神佑必可無虞飄流兩日兩夜水已半艙舟水前
發船自澎湖歇至兵丁等遇救過船軍裝搬運至

甫竟見原坐哨船下有數丈大魚浮出水面船
隻登時況沒該兵丁等現在由鹿耳門登岸具
稟星報前來臣等不勝奇異隨傳官兵船戶等
面加詢問言之鑿鑿似屬可信已將該官兵等
酌加獎賞另行換船配渡伏思自用兵以來運
送錢糧鉛藥失風者甚少臣等自蒙武開駕一
晝夜間駛行千里兵船百餘隻同抵鹿付港渡
洋時即開說靈異猶以為事屬偶然未
敢安復者靈應此皆仰賴我

皇上誠敬感孚
天神默佑臣等歡忭下懷尤深感茲復奉到
恩諭遵即劄行帶兵各員俾知兵丁等不可輕易涉

險務須仰體
聖慈俟風色順利再行開駕以期全臻穩順該兵丁
等頂戴
皇仁同深藏頌詢據船戶等僉稱三四月間即遇風
暴日期風力尚屬平和若待順風開船更屬十
分穩妥等語所有各起凱旋官兵至遲亦不
四月以前全數可以撤竣仰蒙
聖主洪福
天后默佑自必一帆迅達安穩渡洋用副我
皇上彰念勤勞
恩怖弁兵至意所有奉到
諭旨緣由理合恭摺具
奏伏乞
皇上睿鑒謹
　　　　　奏
　　福康安等

乾隆五十三年三月二十二日

《宮中檔》，乾隆五十三年三月二十二日，福康安等奏摺

大學士公阿　大學士伯和　字寄

協辦大學士閩浙總督公福　乾隆五十三年

上諭上年福康安前赴臺灣特賞給右旋白螺帶往

十一月二十一日奉

是以渡洋迅速風靜波恬咸臻穩順今思閩省總

督將軍巡撫提督等每年應輪往臺灣巡查一次

來往重洋均資靈佑特將班禪額爾德尼所進右

旋白螺發交福康安於督署潔淨處敬謹供奉每

年督撫將軍提督等不拘何員赴臺灣時即令帶

往渡海偉資護佑俟差竣內渡仍繳回督署供

至前往巡查大臣亦不必因有白螺冒險輕涉穩

視風色順利時再行放洋以期平穩將此諭令知

之欽此遵

旨寄信前來

《上諭檔》，乾隆五十三年十一月二十一日，字寄

○諭吏部兵部左侍郎兼管翰林院

掌院學士事法良不能整飭翰林甚屬溺職

著革退○壬寅元魯特丹津阿拉布坦來朝

上御保和殿理藩院官引見行禮畢呂入殿內

寶座龍

上諭曰昔尼魯特歸降我朝來有半人如爾之

衆者爾既傾心歸附甚屬可嘉朕所用避風

石數珠最利風疾今以賜爾又諭曰今爾尼魯

特國雖艱難朕常以客爾容為善與尼魯

但罵爾丹乘客爾容之實來侵犯我境是以國

破罵爾丹者以兆於爾客容之故也丹津阿拉布坦首奏曰誠

如

聖諭臣等尼魯特生於絕域如禽獸無知昔犯

天朝今每一思及心膽俱悚

上曰爾尼魯特爲人多疑朕親率師至克魯倫

屢經遣使諭罵爾丹歸降不肯從故至交戰

失利其時設若罵爾丹亦即尼魯特來

歸率朕有授以大臣之職爾等尚不之信乎

言此朕必當託後定謀敕令尼魯特歸者雖未

見此己養至十年計那非耶至於客爾容人

村庸荒不及爾尼魯特歸者雖未

過從比日更與爾言也得力可

體貌壯健他日得力可尚達涉勞之且

善詞攝暇日更與爾言并賜貂皮

祖袖銀幣鞍馬等物封為多羅郡王令於洪

郭爾阿濟爾寧地方遊牧○甲辰

《大清聖祖仁皇帝實錄》，康熙四十一年十二月壬寅，〈上諭〉

傳播福音

——清代臺灣基督教的教堂分佈及其活動

　　明清之際，中西海道大通，基督教傳教士絡繹東來，其中多屬天主教耶穌會士。他們大都是聰明特達的飽學之士，不求利祿，專意行教。為博取中國官方及士大夫的支持與合作，多以學術為傳播福音的媒介。他們大都博通天文、地理、曆法、算學、物理、化學、醫學、美術、工藝等等，西學遂源源不絕地輸入中國。

　　清朝初年，耶穌會士或任職於欽天監，或供職於內廷，或幫辦外交，都扮演了重要角色。清世祖順治二年（1645）八月，清廷廢止大統曆，以湯若望所製新曆為時憲曆書。同年十一月。清廷任命湯若望掌欽天監。順治皇帝也禮遇耶穌會士。稱呼湯若望為湯瑪法（mafa），意即湯爺爺。順治十七年（1660）五月，南懷仁奉召入京，佐理曆政，纂修曆法。清聖祖康熙皇帝親政後，奉召進京，供職於內廷的耶穌會士，更是絡繹於途。康熙皇帝嚮往西學，善遇西士，曲賜優容，天主教的傳教事業，遂蒸蒸日上。

　　敬天、祭孔、祀祖是中國傳統禮俗，康熙朝後期，由於禮儀之爭，促使康熙皇帝對天主教從容教政策，轉變為禁教政策。康熙四十三年（1704），教皇發表教書，斥責耶穌會士對於中國禮俗採取寬容態度的不當，並派多羅為特使，攜帶

教皇禁約，來華交涉。康熙皇帝態度強硬，認為教廷干涉中國禮俗，不容許教皇特使立於大門之前，論人屋內之事。康熙五十八年（1719），教皇再度發佈禁令，凡不服從康熙四十三年（1704）教書的耶穌會士，一概處以破門律，並任命嘉樂為特使，入京交涉，更加引起康熙皇帝的不滿，他決心禁止西洋人在內地設堂傳教。康熙皇帝對天主教態度的轉變，反映天主教在中國傳播的黃金時代已經結束，中西教務，從此多事。

雍正年間的禁止天主教，是康熙朝後期禁教政策的延長，一方面是奉行康熙皇帝的憲章舊典，一方面採納廷臣及直省督撫的建議，嚴禁西洋傳教士深入州縣地方行教。直省督撫認為天主教雖無政治意圖，但既有教名，設立會長，懷挾重貲，深入鄉間，藏匿傳教，招致男女，創建教堂，禮拜誦經，與民間秘密宗教並無不同，而奏請一體查禁，各處天主堂或被拆毀，或改為公所，或改為義學書院，或改建廟宇祠堂，或改為積穀糧倉，西洋傳教士被押往澳門安插，禁止內地人民入教，天主教的傳教事業，遂遭受重大的打擊。

乾隆初年以來，沿襲康熙、雍正年間的禁教政策，嚴禁西洋傳教士進入各省州縣內地行教，西洋傳教士屢遭迫害，或被長期拘禁，或被監斃，或被處斬。崇奉天主教的內地教民，多援引左道惑眾為從律，或發邊外為民，或發往伊犁給厄魯特為奴，教案迭起，天主教在清朝內地的活動，遭受更加重大的挫折。

由於民間秘密宗教的盛行，明朝律例中已有「禁止師巫邪術」的項目，一應左道惑眾案件，其為首者絞，為從者各杖一百，流三千里。滿洲入關後，民間秘密宗教更加盛行，

清廷為取締民間秘密宗教，亦沿襲明代「禁止師巫邪術」的律例，並作為原例，後來又因時制宜，陸續增訂條例。雍正、乾隆年間，各省州取締天主教，多奉密諭辦理，並未針對天主教制訂取締章程。嘉慶年間，清廷為了徹底禁止天主教，曾制訂條例，使直省查禁天主教有其法理依據。給事中甘家斌，籍隸四川，嘉慶十六年（1811），甘家斌奏聞天主教活動，與四川無為老祖等教，大略相同，煽惑人心，恐致蔓延，因此他具摺奏請嚴定天主教治罪專條。其原奏經部議覆，並奉諭旨云：

> 諭：刑部議覆甘家斌奏請嚴定西洋人傳教治罪專條一摺，西洋人素奉天主，其本國之人自行傳習，原可置之不問，若誆惑內地民人，甚或私立神甫等項名號，蔓延各省，實屬大干法紀，而內地民人安心被誘，遞相傳授，迷惘不解，豈不荒悖？試思其教，不敬神明，不奉祖先，顯畔正道，內地民人聽從習受，詭立名號，此與悖逆何異？若不嚴定科條，大加懲創，何以杜邪術而正人心。嗣後西洋人有私自刊刻經卷倡立講會蠱惑多人，及旗民人等向西洋人轉為傳習，並私立名號，煽惑及眾，確有實據，為首者竟當定為絞決，其傳教蠱惑而人數不多，亦無名號者，著定為絞候，其僅止聽從入教不知悛改者，著發往黑龍江給索倫、達呼爾為奴，旗人銷去旗檔。至西洋人現在住居京師者，不過令其在欽天監推步天文，無他技藝足供差使，其不諳天文者，何容任其閒住滋事，著該管大臣等即行查明，除在欽天監有推步天文差使者仍令供職外，其餘西洋人，俱著發交兩廣總督，俟有該國船隻至粵，附

便遣令歸國。其在京當差之西洋人，仍當嚴加約束，
禁絕旗民往來，以杜流弊。至直省地方，更無西洋人
應當差使，豈可容其潛住，傳習邪教，著各該督撫等
實力嚴查，如有在境逗留，立即查拏，分別辦理，以
淨根株[1]。

　　前引諭旨針對天主教的禁令，與查禁民間秘密宗教的條
例，頗相近似，清朝修訂律例時，便增列取締天主教專條。
據《欽定大清會典》的記載，其條文內容如下：

西洋人有在內地傳習天主教，私自刊刻經卷，倡立講
會，蠱惑多人，及旗民人等向西洋人轉為傳習，並私
立名號，煽惑及眾，確有實據，為首者擬絞立決；其
傳教煽惑而人數不多，亦無名號者，擬絞監侯；僅止
聽從入教，不知悛改者，發新疆給額魯特為奴，旗人
銷除從旗檔；如有妄布邪言，關繫重大，或持咒蠱惑，
誘污婦女，並誆取病人目睛等情，仍臨時酌量，各從
其重者論；至被誘入教之人，如能悔悟，赴官首明出
教者，概免治罪；若被獲到官始行悔悟者，於遣罪上
減一等，杖一百，徒三年；儻始終執迷不悟，即照例
發遣；並嚴禁西洋人，不許在內地置買產業；其失察
西洋人潛住境內，並傳教惑眾之該管文武各官，交部
議處[2]。

　　按大清律例規定，傳習白蓮教、白陽教等「邪教」，其為
首者擬絞立決。前引禁止天主教條例，即沿襲取締民間秘密

1　《欽定大清會典事例》（臺北，國立故宮博物院，嘉慶二十三年，
　　武英殿刊本），卷六一〇，頁14。
2　薛允升編著《讀例存疑（三）》（臺北，中文研究資料中心，1970
　　年），重刊本，頁425。

宗教的原例，將天主教視同「邪教」而制訂的。嗣後直省督撫查辦天主教案件，既有明文規定，在法理上也有了依據，但中外之間的教案交涉，卻徒增齟齬。

中英鴉片戰爭以後，列強相繼要求弛禁天主教。耆英在兩廣總督任內，曾具摺奏請將中國傳習天主教為善者概免治罪，毋庸查禁，原摺奉硃批：「依議」。但在五口通商地區及各省地方官並未奉行弛禁命令。道光二十五年（1845）十二月二十日，法國使臣照會兩廣總督耆英，「特請貴大臣奏明，懇求大皇帝明降聖諭，凡中國傳習天主教為善之人，無論在何地方設立供奉天主處所，會同禮拜，敬供十字架、圖像，念誦本教之書，講說勸善道理，俱毋庸查禁。自康熙以來所建天主堂之處，其有原舊房屋尚存者，仍給回該處奉教之人，作供奉天主處所。如官員有違悖不遵，仍將傳習天主教為善之人拿辦者，即治以應得之罪。候聖諭頒下之日，即恭錄通行各直省，俾文武大小衙門即行出示張掛曉諭，使中外人民咸感大皇帝之洪恩[3]。」道光二十六年（1846）正月二十五日，清廷頒發寄信上諭，略謂：

> 天主教既係勸人為善，與別項邪教迥不相同，業已免查禁，此次所請，亦應一體准行。所有康熙年間各省舊建之天主堂，除改為廟宇民居者，毋庸查辦外，其原舊房尚存者，如勘明確實，准其給還該處奉教之人。至各省地方官接奉諭旨後，如將實在習學天主教而並不為匪者，濫行查拿，即予以應得處分。其有藉教為惡及招集遠鄉之人勾結煽誘，或別教匪徒假藉天主教

3　《清末教案》（北京，中華書局，1996 年 6 月），第一冊，頁 15。
　　一八四六年一月十七日，法國照會。

> 之名藉端滋事，一切作奸犯科應得罪名，俱照定例辦
> 理。仍照規定章程，外國人概不准赴內地傳教，以示
> 區別[4]。

由引文內容可知在道光二十六年（1846）正月清廷已正
式頒發諭旨，宣佈天主教解禁，給還康熙年間以來所建天主
堂，但仍不准外國人赴內地傳教，解禁新例亦未明降諭旨載
入大清律例。同治二年（1863）五月十三日，法使柏爾德密
照會總理衙門恭親王奕訢，節錄照會內容一段於下：

> 現在貴國各處地方官果皆明悉朝廷之意與否，該地方
> 官等查及律例一書，仍有舊列禁習天主教之條。而新
> 例弛禁，已將舊例革除，並未載入。該地方官徒勞查
> 驗，何由遵照。所冀貴國即將新例刊入，全律頒行，
> 實革舊例不用。該教民等知奉有明文，與凡民一體安
> 撫，從此克保其身家性命，不復畏首畏尾，時時妨人
> 挾制。貴親王可以俯為諒鑒，果能臻此，則伊等不但
> 自盡其本分，必且循規蹈矩，為貴國至良善之民矣[5]。

法國駐中國全權大臣柏爾德密注意到大清律例中取締天
主教的條文，他一方面要求廢除舊例，一方面要求弛禁新例
載入大清律例，使天主教的傳教合法化，其要求對基督教的
發展，產生重大影響。清朝從容教，經禁教到解教，就是清
廷對天主教政策由主動到被動的轉變過程。

同光時期臺灣基督教的教堂地理分佈

道光末年天主教在中國傳教合法化以後，發展迅速。隨

---

4 《清末教案》，第一冊，頁14。道光二十六年正月二十五日，寄信
上諭。
5 《清末教案》，第一冊，頁377。一八六三年六月二十八日，法國
照會。

著西方列強勢力的入侵及清朝國力的日漸衰落，天主教向清朝各省發展，孤懸外海的臺灣，也不例外。咸同年間（1851-1874），基督教新教也在臺灣出現，光緒年間（1875-1908），天主教和基督教新教在臺灣積極活動，建立教堂，如雨後春筍。李坪生撰〈臺灣之宗教〉一文已指出，「本島之基督教有二派：一為天主教，乃舊教所屬，其傳教師皆為西班牙人；另一為英國長老會之教，是為新教之屬，其牧師皆為英國人。天主教於咸豐九年渡來，長老教則於同治六年渡來者[6]。」文中長老教即長老會，屬於基督教新教，清朝官方文書多作耶穌教。例如同治七年（1868）六月初五日總理衙門行閩浙總督文中，就有「查洋人教案，英國習耶穌教，法國習天主教，判然兩途。今署臺灣道梁元桂所報，教士馬雅各在耶穌教堂傳教，其非天主教可知，何以援引法國天主教規約照會領事？至百姓拆毀耶穌教堂，亦與法人無涉，何以於法人良揚到署時，又欲伺毆洩忿？其中未免歧誤。況天主教規約，原係四川省傳來，前於同治五年間通行後，旋經該公使翻悔，復由本衙門將停止緣由，知照貴督在案，該道率行援引，尤屬錯誤[7]。」官方文書中，天主教與耶穌教，雖然判然兩途，但都是外來宗教，當時民眾，固然混為一談，地方官員處理教案時，亦多率行牽引。臺灣耶穌教傳教牧師，主要為英國人，天主教傳教士除西班牙人外，還有法蘭西等國人。

6　李坪生撰〈臺灣之宗教〉，《臺灣慣習記事》（南投，臺灣省文獻委員會，民國82年9月），中譯本，第三卷，第六號，頁301。

7　《教務教案檔》，第二輯（臺北，中央研究院近代史研究所，民國63年8月），（三），頁1276。同治七年六月初五日，總理衙門行閩浙總督文。

　　同光年間，地方大吏已注意到西洋教堂的建蓋問題。福建按察使鹿傳霖詳文中已指出，「條約均指入教為勸人行善，待人如己，皆載有循規蹈矩，安分無過字樣，中國官始為保護優待；若包匪挿訟，便是不循規蹈矩，不安本分，且有過錯，中國自照中國例懲辦矣。應請申明條約，箚知各國領事官轉飭教士，凡遇入教之人，總須問明來歷，不得濫收匪類，包庇滋事。其禮拜堂亦須租地建蓋，方得謂之教堂，若欲租民房誦經，倘有隨便粘貼字樣，冒稱教堂，一概禁止[8]。」詳文中指出租地建蓋的禮拜堂，方可稱為教堂。倘若隨便粘貼民房，冒稱教堂者，必遭取締。即使租賃民房，亦須先行通知地方官。同治初年，臺灣對外開港通商，天主教和耶穌教傳教士相繼來臺設教，建蓋教堂，傳教事業，蓬勃發展。沈葆楨具摺時已指出，「環海口岸，處處宜防；洋族教堂，漸漸分布[9]。」光緒三年（1877）正月，福建巡撫丁日昌具摺時亦稱，「淡水所轄七、八百里，彰化亦數百里，聲教之所不及，洋人輒開堂引誘入教，羽翼既成，一呼百應，實為心腹之憂[10]。」臺灣中路水沙連田頭、水裡、貓蘭、審鹿、埔裡、眉裡六社，周圍約七、八十里，山水清佳，土田肥美。「近年，洋人時往遊歷，影照地圖，並設教堂，煽惑民番，以致從教日多。日前駐廈門美國領事恒禮遜親往該處遊歷多日，並優給民番衣

8　《教務教案檔》，第四輯（民國65年5月），（二），頁1202。光緒六年十二月初二日，福州將軍致總理衙門文。

9　《清宮月摺檔臺灣史料（三）》（臺北，國立故宮博物院，民國83年10月），頁1858。同治十三年十二月十一日，辦理臺灣等處海防兼理各國事務大臣沈葆楨奏摺抄件。

10　《清宮月摺檔臺灣史料（三）》，頁2466。光緒三年正月二十二日，福建巡撫丁日昌奏摺抄件。

食物件，居心甚為叵測[11]。」據當時調查，同治末年，水沙連地方已經建蓋教堂三處。地方大吏奏報臺灣基督教教堂的資料，雖然不夠完整，但卻反映臺灣教堂的存在，已經引起官府的重視。總理衙門有鑒於中外教案，交涉頻仍，為欲了解各省地方基督教的活動，於是移咨各省督撫轉飭各府廳縣地方官查報教堂情形。光緒十七年（1891）七月十七日，閩浙總督卞寶第奉到總理衙門咨文，節錄咨文內容一段如下：

> 照得洋人建堂設教，載在條約，豈能置之度外，而各省教堂共有幾處？設在某縣某鄉？各該管上司衙門恐無案可稽，本署向未准咨報有案，遇有滋鬧教堂之事，茫然不辨，甚非思患預防之意。本年四、五月間，長江上下游一帶，會匪聚眾滋擾教堂，竟有一縣焚燒數處者，大約各于唪經教堂外，又將育嬰、施醫各處所，概名曰教堂，以致地方官無從稽查，一旦變起倉卒，防不勝防，而洋人已嫁詞饒舌。若先經分別查明，當不致臨時舛誤，卒難因應。相應咨行貴督，分飭該管地方官，將境內共有大教堂幾處？小教堂幾處？堂屬某國某教？各堂是否洋式？抑係華式？教士是何名姓？係屬何國之人？是否俱係洋人？堂內有無育嬰、施醫各事，分別確查，按季冊報本衙門，以憑稽核[12]。

臺灣所設外國教堂是由臺灣各廳縣造冊申報臺灣道彙齊詳送福建臺灣巡撫，然後咨呈總理衙門。為了便於說明，將光緒十九年（1893）夏季分清冊列表如下：

11　《清宮月摺檔臺灣史料（三）》，頁 2635。光緒三年三月二十五日，福建巡撫丁日昌奏片抄件。

12　《淡新檔案（二）》（臺北，國立臺灣大學，民國 84 年 10 月），頁 52。

光緒十九年（1893）臺灣基督教教堂地理分佈表

行政區	教堂位置	教 堂 別	式樣	規模	教　　士	傳　　道
埔里社廳	城內西門街	英國耶穌教	華式		英國宋牧師	華人王安崎
	烏牛欄庄	英國耶穌教	洋式		英國宋牧師	華人鐘文振
	牛困山庄	英國耶穌教	華式		英國宋牧師	
	大湳庄	英國耶穌教	華式		英國宋牧師	
彰化縣	城內大西街	英國耶穌教	華式	小	英國甘為霖	
	武西保	西班牙天主教	華式	大	西班牙何德榮	
	東螺西保	英國耶穌教	華式	小		華人廖阿三
雲林縣	斗六堡	英國耶穌教	華式	小	英國塗土生	
	西螺堡茄苳仔庄	英國耶穌教	華式	小	英國塗土生	
	他里霧堡埔姜崙庄	西班牙天主教	華式	小	西班牙高熙能	
	斗六堡本街	西班牙天主教	華式	小	西班牙高熙能	
苗栗縣	後壠街	英國耶穌教	洋式		英國偕叡理	華人劉拔超
澎湖廳	東門外埔仔尾	英國耶穌教	華式		英國甘牧師	華人潘明珠
安平縣	城內亭仔腳	英國耶穌教	華式	大	英國甘為霖、涂為霖、宋忠堅	
	羅漢內門木沙庄	英國耶穌教	洋式	大	英國甘牧師	華人東旺來
	羅漢外門紅花園庄	英國耶穌教	洋式	大	英國甘牧師	華人陳炎光
	新化南里公仔林	英國耶穌教	洋式	小	英國甘牧師	華人李文盛
	新化南里撥馬庄	英國耶穌教	洋式	小	英國甘牧師	華人黃白
	城內七娘境	西班牙天主教	華式		安南梁明嚴	華人李長

行政區	教堂位置	教堂別	式樣	規模	教　　士	傳　　道
鳳山縣	埤城北門外	英國耶穌教	華式	小	華人趙爵祥	
	旂後街	英國耶穌教	洋式	小		
	楠梓坑街	英國耶穌教	華式	小	華人劉沃	
	林後庄	英國耶穌教	華式	小	華人周朱霞	
	南岸庄	英國耶穌教	華式	小	華人賴阿蘭	
	東港街	英國耶穌教	華式	小	華人胡古	
	竹仔腳庄	英國耶穌教	華式	小	華人黃能傑	
	加蚋埔庄	英國耶穌教	華式	小	華人趙挽	
	阿里港街	英國耶穌教	華式	小	華人劉阿圭	
	鹽埔庄	英國耶穌教	華式	小	華人吳茂盛	
	阿猴街	英國耶穌教	華式	小	英國監為龍	
	杜群英庄	英國耶穌教	華式	小	英國監為龍	
	琉球嶼庄	英國耶穌教	華式	小	華人阮為仁	
	前金庄	呂宋天主教	洋式	大	西班牙高熙能	
	萬金庄	呂宋天主教	洋式	小		
嘉義縣	城內教場	英國耶穌教	華式	大	英國宋忠堅	華人蘇水蓮
	打貓東下堡沙崙仔庄	西班牙天主教	華式	大	西班牙高熙能	華人陳心婦
	白鬚公潭保牛挑灣庄	英國耶穌教	華式	小	英國宋忠堅	華人蕭有進
	哆囉嘓保岩街	英國耶穌教	華式	小	英國宋忠堅	華人吳墻
	大槺榔西保槺仔腳街	英國耶穌教	華式	小	英國宋忠堅	華人林朝淙
	下茄苳西保店仔口寶仔內庄	英國耶穌教	華式	小	英國宋忠堅	
基隆廳	基隆堡二重橋庄	英國耶穌教	洋式	大	英國偕叡理	華人蕭冬山
	三貂堡頂雙溪街	英國耶穌教	洋式	小	英國偕叡理	華人郭子

行政區	教堂位置	教 堂 別	式樣	規模	教　　士	傳　　道
	三貂堡新社庄	英國耶穌教	洋式	小	英國偕叡理	華人振武章
	石碇堡水返腳街	英國耶穌教	洋式	大	英國偕叡理	華人葉德清
淡水廳	芝蘭三保滬尾街	英國耶穌教	洋式	小	英國偕叡理	
	灰磘仔街	英國耶穌教	華式	小	華人劉在	
	新庄仔街	呂宋天主教	華式	小	華人曾戀潭	
	大水堀庄	呂宋天主教	華式	小	華人阮成	
	興化店街	呂宋天主教	華式	小	華人黃報	
	埔頭庄	呂宋天主教	華式	小	華人張朝	
	番社庄	呂宋天主教	華式	小	華人曾戀潭	
	文山保新店街	英國耶穌教	洋式	小	華人陳伙之	
	桃澗保桃園街	英國耶穌教	華式	小	華人陳程	
	中壢街	英國耶穌教	華式	小	華人林甌	
	南崁庄	英國耶穌教	洋式	小	華人陳英	
	海山保大嵙崁街	英國耶穌教	華式	小	華人陳存心	
	三角湧街	英國耶穌教	華式	小	華人陳克正	
	大加蚋保錫口街	英國耶穌教	洋式	小	華人李錦雲	
	大加蚋保錫口街	西班牙天主教	華式	小	華人吳前	
	艋舺街祖師廟口	英國耶穌教	洋式	小	華人嚴戀	
	擺接保枋橋街	英國耶穌教	華式	小	華人李澄清	
	大稻埕崩隙街	英國耶穌教	洋式	小	華人陳躍淵	
	新庄街	英國耶穌教	華式	小	華人吳有容	
	崙仔頂庄	英國耶穌教	洋式	小	華人蕭田	
	大稻埕新店尾	西班牙天主教	洋式	小	西班牙黎鐸德	

行政區	教堂位置	教 堂 別	式樣	規模	教　　士	傳　　道
	八里坌保罔古坑口	英國耶穌教	洋式	小	華人林紅嘴	
	半路店庄	英國耶穌教	洋式	小	華人高福	
	芝蘭二保和尚洲庄	西班牙天主教	華式	小	西班牙何德榮	
	芝蘭二保和尚洲庄	英國耶穌教	洋式	小	華人李庚申	
	坪頂庄	英國耶穌教	洋式	小	華人林紅嘴	
	北投庄	英國耶穌教	華式	小	華人張添	
新竹縣	竹塹城內義學庄邊	英國耶穌教	華式	大	華人劉澄清	
	竹北一保月眉庄	英國耶穌教	華式	大	華人林耀宗	
	竹北二保紅毛港庄	英國耶穌教	華式	小	華人莊鼎周	
	竹南一保中港街	英國耶穌教	華式	小	華人林天送	
	竹南一保土牛庄	英國耶穌教	華式	小	華人林煥章	
宜蘭縣	辛仔罕社	英國耶穌教	洋式	小	化番張日新	
	南方澳	英國耶穌教	洋式	小	化番偕阿返	
	珍珠里簡社	英國耶穌教	華式	小	華人林鴻恩	
	奇武荖社	英國耶穌教	華式	小	化番林水生	
	加禮遠社	英國耶穌教	華式	小	化番夏文彬	
	武淵社	英國耶穌教	洋式	小		華人李振玉
	掃笏社	英國耶穌教	洋式	小		化番林德清
	婆羅辛仔宛社	英國耶穌教	華式	小	化番彭鴻年	
	留留社	英國耶穌教	華式	小	華人劉生	
	武暖社	英國耶穌教	洋式	小		化番偕英榮
	抵百葉社	英國耶穌教	洋式	小		華人蕭大循
	打那美社	英國耶穌教	洋式	小		化番偕榮春

行政區	教堂位置	教堂別	式樣	規模	教　士	傳　道
	銃櫃城	英國耶穌教	洋式	小		化番阿蚊
	紅柴林	英國耶穌教	洋式	小		化番偕八寶
	天送埤	英國耶穌教	洋式	小		化番德道
	破布烏	英國耶穌教	洋式	小		化番偕復英
	冬瓜山街	英國耶穌教	洋式	小		華人林輝成
	哆囉美遠社	英國耶穌教	洋式	小		華人徐永水
	打馬煙社	英國耶穌教	洋式	小		華人高用
	頭圍街	英國耶穌教	洋式	小		華人汪安
	抵美簡社	英國耶穌教	洋式	小		化番林海
	抵美福社	英國耶穌教	洋式	小		華人陳和
	奇立板社	英國耶穌教	洋式	小		華人郭樹青
臺東 直隸州	石牌庄	英國耶穌教	華式			華人高長
	石涼傘庄	英國耶穌教	華式			
	迪街庄	英國耶穌教	華式			華人林子忠
	加里宛社	英國耶穌教	洋式			華人顏有慶

資料來源：《教務教案檔》（臺北，中央研究院近代史研究所，
　　民國 66 年 10 月），第五輯。

　　簡表中所列教堂共計一〇三所，其中淡水廳屬境內的基
督教教堂計二十七所，約佔臺灣教堂總數的百分之二十六。
其教堂基址主要分佈於滬尾街、灰磘仔街、新庄仔街、大水
堀庄、興化店街、埔頭庄、番社庄、新店街、桃園街、中壢
街、南崁庄、大料崁街、三角湧街、錫口街、艋舺街、枋橋
街、大稻埕崩隙街、新庄街、崙仔頂庄、新店尾、八里坌保
罔古坑口、半路店庄、和尚州庄、坪頂庄、北頭庄。其教堂
分佈地點，主要在芝蘭二保、芝蘭三保、文山保、桃澗保、
海山保、大加蚋保、擺接保、八里坌及大稻埕境內。宜蘭縣
屬境內的基督教教堂共計二十三所，約佔臺灣教堂總數的百
分之二十二，其教堂基址主要分佈於辛仔罕社、南方澳、珍

珠里簡社、奇武荖社、加禮遠社、武淵社、掃笏社、婆羅辛
仔宛社、留留社、武暖社、抵百葉社、打那美社、銃櫃城、
紅柴林、天送埤、破布烏、冬瓜山街、哆囉美遠社、打馬煙
社、頭圍街、抵美簡社、抵美福社、奇立板社等處。基隆廳
屬境內的基督教教堂主要分佈於基隆堡二重橋庄、三貂堡頂
雙溪街、新社庄、石碇堡水返腳街等四所。新竹縣屬境內的
基督教教堂主要分佈於竹塹城內、竹北一保月眉庄、竹北二
保紅毛港庄、竹南一保中港街及土牛庄等五所。新竹縣以南
的苗栗縣後壠街設有教堂一所。彰化縣屬境內的基督教教堂
共計三所，主要分佈於城內大西街、武西保、東螺西保。雲
林縣屬境內的基督教教堂共計四所，主要分佈於斗六堡、西
螺堡茄荖仔庄、他里霧堡埔姜崙庄等處。埔里社廳屬境內的
教堂共計四所，主要分佈於城內西門街、烏牛欄庄、牛困山
庄、大湳庄等處。嘉義縣屬境內的教堂共計六所，主要分佈
於縣城內教場、打猫東下堡沙崙仔庄、白鬚公潭保牛挑灣庄、
哆囉嘓保岩街、大槺榔西保樸仔腳街、下茄荖西保店仔口寶
仔內庄等處。澎湖廳有教堂一所，其基址在東門外埔仔尾。
安平縣屬境內的教堂共計六所，主要分佈於縣城內亭仔腳、
羅漢內門木沙庄、羅漢外門紅花園庄、新化南里公仔林、撥
馬庄、城內七娘境等處。鳳山縣屬境內的教堂共十五所，主
要分佈於埤城北門外、旂後街、楠梓坑街、林後庄、南岸庄、
東港街、竹仔腳庄、加蚋埔庄、阿里港街、鹽埔庄、阿猴街、
杜群英庄、琉球嶼庄、前金庄、萬金庄等處。臺東直隸州的
教堂共計四所，主要分佈於石牌庄、石涼傘庄、迪街庄、加
里宛社等處。大致而言，新竹縣以北，包括新竹、淡水、基
隆及宜蘭等廳縣的教堂共計五十九所，佔臺灣基督教教堂總

數的百分之五十七強，似乎可以反映清朝後期臺灣北部地區
的社會經濟發展以及淡水滬尾對外開港通商後基督教傳教士
的積極活動。

　　簡表中所列教堂所屬國家及教派，係依據臺灣道兼按察
使銜顧肇熙呈報福建臺灣巡撫邵友濂的清冊標列的，由簡表
所列國家及教派可知在臺灣基督教教堂一○三所中，英國耶
穌教教堂，共計八十八所，約佔臺灣教堂總數的百分之八十
五；西班牙天主教教堂，共計八所，約佔總數的百分之八；
呂宋天主教教堂，共計七所，約佔總數的百分之七，說明英
國由於國勢強盛而在基督教新教保教國的地位上扮演了重要
的角色，同時反映基督教新教在臺灣發展的盛況。

　　基督教傳教士在臺灣所建蓋的教堂，其式樣有華式與洋
式之分。大致而言，華式共計五十九所，洋式四十四所，華
式多於洋式，但不懸殊。比較值得注意的是宜蘭縣境內的西
洋教堂，洋式建築的教堂共計十八所，佔宜蘭縣教堂總數的
百分之七十八；華式建築的教堂共計五所，佔宜蘭縣教堂總
數的百分之二十二。各教堂大小規模，小教堂多於大教堂。
表中所列小教堂共計八十一所，大教堂只有十一所。小教堂
約佔百分之八十八。各教堂傳教的神職人員，分為教士、傳
道等員，簡表中所列英國耶穌教的教士包括宋忠堅、甘為霖、
涂為霖、塗土生、監為龍、偕叡理等人，西班牙天主教的教
士包括何德榮、高熙能、黎鐸德，華人教士包括趙爵祥、劉
沃、周朱霞、賴阿蘭、胡古、黃能傑、趙挽、劉阿圭、吳茂
盛、阮為仁、劉在、曾戀潭、阮成、黃報、張朝、陳伙之、
陳程、林屺、陳英、陳存心、陳克正、李錦雲、吳前、嚴戀、
李澄清、陳躍淵、吳有容、蕭田、林紅嘴、高福、李庚申、

張添、劉澄清、林耀宗、莊鼎周、林天送、林煥章、張日新、
偕阿返、林鴻恩、林水生、夏文彬、彭鴻年、劉生等人。其
中張日新、偕阿返、林水生、夏文彬、彭鴻年等人是臺灣原
住民。此外有安南人梁明嚴。前舉五十四位教士中，華人共
計四十四人，約佔百分之八十一，他們對臺灣基督教的發展，
貢獻頗大。至於各教堂的傳道也大都是華人，包括王安崎、
鐘文振、廖阿三、劉拔超、潘明珠、東旺來、陳炎光、李文
盛、黃白、李長、蘇水蓮、陳心婦、蕭有進、吳墻、林朝淙、
蕭冬山、郭子、振武章、葉德清、李振玉、林德清、偕英榮、
蕭大循、偕榮春、阿蚊、偕八寶、德道、偕復英、林輝成、
徐永水、高用、汪安、林海、陳和、郭樹青、高長、林子忠、
顏有慶等人，其中林德清、偕英榮、偕榮春、偕八寶、偕復
英、阿蚊、德道、林海等是原住民，華人包括原住民對基督
教福音的傳播，作出了重要的貢獻。

臺灣基督教會的社會活動

《臺灣慣習記事》刊載〈關於耶穌教會名義取得之土地
所有權〉一文略謂：

> 本島耶穌教分為二派：一為新教，由英人主事；另一
> 為舊教（天主教），由西班牙人司事，而對本島之土地
> 擁有所有權者，僅為西班牙人管理之教會，所以僅以
> 屬於西班牙人管理之教會土地所有權說明已足。西班
> 牙人最初於西曆一六二六年來臺占領北部基隆、淡水
> 等地方，而且一朝被荷蘭人驅逐，僅僅二十六年，西
> 班牙人在臺灣絕跡，迨至一八五九年，再派遣僧徒到
> 臺灣，在臺灣南部建立傳教之根據地，據說現在仍留
> 存於鳳山廳下前金庄及阿猴廳下萬金庄之教會，實為

當時所設立者。然而當時與清國間尚無任何可視為條
約者，直至西曆一八六四年（同治三年）所締結之通
商航海條約為最早之條約，在條約上將臺灣開放與西
班牙人，實亦係在於此時，依照本條約，有關通商，
僅准許租借通商口岸之土地，對於宗教方面則以：「限
於傳道耶穌教保護信奉者信奉，安分守法，不刻待禁
阻」。所以傳教士在通商口岸以外地區，購買土地，建
設教堂之權利，完全尚未被認可。但當時在南部地區，
似乎早已有一、二以外國傳教士為名義管理之土地所
有權，此等不可不謂其係完全遵從條約及舊慣之不正
當取得[13]。

　　引文中「耶穌教」，當作基督教，耶穌教屬於基督教的新
教。臺灣開港為英國宿願，咸豐十一年（1861）六月，英國
領事郇和到臺灣後，請求在臺灣府城開設口岸。後經勘查府
城海口淤淺，洋船不能收泊，於是議定在淡水的八里坌海口
即滬尾口作為通商碼頭[14]，於同治元年（1862）六月二十二日
正式開關啟徵稅收。在通商條約中雖然准許外人租借通商口
岸的土地，但是傳教士在通商口岸以外地區購買土地建蓋教
堂，確實未經清朝官方認可。現存《總理各國事務衙門清檔》
中含有護理臺灣道梁元桂的函稟，同治七年（1868）七月二
十三日，梁元桂據署鳳山縣知縣凌樹荃稟報後即函稟閩省通
商總局，略謂：

　　據署令凌樹荃具稟，二十日，有法國人良揚乘轎至署

13　《臺灣慣習記事》，中譯本，第七卷，第三號，頁107。
14　《清宮月摺檔臺灣史料（二）》，頁1061。同治六年九月初六日，
　　福建巡撫李福泰奏摺抄件。

外，民眾圍擁喧嚷，聲言洋人毒害良民，必欲毆斃除
害。該洋人自知眾怒難犯，避入卑署，卑職即出彈壓。
眾勢洶洶，均退伏城廟，伺毆洩忿，當留洋人在署。
訊據面回，居住萬巾莊，設有天主教堂，被鄉民李電
等燒毀，求即勘辦等語。當將該洋人護送出城，至冷
子濤教堂[15]。

引文中的「萬巾莊」，當即「萬金庄」，同音異字。法國
傳教士良揚被護送至冷子濤教堂，可知冷子濤教堂也是天主
教教堂，臺灣道按季呈報的清冊中，並無冷子濤教堂一項，
而且清冊中所列萬金庄教堂是呂宋天主教教堂，因此，署鳳
山縣知縣凌樹荃稟文中所稱法人良揚「居住萬巾莊，設有天
主堂」等語，是一種誤傳。同治七年（1868）十二月初七日，
福州將軍英桂呈送總理衙門咨文中附有臺灣口與英法二國交
涉議結完案清摺，其中關於法國傳教士良揚所建天主教堂被
燒毀一案的記載如下：

同治七年三月間，鳳山縣民焚燒法國天主教堂一案，
因拆毀耶穌教堂之事，城鄉閧傳外國教士用藥害人，
有鄉民李電等隨眾附和，將法國教士良揚在鳳山縣轄
郊墩地方所建教堂一所，放火焚燒，經良揚赴縣稟報，
城內居民不辨其為何國之人，猶欲同毆洩忿，當由鳳
山縣會營彈壓解散，並將良揚留入署中保護，旋即送
回，誤將郊墩地名錯傳萬巾莊，由縣轉稟。嗣獲李電、
陳賀仔二犯，訊擬杖一百，酌加枷號兩個月，尚有逸
犯，獲日另結。茲又有道員曾憲德與吉必勳議定，將

　　犯解郡發落，並與另案被焚教堂，同遺失物件，共賠
　　給洋二〔銀〕二千圓完案[16]。

　　由引文可知良揚在鳳山縣屬郊壋地方設有天主教堂，萬金庄的天主教堂，並非由良揚所設立。郊壋天主教堂被鄉民陳賀仔等人焚毀的時間是同治七年（1868）三月十六日，郊壋，官方文書又做「溝仔潮」[17]。

　　英國耶穌教傳教士馬雅各到臺灣後，曾在臺灣縣行醫，後來南下鳳山縣旂後打鼓地方，居住半年後在鳳山縣埤頭地方購買房屋，建蓋禮拜堂，傳教行醫。有縣民高長即高掌、打鳥陳等先後入教。其中高長籍隸福建泉州，來臺多年，同治五年（1866）入耶穌教，充當教師，每月領取薪金洋銀七元。據縣民程賽稟稱，其妻程林氏即林便涼於同治七年（1868）三月十八日路過北門外遇到教民打鳥陳，打鳥陳邀林便涼入室，勸她入教，林便涼不允。打鳥陳即喚教師高長在林便涼背上「畫符念咒」，茶中放入「迷藥」，勸令飲下。林便涼返家後，忽發狂病，聲言定要入教禮拜，便覺快活。三月十九日，高長登門邀請林便涼前去做禮拜，街鄉聞知，公憤不平，拏送高長，將高長毆打重傷。禮拜堂後進被拆卸，前進門窗，亦已毀損。並將教士住房內什物、書本、衣箱、藥料、醫病器材全行搶走。信奉耶穌教的華人莊清風路過埤頭西北十五里左營地方時被暴民毆斃。光緒年間臺灣道造送清冊中鳳山縣屬埤城北門外英國耶穌教華式小教堂當是同治末年修復的教堂。埤城北門外耶穌教教堂的教師高長，在光緒年間到臺

16　《教務教案檔》，第二輯，（三），頁 1310。同治七年十二月初七日，清摺。
17　《教務教案檔》，第二輯，（三），頁 1315。

東直隸州石牌庄英國耶穌教教堂充當傳道職務。

　　同治年間，臺灣府城也發生天主教教堂被民眾焚拆案件。據西班牙領事巴勞禮申稱，天主教傳教士郭巴禮在臺灣府城小東門外建造天主教堂，由傳教士郭巴禮住堂傳教。同治七年（1868）四月十三日，被紳耆禁阻後被迫遷移。後經興泉永道曾憲德查明，郭巴禮所買陳姓房屋，因有礙風水，自願退屋收價，另行購地建堂[18]。

　　光緒年間，臺灣道造送教堂清冊中，嘉義縣屬教堂，並無白水溪教堂一項。檢查現存《教務教案檔》，白水溪確有英國耶穌教教堂。英國耶穌教傳教士監物來臺後，他曾在嘉義縣境內白水溪地方傳教。同治十三年（1874）十二月二十二日，店仔口吳志高等人乘夜焚燒監物的住居。十二月二十二日辰刻，傳教士監物赴嘉義縣衙門向知縣陳祚控訴。據監物稱，他向在白水溪地方傳教，因欲添蓋房屋，被店仔口人吳志高等藉口洋人蓋屋，有礙其祖墳風水，而乘夜將小禮拜堂燒毀。知縣陳祚會營查勘，查明白水溪距店仔口十餘里，教堂與吳姓祖墳之間，尚隔一山，四無鄰居，傳教士監物草寮，均已燒毀，當地奉教屯番潘春等耕牛被店仔口人搶偷，潘春夫婦追趕時，俱被民眾毆傷[19]。

　　彰化縣境內除城內大西街、武西保、東螺西保等處教堂外，在員林街也有天主教堂。員林街土名燕霧保，有南北直街一條，上通彰化縣城，下達北斗街。光緒十八年（1892）七月初，發生員林街天主教教堂被民眾焚毀案件。據西班牙天主教傳教士林茂德稟稱，他在彰化員林街等處傳教，設有

18　《教務教案檔》，第二輯，（三），頁 1313。
19　《教務教案檔》，第三輯（民國 64 年 2 月），（三），頁 1442。

教堂，因該處地僻，買食維艱，故令堂丁張鳳宰牛，以供菜
蔬，彰化縣知縣羅東之忽於七月初六日親帶勇役逮捕張鳳，
重毆拘禁，初九日夜間將員林街天主教教堂焚毀一空。但據
彰化縣知縣羅東之稟稱，張鳳即張芳是員林街匪徒，他夥同
余阿宗等開設湯灶，私宰耕牛。知縣羅東之檢查案卷後指出
西班牙天主教教堂是建在彰化武西保羅厝庄地方，員林街地
方，並未另建教堂。據生員吳敦仁等稟稱，員林街外菜園內
原有彰安慈空地一塊，二年前有天主教傳教士林茂德租蓋茅
房三間，作為書館，坐北向南，四面圍以竹籬笆，高約七、
八尺，於七月初九日夜間三更被焚，書館中所藏中外書籍等
件，俱被焚燒[20]。知縣羅東之、生員吳敦仁等所稱員林街所設
為書館，意即教會中的教書堂，而西班牙天主教傳教士林茂
德原稟所稱七月初九日夜間在員林街被縱火焚毀是天主教
教堂，出入頗大。

　　淡水港對外開放通商以後，英國耶穌教傳教士相繼建堂
傳教。光緒十年（1884），中法之役，法軍犯臺，民眾不分英
法國籍，亦將英國耶穌教教堂拆毀，以抒義憤。福建臺灣巡
撫劉銘傳具奏指出臺北府屬艋舺、錫口、三角湧、新店、和
尚洲、大龍峒、水返腳等處，英國原設教堂七所，先後被居
民拆毀。中法戰役結束後，耶穌教各教堂傳教士將所損失物
件估值一萬二千餘圓，經英國領事費里德向劉銘傳開單求
償。劉銘傳即派通商委員浙江候補知府李彤恩、臺北府知府
劉勳履勘各處教堂，邀同領事及傳教士反覆商辦，再三議減，
最後以一萬圓了結，折合銀七千二百兩，在海防經費項下做

<hr>

20　《教務教案檔》，第五輯（民國 66 年 10 月），（四），頁 2096，光
　　緒十八年十月初六日，福建臺灣巡撫邵友濂文。

正造銷[21]。教堂被拆毀後，或經修復，或另行改建，臺灣道造報淡水縣、基隆廳境內教堂清冊中，英國耶穌教教堂共計二十三所，可謂教堂林立。

《淡新檔案》是重要的臺灣古文書，原檔含有新竹縣屬教堂史料，對各處教堂的概況，說明頗詳，並繪有教堂式樣，是探討臺灣教會史不可忽視的珍貴資料。臺灣道按季造報的清冊中含有新竹縣英國耶穌教大小教堂五所，其中新竹縣城教堂位於城內義學左邊。光緒十七年（1891）八月二十七日，據新竹縣皂役洪泉稟報，縣城教堂在義學邊左畔第七間，是英國耶穌教華式教堂，是林姓厝底。堂內有教士一人，是淡水縣人陳鵬霄，他有一妻三子二女，聽教之人，少則數十，多則上百。光緒十八年（1892）十一月初八日，據皂役洪泉查報，堂內教士是劉澄清，與臺灣道造報清冊相符。劉澄清是苗栗縣人，有一妻三女。光緒十九年（1893）九月二十九日，據皂役洪泉查報，堂內教士是蕭種籃，原籍福建漳州，寄居淡水大弄動地方，他有一妻一男兩媳婦。是年，在新竹縣城北門外近城左畔，離城二十餘間處，增設英國耶穌教華式教堂，堂內教士張仁壽是新竹縣人。光緒二十年（1894）十月初三日，據皂役王佐稟覆，堂內教士為洪昌年，他是淡水縣大稻埕人。月眉庄教堂位於新竹縣所轄竹北一保月眉庄街尾，離新竹縣城三十餘里，是英國耶穌教華式教堂。臺灣道造送清冊內記載月眉庄教堂為大教堂，但新竹縣原造清冊是小教堂，稍有出入。據皂役洪泉查明稟覆，月眉庄教堂於光緒十七年（1891）三月間新建，是鄭姓厝底，堂內無洋人，

21　《光緒朝硃批奏摺》（北京，中華書局，1996 年 12 月），第一二〇輯，頁 155。光緒十四年正月，劉銘傳奏片。

教士陳克華是淡水縣人，他有一妻一子，教民約有四、五十
人。光緒十九年（1893）七月十一日，據皂役洪泉稟覆，堂
內教士是林耀宗，原籍福建惠安縣，寄居新竹縣鹽水港，他
有一母一妻一侄。紅毛港教堂的基址位於竹北二保紅毛港
庄，光緒十七年（1891）八月間，快役朱宗奉命往查保內教
堂概況後繪圖造冊稟覆，其原稟略謂：

> 役遵飭迅往查保內，僅紅毛港庄於光緒三年英國設小
> 教堂，係華式茅屋，門已關鎖，教民陳萬勇看守，不
> 敢擅開。該教堂僅有傳道李昆弟，年二十五歲，係淡
> 邑和尚洲之人，於五月二十日赴臺北，八月間往竹南
> 中港為傳道，新傳道至今未到。至教民前五十餘人，
> 因禮拜三期不到開革，未知若干名，現查三十五名開
> 列粘圖。查臺北只有教士人一姓偕，名睿理，辦一府
> 教堂。紅毛港教堂並無育嬰，庄民患病，如傳道在堂，
> 求藥亦有。惟光緒九年、十二年、十三年，此三年有
> 設義塾，今已停四年矣[22]。

　　由引文可知竹北二保紅毛港教堂是在光緒三年（1877）
由傳教士偕叡理設立，屬於耶穌教教堂。傳道李昆弟前往竹
南中港教堂後，新傳道劉慶雲是苗栗縣新港社人，他有一妻
一女。快役朱宗原稟附紅毛港教堂圖說，其內容如下：

> 紅毛港教堂，係英國偕教士於光緒三年建設至今，其
> 堂華式茅屋，坐東向西，兩進排連，中隔天井，南畔
> 為教堂，北畔為傳道住眷，圖說是實[23]。

22　《淡新檔案（二）》，頁56。光緒十七年八月二十七日，快役朱宗
　　稟文。引文中「睿理」，當作「叡理」，偕叡理是馬偕的中文姓名。
23　《淡新檔案（二）》，頁95。光緒二十年七月初九日，快役朱宗稟
　　文。

　　由圖說內容可知紅毛港教堂的建築，天井南畔為教堂，坐東向西；北畔為傳道住眷，坐北向南。據快役朱宗稟稱，紅毛港教堂周圍均種相思樹，各丈餘高。教堂門前有一竹籬門，出入右畔護厝，是教士住眷，居中為廳。原稟開列教民姓名，內含陳萬勇等三十五名。傳道劉慶雲離開後，新傳道是林煥章。據快役朱福稟稱，「偕教士回英國，現滬尾有二教士：一係外國姓吳；一係滬尾之人姓嚴，在艋舺街開華昌堂西藥店[24]。」偕教士即偕叡理，他返回加拿大述職，滬尾嚴姓即嚴清華。

　　光緒十九年（1893）夏初，偕叡理在竹北二保大湖口向居民鄒阿石租賃店舖一座，欲設教堂，因鄒阿石之店先已租出，合約未滿，所以偕叡理暫在北勢仔庄張阿壽的護厝作禮拜，傳道是華人許圳清，有教民二十餘人，偕叡理返回加拿大後，由淡水嚴清華掌理。光緒二十年（1894）正月間，新教堂蓋築完成，許圳清即將教堂遷回大湖口街。快役朱福原稟附有大湖口教堂圖說云：

> 大湖口教堂，華式瓦屋，後進住家茅屋，中一天井，坐北向南，係本春方蓋築，傳道姓許，名圳清，教民二十餘人[25]。

　　大湖口教堂的基址是在竹北二保大湖口街頭，離新竹縣城二十餘里。教堂坐北向南，前進為瓦屋，後進為茅屋。

　　中港街教堂的基址位於新竹縣所轄竹南一保，離新竹縣城二十五里，是英國耶穌教華式教堂。快役梁鴻奉命協同地

24　《淡新檔案（二）》，頁80。光緒十九年九月二十九日，快役朱福稟文。

25　《淡新檔案（二）》，頁90，大湖口教堂圖說。

保往查，光緒十七年（1891）八月二十七日，將教堂繪圖稟
覆。其原稟稱：

> 所轄境內，僅有中港街設小教堂一處，並無堂號，門
> 上掛「耶穌聖教」四字，係屬大英國。其教士姓李名
> 昆弟，係淡縣和尚州之人，至書讀顏新到，係苗栗之
> 人，其堂係華式，粉白灰，堂內並無育嬰，惟有施醫
> 發藥屬實[26]。

中港街教堂，雖無堂號，但門上懸掛「耶穌聖教」四字
牌匾。教士莊鼎周，又作莊鼎洲，是新竹西門人。教讀顏新
到，又作顏神到，他是苗栗縣人，教民男女約四十餘人。土
牛庄教堂的基址是在新竹縣所轄竹南一保，距離新竹縣城二
十五里，沒有堂號，門上懸掛「耶穌聖教」四字牌匾，是英
國增設的耶穌教小教堂，華式草堂，是三間排，堂內教士林
天送是中港街人。

光緒二十年（1894）四月，據快役許能稟報，教士是中
港人陳禧年。據臺灣道造報光緒十九年（1893）夏季分清冊
所開列新竹縣屬教堂包括城內義學左畔、月眉庄、紅毛港、
中港街、土牛庄五所，但據新竹縣造送原清冊，還有北門外
左畔、大湖口街兩所教堂，共計七所。

偕叡理是馬偕（George Leslie Mackay）的中文名字，他
是臺灣北部教會的創始者。1844 年三月二十一日，偕叡理出
生於加拿大一個蘇格蘭移民的家庭裡，他的父母是典型的長
老教會信徒。1872 年三月間，偕叡理前往臺灣北部的滬尾展
開佈道工作，嚴清華是偕叡理的學生，也是臺灣北部長老教

26　《淡新檔案（二）》，頁 56，光緒十七年八月二十七日，快役梁鴻
　　稟文。

會的第一位信徒。1873 年三月初二日，五股坑禮拜堂落成，
偕叡理認為禮拜堂蓋得很完美。洲裡即和尚洲，1873 年六月
二十二日，洲裡禮拜堂落成。三重埔教堂距離基隆河約有一
百步。1874 年三月初一日，三重埔禮拜堂落成，牆壁是泥作
的，裡面敷上白灰，屋頂覆蓋茅草，環境清幽。同年三月二
十二日，八里坌教會舉行獻堂禮拜。1875 年四月二十三日，
大龍峒禮拜堂落成，其基趾距離大馬路約有三十哩遠，有涼
亭，非常雅緻。後埔仔教會在新莊附近，1876 年六月十八日，
後埔仔教堂落成。1877 年十月初八日，溪洲新禮拜堂落成。
同年九月初九日，艋舺教堂落成。1878 年七月初四日，崙仔
頂禮拜堂落成。同年十一月十七日，竹塹禮拜堂落成。1879
年四月二十七日，枋寮新禮拜堂落成。1882 年正月初一日，
新莊禮拜堂落成。1886 年五月三十一日，八里坌新教堂改建
完工。同年十月二十八日，大稻埕教堂興工建造，十二月二
十四日，竣工。是日，洲裡、五股坑新教堂亦竣工。1887 年
三月二十九日，頂雙溪教堂竣工，這是一座石造的教堂。1889
年十二月十一日，新社教堂竣工，費用共五百元。1890 年五
月初三日，水返腳禮拜堂落成。1891 年四月二十三日，北投
禮拜堂落成。1892 年二月十四日，南崁禮拜堂落成。1892 年
十二月十九日，流流仔即留留社教堂竣工。同年十二月二十
日，南方澳、頂雙溪教堂因地震改建竣工。同年十二月二十
二日，紅柴林禮拜堂亦因地震損壞改建。十二月二十三日，
天送埤教堂施工興建。1893 年正月初八日，圓窟仔禮拜堂落
成。同年二月初五日，北投新禮拜堂落成。同年三月初九日，
八芝蘭禮拜堂落成。是年，偕叡理回國述職，據《馬偕博士

日記》記載，在 1893 年，臺灣長老教會已有五十六所[27]。偕叡理離臺前，曾巡視各教堂，包括：艋舺、北投、南崁、圓窟仔、五股坑、洲裡、大稻埕、桃仔園、大科崁、三角湧、中壢、新莊、錫口、火窯仔、紅毛港、竹塹、後壠、新港、獅潭底、月眉、八里坌、基隆、水返腳、新店、枋橋、頂雙溪、埤頭、眞珠里簡、冬瓜山、奇武老、南方澳、流流仔、波羅辛仔罕、加禮宛、番社頭、奇立板、打馬煙、頭城等處教會。其中波羅辛仔罕教堂，簡稱辛仔罕教堂，又稱威爾遜教堂，是噶瑪蘭平原上最大的一座教堂。根據光緒二十三年（1906）三月間的調查報告指出，臺灣各地的英國長老教會、天主教會，均以臺灣人民為主要信徒。據統計，內地人計二百二十三人，臺灣本島人計一千三百零八人[28]。其實際入教人數，遠遠超過此項調查數字，例如光緒十八年（1892）十月初六日福建臺灣巡撫邵友濂咨呈總理衙門一文中已指出當時彰化一帶，「計入教中約近有二百人[29]。」光緒十九年（1893）秋季分新竹造送清冊內記載紅毛港庄教會的教民約有四十餘人，土牛庄教會的教民約二十餘人。此外，根據皂役洪泉於光緒十七年（1891）八月二十七日稟覆月眉庄教會的教民約有四、五十人[30]，五所教會的教民合計已超過一百六十餘人，平均每所教會約有教民三十餘人，核對臺灣道造報清冊所列

27　馬偕著，陳宏文譯《馬偕博士日記》（臺南，人光出版社，1996年 7 月），頁 179。

28　《臺灣慣習記事》，中譯本，第六卷，第三號，頁 134。

29　《教務教案檔》，第五輯，（四），頁 2105。光緒十八年十月初六日，福建臺灣巡撫邵友濂文。

30　《淡新檔案（二）》，頁 55。光緒十七年八月二十七日，皂役洪泉稟文。

一〇三所教會計算，其教民至少在三千人以上。

　　臺灣天主教、耶穌教各教會，除主體建築禮拜堂、教士住眷外，多設有醫館、義塾，或育嬰室，例如臺灣縣屬境內揀東堡岸裡大社設有華式英國醫館一所，醫士是英國人盧嘉閔。安平縣城內二老口設有華式英國醫館一所，洋醫士是英國人梅威令，華人醫士是鳳山縣民林璣璋。馬雅各本人就是醫師傳教士，他在同治四年（1865）來臺後先在臺灣縣行醫，後來南下鳳山縣旂後等地傳教行醫。偕叡理來臺後，每天為人診病，他常常是晚上傳福音，白天替人治病，也有痲瘋病人向他求診。1875 年五月初五日，偕叡理在他的日記裡記載他自己曾經醫過了一千零二十三名病患。林格醫生（Dr. S. Ringer）幫助他診病。1875 年這一年之中，他出外旅行傳道，大約走了七百哩路，為三千人醫病，也為人拔了六百八十顆蛀牙。據光緒七年（1881）統計，滬尾偕醫館曾為五千一百二十八人診病，傳道師們曾為一千二百十三人診病[31]。傅大為撰〈從馬偕談清末臺灣的半殖民醫療〉一文指出淡水偕醫館的醫療，在醫學技術方面，有較好的麻醉技術與藥品、基本的消毒知識與治療，再加上圭寧、以及有口腔解剖知識的拔牙技術等，應該是偕叡理及其生徒們在北臺灣能夠上山下海，往來於原漢之間的本事基礎。偕叡理馳名國際長老會的拔牙術，一方面可以說是一種特殊的「宗教醫療」，另方面可以說是殖民醫療的一種延伸，就是這種奇特的殖民醫療與宗教醫療的混合，使得偕叡理得傳奇拔牙故事，在臺人民間與洋人教士團體中流傳下來[32]。陳宏文譯《北部臺灣基督長老教

31　《馬偕博士日記》，頁 122，一八八一年十二月二十九日，記事。
32　傅大為撰〈從馬偕談清末臺灣的半殖民醫療〉，《馬偕博士收藏臺

會的歷史》一書記載光緒十年（1884）中法戰爭期間，法艦
攻打臺灣，中國兵數百人在戰場上受重傷，都被抬至偕醫館
就醫，因為他們沒有自己的軍醫。為此，劉銘傳非常感激，
派人到醫館致謝，也捐款給醫館[33]。與偕叡理同時或稍早在臺
灣中南部各地活動的外國醫師傳教士，多曾接受過正式的醫
學訓練，也大都具有高明的醫術，他們的醫療貢獻，是值得
肯定的。

　　除醫館診所外，各教會也熱心教育，創辦義塾學校。在
英國給總理衙門的照會中就有傳教士買地建立學堂的交涉。
光緒六年（1880）十月二十四日，臺灣道張夢元詳文中對於
英國傳教士擬建女學堂一事，作了下面的答覆，節錄一段內
容如下：

> 其英國施教師欲於臺郡起蓋女塾一案，因臺地紳民以
> 起蓋女塾為和約所無，臺地罕有所見，將來必致多事
> 等情，紛紛赴縣稟阻。旋經臺灣縣潘慶辰以女塾字樣
> 固係和約所無，而洋人於中國地方起蓋義塾原屬不
> 禁，切實開導，該紳民等已允由該教師於永租華民方
> 祥地內起蓋平屋義塾，不蓋女塾，並照會霍領事轉飭
> 遵照在案[34]。

引文中已指出「洋人於中國地方起蓋義塾原屬不禁」，因
此，傳教士在臺灣創辦學校教育所受阻力較小。《北部臺灣基

灣原住民文物—沉寂百年的海外遺珍特展圖錄》（臺北，順益臺灣
原住民博物館，2001 年 5 月），頁 37。

33　陳宏文譯《北部臺灣基督長老教會的歷史》（臺南，人光出版社，
1997 年 3 月），頁 45。

34　《教務教案檔》，第四輯，（二），頁 1200。光緒六年十一月二十
五日，福州將軍穆圖善文。

督長老教會的歷史》一書已指出，同治十三年（1874）北部
臺灣長老教會設有三間義塾，三位老師，教孩子讀書。至光
緒十六年（1890）已有十五間義塾及十五位老師，四百餘名
學生。義塾的設立，是早年傳教的方法之一，對教會非常有
幫助，許多孩子們的父母，因此來信主。光緒八年（1882），
偕叡理在滬尾礮臺埔建造神學校，開學時，清朝提督孫開華
及英國領事等人都前往慶賀[35]。光緒十年（1884）正月十九日，
淡水女學堂舉行落成典禮。光緒十六年（1890）八月初一日，
偕叡理在他的日記裡記載了他在淡水禮拜堂後面建築了一所
義塾。他每天教導學生，男女學生也常到偕叡理家讀書。偕
叡理與學生常常外出，一邊讀書，一邊佈道。義塾學堂的創
辦，對普及教育和傳佈福音，都起了正面的作用。此外，有
些教會還設有育嬰堂，兼育嬰工作，例如鳳山縣境內的前金
庄天主堂，是一所洋式大教堂，就設有育嬰堂，兼育嬰孩，
屬於一種慈善工作。教堂的設立，傳教士的活動，對臺灣社
會文化的發展，確實具有意義。

　　中英鴉片戰爭以後，列強相繼要求弛禁天主教。道光二
十六年（1846）正月，清廷刪除取締天主教的條例，正式頒
發諭旨，宣佈天主教解禁，清朝對天主教政策的調整，有利
於基督教在中國的發展。同治初年臺灣口岸對外開放通商以
來，天主教和基督新教在臺灣的傳佈福音活動，更加積極，
先後在各處設立教堂，傳教士在臺灣的活動，對日後臺灣社
會文化的發展，產生重要的影響。

　　同光時期，由於國人反教排外情緒的激化，中外教案層
出不窮，教堂多遭拆毀，賠償損失，交涉頻仍。總理衙門為

35　《北部臺灣基督長老教會的歷史》，頁47。

欲了解各省教堂的基址分佈及傳教士的活動，於是移咨各省
督撫轉飭各府廳縣地方官清查所屬境內教堂的概況，造送清
冊，臺灣道按照各府廳州縣呈送的教堂清冊彙齊造冊，呈送
福建臺灣巡撫轉呈總理衙門。現存《淡新檔案》保存了新竹
縣各保教堂原稟、清冊及圖說等資料，屬於縣級檔案。《教務
教案檔》所保存的臺灣道詳文清冊，《宮中檔》、《月摺檔》中
所保存的硃批奏摺原件或抄件，則屬於省級檔案資料。根據
省級資料，可知在光緒十九年（1893）臺灣天主教堂和耶穌
教即基督新教的教堂，合計共一〇三所，對照新竹縣等縣級
檔案資料、《馬偕博士日記》及基督教長老教會文獻等資料
後，發現臺灣各處教堂的總數，遠超過臺灣道造送清冊的數
字。福建臺灣巡撫呈送總理衙門的教堂清冊，其資料雖然不
夠完整，並非全面的，頗多遺漏，但卻反映臺灣外來宗教的
教堂，已經引起朝廷的重視，就基督教發展史而言，臺灣省
級和縣級檔案資料，都是不可忽視的研究文獻。

　　傳教事業的盛衰，是與教堂數量的多寡成正比的。臺灣
早期傳教士深入各地，相繼設立教堂，其入教人數，遂與日
俱增。據《馬偕博士日記》記載，同治十二年（1873）三月
初二日，五股坑禮拜堂舉行落成典禮時，約有一百五十人參
加。光緒二年（1876）十月初八日，溪洲新禮拜堂舉行落成
典禮，是日為禮拜日，有三百餘人前來禮拜。光緒三年（1877）
三月初六日，和尚洲新禮拜堂改建竣工，舉行落成典禮，約
有三百人來參加。光緒十九年（1893）三月初九日，八芝蘭
禮拜堂舉行落成典禮，參加典禮的會友多達七百人[36]。分析臺
灣基督教的發展，不能忽視臺灣教堂的分佈，教堂的建築形

36　《馬偕博士日記》，頁78。

式，宣教方式等問題。賴德烈（Kenneth Scott Latourette）撰
〈做為西方文化媒介的基督教會〉一文中已指出，基督教的
一個明顯影響，即是教會的設立與成長。早期教會的組織、
採行方法、建築款式以及禮拜儀式等，大體上是傳教士在本
國家鄉所熟知形式的複製品。後來的跡象顯示，教會已開始
在中國本土生根，中國教會領導階層已由天主教與新教所培
訓。中國教會領袖已在各地的新教團體中成為主力，很多新
教教會已開始自給自足。基督教的影響有部分的原因，是基
督教傳教士在西方文化的重要層面如教育、醫療上擔任了先
鋒。中國新式醫師所使用的西式診療方式，幾乎完全是基督
教傳教士首先建立並經營管理西式醫院與診所。在西式學校
方面，無論是男校或女校，基督教傳教士都是主要的拓荒者
[37]。有些傳教士主張教堂的建築樣式，應興建得更像中國鄉村
的祠堂，他們相信這樣要比興建一座洋式教堂的影響更大。
同光年間，基督教傳教士在臺灣興建的教堂，華式建築，多
於洋式建築，是值得重視的問題。由於義塾學校及神學院的
創辦，培訓了許多臺灣本土的神職人員。根據臺灣道造送教
堂清冊的記錄，在臺灣各教會五十二位教士之中，華籍教士
共計四十一人，約佔百分之七十九，其中偕阿返等五位是臺
灣原住民。至於臺灣各教會的傳道也大都是華人，其中偕英
榮等八人也是原住民，臺灣基督教的本土化有助於基督教的
生根與成長。傳教士多鼓吹設立醫院和孤兒院，做為克服中
國人對外來宗教冷漠的方式。基督教教會在臺灣不僅建立許

37　賴德烈撰〈做為西方文化媒介的基督教會〉，魯珍晞（Jessie G. Lutz）
　　編，王成勉譯《所傳為何？基督教在華宣教的檢討》（臺北，國史
　　館，民國 89 年 10 月），頁 169。

多教堂，而且還有許多醫館，也有育嬰堂。教會醫院不僅是
最早與最重要的傳佈福音機構，而且也是接近深居內院婦女
的重要方式[38]。初期傳教士就是以疾病診療和社會服務來接近
居民，不被教堂吸引的臺灣居民，也會為西方的醫療而改變
他對基督徒的冷漠態度。因此，臺灣早期基督教最大的成果，
與其說是來自教會福音的傳佈活動，毋寧說是來自教會的醫
療與慈善等社會服務活動。

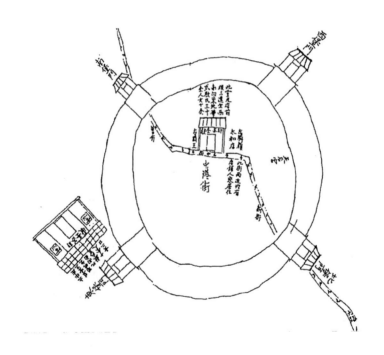

中港街、土牛庄教堂示意圖《淡新檔案（二）》，頁 275。

38　湯良禮撰〈宣教—西方帝國主義的文化膀臂〉，《所傳為何？基督
　　教在華宣教的檢討》，頁 127。

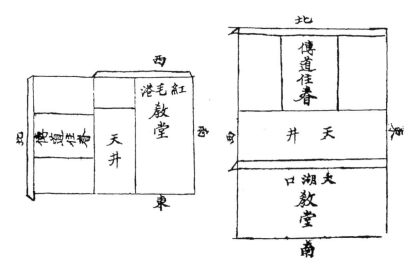

紅毛港、大湖口教堂示意圖《淡新檔案（二）》，頁295。

新竹城內教堂、教士住眷示意圖《淡新檔案（二）》，頁262。

新竹城內義學邊教堂示意圖《淡新檔案（二）》，頁277。

七月初二日。臺灣巡撫邵友濂文稱據臺灣道
兼按察使銜顧肇熙呈詳案奉憲行通飭各
屬將所轄境內共設有外國教堂若干中為
某教其所設教堂為洋式為華式坐落某地。
係何國教士分別碓查妥辦由道彙核詳咨
等因應經由道報至光緒十八年冬季分止
在業茲據各府州廳縣查造造光緒十九年春
李分建設教堂處所清冊前來理合彙造清
兩呈送查核轉咨再恆春縣屬現無各國洋
人建設教堂合併聲明等情到本部院據此。

臺灣道顧肇熙咨呈　《教務教案檔》

海盜猖獗

──連江縣及馬祖列島的海盜活動

清代中期的連江縣社會

　　臺北國立故宮博物院現藏的各類檔案中，除了下行文書、平行文書外，其上行文書的數量，也相當可觀。《宮中檔》奏摺原件、《軍機處檔・月摺包》奏摺錄副及《月摺檔》、《外紀檔》、《奏摺檔》等奏摺抄件，都是上行文書，含有豐富的地方史料。其中閩浙總督、福建巡撫、福建將軍、福建布政使、福建學政、福建水師陸路提督、沿海各鎮協及監察御史等人的奏摺原件或各類副本抄件中，含有部份涉及連江縣及馬祖列島的歷史檔案。本節僅以《宮中檔》奏摺為限，舉例說明地方大吏奏報的範圍。雍正二年（1724）五月間，福建福寧鎮總兵官顏光昕入京陛見，雍正皇帝諭顏光昕，光祿大臣林祖成生長福寧州，可至林祖成家拜訪，請教地方利弊。林祖成告知顏光昕福寧州東沖地方是福安、寧德、福寧三縣海口，稽查夕船及嚴禁米穀出洋，都很要緊。其次，三沙地方每年有漁船在此停泊，人跡繁雜，奸良莫辨，出入更宜嚴等語。顏光昕回任後，隨即單騎前往東沖、三沙二處海口勘驗，並繕摺具奏。原摺指出，東沖海門，茫茫巨浸，下係溜沙，外障大海，內包福安、寧德兩縣，與羅源縣鑑江相對，凡船隻出入，必由此口，實為兩縣總門，為形勝要區。至於

三沙海汛，每年冬令九、十月間，多有漳、泉漁船到三沙澳採捕。距離三沙不遠的古鎮地方，則有連江縣民人來此地謀生。原摺有一段描述，節錄其內容如下：

> 古鎮地方，離三沙柒里，係臨海島岸，人居稀少，多係附近連江民人至此搭寮掛網，往來無定，其中最易藏奸。臣將三沙汛兵丁內撥出伍名，在彼防守，朝夕稽查，則奸匪無能窩隱矣[1]。

原摺奉雍正皇帝硃筆御批：「知道了，凡事不可因循，故宜振作，然不可生事邀功，勉為之，慎為之。」由原摺內容可知雍正初年，連江縣附近百姓前往古鎮地方謀生的方式是搭寮掛網，這種棚民是以捕魚為業。

明清時期，中琉關係，極為密切，琉球向例兩年一貢，乾隆十七年（1752），是琉球應屆入貢年分，琉球國王尚穆派遣貢使向邦鼎等坐駕海船二隻，官伴水梢共二百人，前往清朝進貢。同年十一月二十一日抵達福建閩安鎮所轄境內，然後安頓於琉球館。除進京貢使及隨從等三十九人外，其餘摘回官伴水梢留在福州的共一百六十一人，此外，還有附搭接貢船存留官伴十人。這些人置辦貨物完竣後仍坐駕原來貢船兩隻回國。乾隆十八年（1753）五月二十五日開航。其中頭號貢船一隻於六月十七日經過連江縣境內時，觸礁損壞，經福建巡撫陳弘謀具摺奏聞，節錄硃批奏摺一段內容如下：

> 六月十九日，據閩安協副將邱有章報稱：琉球國摘回貢船二隻內，頭號船一隻於六月十七日開至連江縣破

---

1 《宮中檔雍正朝奏摺》，第四輯（臺北，國立故宮博物院，民國67年1月），頁66。雍正三年三月十九日，福建福寧鎮總兵官顏光昕奏摺。

荇礁被水損壞等情。臣隨即檄行閩安協並委福州府海
防同知郝霆即日速往壞船處所查勘照料，安頓夷眾，
防護貨物去後，茲據該同知郝霆詳稱：琉球頭號貢船
被石砧破，在船員伴九十一員名，具已登岸，並無被
溺，所帶貨物糖料等項，業已無用，其餘現在撈取，
其二號貢船已於六月十九日開駕長行回國等情前來[2]。

　　由引文內容可知琉球貢船海難發生的地點是在連江縣破
荇礁，貢船被石砧破而沈溺。福建巡撫陳弘謀即行文布政使
德舒會同糧驛道顧濟美多僱船隻人夫前往連江縣，將琉球官
伴水梢等人接到福州琉球館安頓，照例動支司庫存公銀兩，
按日給予口糧鹽菜，並賞給豬羊酒布等物，有助於了解地方
大吏處理海難事件的態度。

　　連江等縣因瀕臨大海，颱風現象，時有所聞，地方大吏
奏報風災的摺件，頗為常見。例如乾隆十六年（1751）七月
二十五日，福建巡撫潘思榘、福州將軍新柱等同時奏報福建
颱風大雨情形，節錄潘思榘奏摺一段內容如下：

　　據福州府屬之羅源縣稟報初十、十一、十四等日俱有颱
風大雨。又侯官、閩縣、長樂、福清、連江等縣及興化府屬
之莆田縣各稟報，均於十四日有颱風大雨。各縣官民房屋吹
落瓦片，間有坍塌，田禾無恙。又據福寧府屬之霞浦縣稟報，
七月初十夜颱風大作，至十一日寅時止。十四日又被風雨，
官民房屋壇廟等項，吹落瓦片，坍塌牆壁，壓倒兵民住房三
十二間，淹斃男婦七丁口，郊外浮屠棺柩，間有被水沖倒，

2　《宮中檔乾隆朝奏摺》，第 5 輯（臺北，國立故宮博物院，民國 71
　　年 9 月），頁 632。乾隆十八年六月二十七日，福建巡撫陳弘謀奏
　　摺。

田禾有無傷損，勘明另報。又寧德縣稟報，七月十一日，颶風大雨，查勘城內城外，民居倒壞十九間，人口無傷，官署壇廟，刮去瓦片，城垣砲台，亦有坍損。又據壽寧縣稟報於七月十四日一更，忽颶風大雨，溪水漲發，城內官民房屋，俱有吹損。城外沿溪一帶，居民房屋，倉廒積穀等項，俱有漂流，人口亦有淹斃，幸三更即退，田禾有無妨礙，查明另報。又據福安縣稟報，七月十四日，颶風大雨，山水陡發，海潮上湧，溪河水漲一、二丈，漫至縣署，二堂倉廒，水浸六、七尺，民間墻垣坍塌，監墻卷房倒壞，民田廬舍，有無受傷，查明另報。又據烽火營稟報初十、十四等日颶風，水深二、三尺，城墻衙署及兵民房屋，俱有坍塌，哨船擊碎二隻各等情[3]。

由引文內容可知乾隆十六年（1751）七月中旬福州、福寧、興化三府沿海各縣都遭颶風大雨，各縣及烽火營都先後稟報災情。其中霞浦、羅源等縣於七月初十首先遭受颶風侵襲。寧德縣於次日遭受颶風侵襲。侯官、閩縣、長樂、福清、連江、莆田等縣及福州省城於七月十四日始遭受颶風大雨，可以知道颶風行走的路線是由東北向西南沿著海岸各縣侵襲。福建巡撫潘思榘於七月二十五日束裝起程，由侯官、連江、羅源、寧德一路，親赴各災區視察。他指出連江縣雖被風雨，房屋瓦片，間有飄落，船隻稍有漂失，但田禾並無妨礙。同年八月二十二日，福建省布政使顧濟美具奏查明水災情形一摺所述內容相近。因米價騰漲，福建巡撫潘思榘遵旨勸諭富民出穀平糶。同年九月二十一日，潘思榘具摺覆奏，

---

3 《宮中檔乾隆朝奏摺》，第1輯（民國71年5月），頁256。乾隆十六年七月二十五日，福建巡撫潘思榘奏摺。

連江等縣紳士富室情願將所餘之米照依官倉減價平糴。

　　清朝皇帝為了鞏固政權，極力消除造成民變的因素，但他們關心民間疾苦，也是可以肯定的。直省地方大吏奏聞雨水收成的摺件，也因此屢見不鮮。例如雍正四年（1726）十月十三日閩浙總督高其倬具摺奏聞福建田禾雨水情形，原摺指出延、建、邵、汀四府所屬各縣稻穀都有十分收成，福州府各縣約有九分收成，但因連江縣秋雨過多，被水獨甚，其高田還有八分收成[4]。雍正五年（1727）十月二十六日，福建總督高其倬具摺奏聞福建各處晚稻收成情形，其中延平、建寧二府收成八分、九分不等，邵武府收成八分，福州府內連江、福清、長樂三縣收成九分多些[5]。乾隆年間，直省督撫多遵照部咨將年歲收成隨時具摺奏聞，然後再具題，交部科查察。例如乾隆十六年（1751）分閩省晚稻收成，是由署布政司事按察司按察使德舒冊報，然後由福建巡撫潘思榘具摺奏聞，其中福州府所屬各縣收成分數依次為古田縣十分，閩縣、侯官、屏南三縣九分，長樂、連江、閩清、永福四縣八分，福清、羅源二縣七分[6]。乾隆十八年（1753）三月二十八日，福建巡撫陳弘謀具摺奏聞通省麥收分數，其中福州府屬閩縣收成十分，連江縣收成七分，長樂、福清、閩清、永福等縣收成八、九分[7]。大致而言，雍正、乾隆時期，連江縣的稻麥

4　《宮中檔雍正朝奏摺》，第六輯（民國 67 年 4 月），頁 740。雍正四年十月十三日，閩浙總督高其倬奏摺。
5　《宮中檔雍正朝奏摺》，第九輯（民國 67 年 7 月），頁 189。雍正五年十月二十六日，福建總督高其倬奏摺。
6　《宮中檔乾隆朝奏摺》，第一輯（民國 71 年 5 月），頁 922。乾隆十六年十一月十七日，福建巡撫潘思榘奏摺。
7　《宮中檔乾隆朝奏摺》，第五輯（民國 71 年 9 月），頁 2。乾隆十八年三月二十八日，福建巡撫陳弘謀奏摺。

收成，約為八分，屬於較高產量地區。嘉慶以降，已減為七分以下，例如嘉慶二十年（1815）二麥收成分數為七分，早稻收成分數為六分。道光二年（1822），早稻收成分數為七分，道光十八年（1838）早稻收成分數為六分，歷年平均多在七分以下，說明連江縣稻麥生產量的遞減。

　　直省地方大吏多能遵旨改善民生，重視倉穀積貯。乾隆六十年（1795），清查案內，動支及民欠豁免等項，福建通省共應買穀二百一十四萬六千餘石，除歷年採買穀一百二十五萬餘石，尚未買穀八十九萬一千餘石，又另案普免民欠等項共應買穀四萬六千餘石。自嘉慶十四年（1809）以後，先後採買收穀九萬二千六百七十餘石。嘉慶十九年（1814）十月二十八日，據閩浙總督汪志伊奏報福建買穀石數，其中福州府屬的閩縣買穀六千石，侯官縣買穀四千石，長樂縣買穀三千石，福清縣買穀三千石，連江縣買穀一千五百石，屏南縣買穀三百石，閩清買穀一千石，永福縣買穀一千石，合計一萬九千八百石，其中連江縣所買穀石，約佔福州縣買穀石數的百分之八，反應連江縣的社會資源並不雄厚。

　　地方大吏奏報的範圍很廣，其中科舉考試的得失，頗受重視。例如福建巡撫、福建學政等人，對通省歲試、鄉試等項利弊，例應專摺具奏。嘉慶三年（1798），戊午科文闈鄉試，適逢恩詔廣額，士子應試踴躍，年屆七十以上隨班應試者共七十餘人，確實是科場盛事。其中蕭作肅是連江縣學附生，高齡八十二歲，三場試卷，都能完卷，文理明順，字畫端楷，精神矍鑠，步履康強，可惜榜發後，未經中式[8]。福建學政汪

8　《宮中檔》，第 2706 箱，34 包，4255 號，嘉慶三年九月十三日，福建巡撫汪志伊奏摺。

潤之具摺指出，福州府閩、侯二縣士子聞見較多，文風最盛，士習亦優。其餘各縣文風較遜，士習間有未醇者。福建學政吳孝銘於道光十六年（1836）七月二十七日在福州府辦理科考，查出懷挾情弊後，即行掣卷懲治。其餘因筆跡文理不符者，則予扣考，其中連江縣扣除陳俊一名。此外，林煥藜一名，則因默寫正場文字不符，亦被扣除[9]。這些資料為研究清代科舉考試，提供了重要的第一手史料。

　　控訴案件是地方官司空見慣的地方事宜。道光中葉，連江縣辦理民人黃締慶被控吞欠會錢一案，頗受注意。道光皇帝頒降諭旨，將擅受民詞的連江縣典史楊應元革職，不即揭報的連江縣知縣龍光輔解任，恃符藐玩的連江縣舉人黃廣居斥革，俱交閩浙總督鍾祥等親提全案人證嚴訊確情，分別按律辦理。閩浙總督鍾祥等遵旨親提人證逐一嚴訊。節錄舉人黃廣居藐玩緣由如下：

> 緣黃廣居籍隸連江縣，由廩生中式道光辛卯科本省鄉試舉人，與族叔黃締慶同村居住，道光十三年四月間，有民人朱敦任乏錢使用，商同親友楊支通等及黃締慶之母舅林月楨一共十四人，合成錢會一個，先歸朱敦任收錢，其餘鬮定先後，挨次輪收，每次每人各出錢三千文。嗣林月楨收得後旋即病故，其妻倪氏託黃締慶作保擔認。十六年五月，輪應楊支通收錢。倪氏無力措交，楊支通向黃締慶催討無還。是月十六日，以黃締慶吞欠會錢等詞，赴典史衙門控告，該典史楊應元票差林喜、游忠傳審未到。七月初十日，黃締慶為

9　《宮中檔》，第 2706 箱，34 包，4255 號，嘉慶三年九月十三日，福建巡撫汪志伊奏摺。

黃廣居挑穀糶賣，得錢九百文，適被捕差林喜等撞見拉住。黃締慶恐到案喫虧，自將糶穀錢文送給林喜、游忠收受，囑為照應。林喜等即帶黃締慶赴署，經該典史查訊，因黃締慶不認欠錢，暫交差役陳長、游全帶至二門外差房看管，催傳原告質訊。十一日，黃廣居聞知前情，前往差房向黃締慶索取雜穀錢文。黃締慶無錢償還，因林喜等不能照應，仍然被押，隨捏稱錢被捕差奪去。黃廣居信以為實，聲言捕差不應奪錢拘人，闖入署內，欲見捕官。門丁陳忠經見，將其拉出大堂。黃廣居生氣，復至差房，聲稱捕官不應濫押民人，自將黃締慶帶走。看役陳長、游全喊同陳忠攔阻，彼此爭罵。時有黃廣居族人黃廣厚、黃德權、黃廣瑞、黃掌修與附近民人在外觀看，人多擁擠，致將差房籬壁，擠壞一片。典史楊應元聞鬧，出外吆喝，見黃締慶乘間欲逃，自將黃締慶髮辮揪住，黃廣居畏權走回，觀看之人均亦各散。楊應元將黃締慶交差解縣，一面以舉人黃廣居率眾毀房毆辱等情，稟縣究辦。該縣龍光輔正值下鄉，門丁魏四未敢將黃締慶私自管押，即著縣役楊華交保劉蓮子保領候訊，黃締慶旋即在保脫逃，楊華與劉蓮子因恐跟交拖累，起意捏作黃締慶一名解至頭門被不識姓名人奪去；做就稟詞，同向魏四哀求照應。魏四以本官未知此事，當即應允，將稟詞收受。嗣該縣龍光輔回署，代為轉遞，有廩生陳鴻英因與黃廣居素好，先至典史衙門代求息事，楊應元不允，陳鴻英復向黃廣居通知，黃廣居正擬具控，將呈稿給看，陳鴻英囑令添捏，被門丁喝毆受傷等詞

控縣[10]。

　　前引內容，是研究福建民間標會及地方吏治的重要史料，所謂「錢會」，就是一種互助會，但因會員間有倒會者，以致輒起爭執，胥役從中收受錢文，舉人、廩生往往捲入是非，從所引內容，也可以得知道光十七年（1837）五月間，連江縣知縣是龍光輔、典史是楊應元。黃廣居是舉人，陳鴻英是廩生，林喜、游忠等人是捕快，陳長、游全是差役，陳忠、魏四是門丁。從閩浙總督鍾祥等奏摺，也可以反映連江縣黃廣居等人聚族而居，族人眾多。

　　州縣徵收地丁錢糧，例應隨徵隨解，不准絲毫壓留，稍有短缺。署連江縣候補府經歷瞿塽因短解道光三十年（1851）分地丁銀八千九百六十餘兩，耗羨銀一千八百二十餘兩，於咸豐元年（1851）六月二十八日經閩浙總督裕泰具摺特參，請旨摘去頂帶，勒限兩月完解[11]。纂修縣志，人物志及職官志，都是不可或缺的重要部份，地方大吏對連江縣人事的異動，多有奏報，其奏摺就是搜集人物事蹟的最主要資料來源。

東岱、浦口的海防史料

　　現藏《軍機處檔》，除了各種檔冊外，《月摺包》的件數，也相當可觀。其中涉及連江縣地方情形的資料，頗為廣泛，本節僅以連江營遺失砲位一案為例，說明《月摺包》的史料價值。東岱、浦口二汛，歸連江營管轄，各設砲台，因遺失砲位，於乾隆五十三年（1788）七月間，經閩浙總督李侍堯參奏，奉旨：「必須徹底究訊，從嚴辦理，著將守備柴必魁革

10　《宮中檔》，第 2726 箱，4 包，979 號，道光十七年五月二十二日，閩浙總督鍾祥奏摺。
11　《宮中檔》，第 2709 箱，5 包，806 號，咸豐元年六月二十八日，閩浙總督裕泰奏摺。

職拏問，提同千總許明陞、署千總林為邦及看守砲位之兵丁
嚴審定擬具奏。」經調任總督福康安到任後，因守備弁兵屢
經嚴訊，總無確供。飭營縣嚴密訪查，福康安後來調任兩廣
總督。覺羅伍拉納接任後，拘齊各要犯，率同司道府等員逐
一隔別審訊，並於乾隆五十四年（1789）三月二十四日具摺
奏聞辦理情形，節錄原奏所述失砲緣由如下：

> 緣連江縣東岱堡地方，為內港緊要門戶，該堡駐劄守
> 備一員，把總一員。離堡五里，設砲台一座，安砲六
> 位。又過江八里至浦口寨，安砲四位。兩處砲台各撥
> 兵十名看守，因預備征台兵丁，每處挑去四名。東岱
> 止存兵孫顯、蘭景韶、林坦、趙光璧、郭志鼎、林得
> 興六名。詎署連江營千總林為邦於乾隆五十三年正月
> 初三日兼署東岱汛把總，私將蘭景韶、林坦派作跟丁
> 役使，趙光璧等俱各生理，懇求該革弁免差，每月各
> 繳錢三百文給林為邦收用。其浦口汛務，先係原署東
> 岱把總黃金印於五十二年十二月初三日兼管，該革弁
> 長在東岱堡，亦將浦口兵丁趙棟、陳世爵、林履錦留
> 在東岱役使，餘兵吳明患病回家，僅令陳高、徐必得
> 守汛。陳高等因無該弁駐劄稽查，即各自回家，以致
> 兩處砲台空虛，而洋盜得以起意偷竊之緣由也。時有
> 陳四舵盜船常時出洋行劫，探知浦口砲位無人看守，
> 主令盜夥莊聯增、余學學、邱士連等進口偷竊。五十
> 二年十二月二十四日，余學學等僱坐杜元灼小船入
> 口，並與說明，令其裝砲出口，杜元灼同水手鄭可馥、
> 馮孝登俱各允從。莊聯增有兄莊十一指，住居離汛不
> 遠，該犯等先至莊十一指家中告知情由，囑其相幫酬

謝，莊十一指留養晚飯。是夜二更，一同攜帶繩檣，潛往浦口，偷取鐵砲一位，抬赴杜元灼小船出口，盤上陳四舵大船，陳四舵給番銀三十圓，莊十一指等四犯，每人各分六圓，杜元灼、鄭可馥、馮孝登，每人各分二圓，莊十一指仍坐杜元灼小船入口登岸而散。另有洋盜鬍弟見陳四航船中砲位，詢知來由，亦託莊聯增帶同該船盜夥憝黨李春香於五十三年正月十三日駕駛杉板小船進口，復至莊十一指家商竊東岱之砲，莊十一指應允，又邀素識之陳淑泰幫抬。是夜，一共五人，齊赴東岱，竊取鐵砲一位，抬上小船，運至鬍弟大船，鬍弟亦給番銀三十圓，四人各分六圓，給陳淑泰六圓，莊十一指、陳淑泰登岸各散，此浦口、東岱兩處失砲之原委也[12]。

由引文內容可知連江縣連江營東岱、浦口等汛，武備廢弛的嚴重情形，海盜出入，如入無人之地，所安砲位，可以任意竊取。兩處砲台，雖然各撥兵十名看守，但因先後被挑去，或派作跟役，或患病回家，或經營生理，以致形同虛設。閩浙總督覺羅伍拉納等具摺指出，東岱、浦口兩處所失之砲，較大於羅源營濂澳、虎尾二汛，竊取甚屬不易，莊十一指等雖然供認塘汛無人，夜間竊取，但他懷疑是兵與盜通，盜為兵諱，且恐備弁兵丁串通一氣，互相隱匿。但據千總林為邦等供稱，東岱砲台離堡五里，浦口砲房與東岱間隔一江，相距稍遠，不曾於砲台往來巡查，其兵丁除東岱賣放役使之外，

12　《軍機處檔‧月摺包》（臺北，國立故宮博物院），第 2778 箱，167 包，40063 號，乾隆五十四年三月二十四日，覺羅伍拉納奏摺錄副。

已無兵供役。浦口一汛，只有陳高、徐必得二名，然而亦不在汛，以致砲位失竊。另據汛兵陳高等供稱，浦口砲台冷靜，汛官既不駐箚，汛兵陳高就沒有過去上宿。閩浙總督覺羅伍拉納等審擬此案時，遵旨從嚴辦理。千總林為邦等擬斬，恭請王命，先行正法，水手鄭可馥等擬立決，汛兵陳高等分別發遣為奴。原摺於乾隆五十四年（1789）四月十二日奉硃批：三法司核擬速奏。同日，刑部、都察院、大理寺遵旨核擬覆奏，大體維持原擬，惟署東岱守備許明陞、把總黃金印，俱從重發往新疆充當苦差，署遊擊守備柴必魁發往新疆效力贖罪[13]。但海盜陳四舵等多名逃逸未獲，反映福建沿海地方海防的疏失及海盜的猖獗。

乾嘉期間馬祖列島的海盜活動

明清時期，我國沿海州縣及附近島嶼，都成為海盜騷擾劫掠的目標，對當地社會生活，造成了重大的破壞作用，連江縣境內及馬祖列島，同樣都不例外。臺北國立故宮博物院現藏檔案中涉及海盜的資料，為數相當可觀，本節僅以《宮中檔》閩浙總督、福建巡撫奏摺為例，說明海盜盛行的情形。乾隆十八年（1753），閩浙地區，因疫氣流行，舵水星散，有些船戶因無本行駛，往往起意為盜。例如晉江縣商船戶丁一有小商船一隻，牌名丁源興，糾邀四十五人，於是年四月十九日二更時分，將商船駛至水圭腳外洋，截劫廣東潮州陳和順、徐發利二船番銀、羅布、磁器、衣服等物，連船鑿沈大洋，溺斃十二人。丁一將所劫磁碗駛往連江縣販賣。五月初三日，丁一商船在崇武打水後駛至連江縣，將磁碗發賣，換

13　《軍機處檔‧月摺包》，第 2778 箱，4 包，40057 號，乾隆五十四年四月十二日，大學士管理刑部事務阿桂等奏摺。

買油籽豬隻回船。六月初三日返回溪邊汛後被拏獲，解交晉江縣審訊，同年十一月二十七日，閩浙總督喀爾吉善等具摺奏聞辦理情形[14]。

　　嘉慶年間（1796-1820），福建沿海，海盜更加猖獗，竿塘洋面，海盜肆毒，福建督撫、將軍相繼奏報。竿塘分為南竿塘即馬祖島、北竿塘即長岐山，此外，還有東犬島、白犬島，東沙島等列島，都是海盜經常出沒的島嶼。例如嘉慶二年（1797）七月初七日，閩浙總督魁倫具奏〈為海盜著名盜首李發枝經官兵圍拏緊急帶領盜夥船隻砲械投出緣由〉一摺，詳細開列船隻、砲械、盜夥數目，原摺指出李發枝率領投首盜船三隻，盜夥一百五十三名，大砲二門，九節砲八門，火藥三箱，鉛子四桶，刀鎗器械共一百七十七件，大刀一把，手鏢一盒，籐牌十九面，火罐火號三十九件，大小旗幟二十三面，分別交管配用。原摺也摘錄李發枝供詞，節引如下：

> 李發枝供稱：年三十三歲，原籍浙江平陽縣人，本生父母早故，並無兄弟，幼過繼與福建福鼎縣民人李世彩為子，平日捕魚為業。自乾隆五十八年間出洋為匪，在閩浙各洋面行劫，不記次數，併據供認行劫琉球國貨船，浙省官米，併隨同安南盜匪在閩省東沖、定海二汛搶劫砲位不諱。後因官兵查拏嚴緊，於六十年十二月逃往安南躲避，並繳出得受安南盜首大頭目所給執照一張，木戳一個，又執照五張呈驗。本年五月間，帶同來首之李喜五、林阿六併被官兵拏獲之陳阿包、張仁扳等甫自安南竄回內地，沿途擄掠夥伴，劫佔船

14　《宮中檔乾隆朝奏摺》，第六輯（民國 71 年 10 月），頁 876。乾隆十八年十一月二十七日，閩浙總督喀爾吉善等奏摺。

隻。同幫共有十二船，在白犬洋面，被官兵擊沈一隻，拏獲七隻。又在竿塘洋面被官兵拏獲一隻，僅存三隻，乘風逃竄至烽火門洋面，見有官兵在彼截拏。小的自思原是良民，實因一時糊塗，聽從為盜，以致身犯重罪，在洋苟延時日，終難漏網。今蒙皇上恩典，凡有投首人等，均獲免罪，是以帶領同夥船隻赴官投首[15]。

由引文內容可知李發枝盜船出沒於白犬洋面、竿塘洋面等處，行劫琉球貨船、浙江官米等項。

嘉慶六年（1801）九月二十八日，閩浙總督玉德等奏摺指出，「據海壇鎮倪定得稟報，蔡牽自浙竄閩，有溫州鎮胡振聲跟追南來，當即會同探蹤，追捕至南竿塘一帶，瞭見盜船向外洋逃竄[16]。」南竿塘就是馬祖島，當兵船追捕到南竿塘時，蔡牽等已經逃竄。嘉慶七年（1802）二月二十五日，閩浙總督玉德、福建巡撫李殿圖會銜奏聞辦理海盜情形，節錄一段內容如下：

據海壇倪定得、溫州鎮胡振聲、護閩安協副將陳名魁、水師營參將羅江太稟報，探聞蔡牽盜船潛匿南竿塘一帶洋面，隨即會商分幫搜捕，溫州鎮兵船由內洋過南；閩幫兵船由外洋過北，均於竿塘會齊。溫州鎮胡振聲所帶兵船先抵竿塘洋面，瞭見有小船遊奕，行蹤詭秘，知為蔡牽探船，隨督兵船奮勇前進，突有盜船三十餘隻從南竿塘駛出，兵船開放鎗砲，奮力追趕，盜匪亦放鎗砲拒敵，且戰且走，追至白犬外洋，海壇鎮倪定

---

15 《宮中檔》，第 2706 箱，20 包，2851 號，嘉慶二年七月初七日，閩浙總督魁倫奏摺。

16 《宮中檔》，第 2712 箱，50 包，6258 號，嘉慶六年九月二十八日，閩浙總督玉德等奏摺。

得、護閩安協陳名魁、督標水師營參將羅江太各率舟師從上壓下遏其去路。該匪等見兵船駛來，膽敢返篷拒捕[17]。

由引文內容可知嘉慶年間馬祖列島成為海盜潛匿的島嶼，蔡牽潛匿南竿塘及馬祖島的船隻，為數尤夥。當兵船追剿南竿塘洋面海盜時，由南竿塘駛出的盜船，就多達三十餘隻。

嘉慶十三年（1808），連江縣生員歲考違例案，也反映了沿海不靖的背景。是年六月初四日，福建學政葉紹本歲試福州府生員，其中連江縣學附生吳直，並未作文，而於試卷內混寫地方事宜，譬如所稱海盜氣未稍挫，詞未稍屈，並於沿海之地，但收船戶常例，交易不苟，官軍沿海剽掠，席捲一空甚至將帥大吏方有所謀，奸民先已通風宣播。又稱將帥所獲，皆非真賊，特百姓之與賊往來者，誣以為賊，一斬則百餘人，知者為之痛心，如此自削其聲勢，雖更遲十餘年，終無滅賊之日，徒以竭天下之財等，都涉及海盜及軍情問題。福建學政葉紹本將附生吳直斥革，移送總督審訊。閩浙總督阿林保等將吳直親加訊問後，於同年六月十三日具摺奏聞辦理情形，原摺摘錄供詞要點，節錄其供詞內容如下：

據供：蔡逆賊船，從前有一百多號，今被官兵屢次攻擊，僅剩三船，逃往粵洋，係屬詭計。朱濆賊船，從前五、六十號，今止二十餘船，亦是誆人。是賊氣雖挫，實未嘗挫，賊詞雖屈，實未嘗屈。至賊匪於沿海地方收船戶規例，係在沿海教讀，親見其事。與賊交

17 《宮中檔》，第 2712 箱，50 包，7482 號，嘉慶七年二月二十五日，閩浙總督玉德等奏摺。

易，皆商賈細民，不可勝言。其擄掠百姓，幫幫兵船，無不如是，不知其為何幫？兵船亦不知其統領員名。再將帥有謀，先通風於賊者，係將帥賊中人；大吏有謀，先播於賊者，係省城之名。所有數年來官兵拏獲之賊，特一、二賊船被逆風所打陷於泥濘之中不能得出，故被拏獲，其餘賊船，皆秋毫無損。至於通盜之人，彼所貪者財物，未至傷人，若概指為賊夥而誅之，民心恐有不服。但拏通盜奸民，而奸民不可勝誅，徒是枝葉工夫，本源上全未加意，豈不自削其聲勢。聞得官兵出洋口糧，每日需銀四、五千金，今已十餘年，豈不徒竭天下之財[18]。

　　附生吳直供詞已反映了福建地方積弊，連江縣及馬祖列島民人接濟盜船水米火藥，固為貪財起見，然而兵船形同盜船，擄掠百姓，虛報戰功，對海盜未能給與致命打擊，所以兵連禍結，沿海居民，遂致生靈塗炭，探討海盜猖獗的原因，不能忽視附生吳直的試卷及其供詞。閩浙總督阿林保、福建巡撫張師誠具摺時，將海盜猖獗，歸咎於沿海居民的通盜濟匪，例如連江縣人林夏蓮以糕餅等物賣給盜船，其餘各犯分別以火藥、船篷、米穀等物，接濟盜船[19]。

　　《宮中檔》奏摺、《軍機處檔・月摺包》奏摺錄副，主要是來自地方大吏，含有既珍貴，又豐富的地方史料，對地方史及區域史的研究，提供了不可或缺的第一手史料。由於奏摺內容較翔實可信，奏摺範圍亦較廣泛，有其權威性及客觀

18　《宮中檔》，第 2724 箱，70 包，11222 號，嘉慶十三年六月十三日，閩浙總督阿林保等奏摺。

19　《宮中檔》，第 2724 箱，68 包，10484 號，嘉慶十三年四月十三日，閩浙總督阿林保等奏摺。

性，可以擴大地方史或區域史研究的視野。由本文所舉例子，可以了解連江縣及馬祖列島的地方事宜，包括：雨水收成、人民生計、倉穀積貯、科舉考試、控訴案件、人事異動、汛口海防、海盜滋擾等等的真實動態，可以掌握精確的歷史時間和歷史空間，反映歷史舞臺上所扮演過的種種角色，可以重建歷史輪廓。

故宮現藏各類檔案的整理，主要是採取編年體的方式，進行編目，有關連江縣及馬祖列島的檔案，都散見於各類檔案，搜集工作，頗需時日。現存檔案，只是文獻館南遷文物的一部份，缺乏完整性，以致對連江縣及馬祖列島的研究，不免有支離破碎之感，但累積片斷資料，亦不失為發掘檔案的基礎工作，結合海峽兩岸的現藏檔案，掌握完整的歷史檔案，科學地有效地利用海峽兩岸現藏第一手史料，輔以官書典籍及田野調查資料，整理彙編相關研究資料，尊重客觀的歷史事實，有系統地利用完整的資料，方能使我們的地方發展史研究工作具有學術價值和生命力。

抗日遺址

——義民與士林芝山岩事件

甲午之役，清廷割讓臺灣後，臺胞抗日壯舉，接踵而起，其中最為日本政府重視而神化之者，蓋士林芝山岩事件。

日軍領臺後，在芝山岩的惠濟宮設置日語傳習所，推展日化教育。各地義民群起反抗，在芝山岩襲擊日本學務部官員，爆發「芝山岩事件」，震驚中外；義民的忠烈精神，永垂青史。

▶晚清時期臺灣官兵手持刺槍的模樣。當日軍依馬關條約登臺後，臺灣無論官兵士庶，粵籍、閩籍、原住民等，皆團結一致，誓不接受日人統治，並準備抗爭到底。

芝山岩地名由來

士林，舊名八芝蘭，又作「八芝蓮」，間亦作「八前籃」，或「八前林」，俱係同音異譯，語出麻少翁社方言，意即「溫泉」，為北部臺灣之通稱，嗣又簡稱「芝蘭」。而芝山岩則為一圓形丘陵，獨峙平疇，俗名「圓山仔」，奇岩攢湊，林木蓊鬱，蘭花叢生，景緻幽雅，尋以芝蘭街之名，復稱芝蘭山，其後所建山堡，即名芝蘭堡。

相傳有漳州人黃澄清將其攜來之香火掛於山上樹梢而去，行人祈求，無不靈驗，乃由黃姓地主奉獻土地，以備建廟。乾隆十六年（1751），公

▶芝山岩西隘門。芝山岩隘門建於清道光五年，為福建漳州籍住民所修築的防禦性堡壘，純用石材，堅固壯觀，原有東西南北四座，今僅留西隘門，為三級古蹟。

推紳耆吳慶三為董事，籌建惠濟宮，奉祀開漳聖王。翌年十二月興工，二十九年（1764）四月竣工，砌以石道，直達山門，《臺北縣志》誤繫於乾隆五十三年。廟既成，乃取漳州紫芝山之名，而易芝蘭山為芝山。乙酉年，於芝蘭堡隘門題曰「芝山岩」，「芝山獨峙」遂為芝蘭八景之一。縣志謂圓山仔狀若漳州芝山，故名芝山岩，似屬臆斷之詞。

惠濟宮成為學務部

道光五年（1825），惠濟宮為風雨所蝕，由首事何宗泮倡議整修。道光二十年（1840），紳耆潘定民於宮後擴建文昌祠，設館課塾，教授漢文，詞人雅士，亦時會於此。同治十年，紳耆潘永清以惠濟宮日久傾頹，籌款翻建層樓。

傳說入夜之後，自層樓遠望艋舺市街，萬家燈火如在眼中，而每當朔望，惠濟宮點燃琉璃燈時，則艋舺必遭失火之厄。光緒十四年（1884），惠濟宮燬於火。十六年（1890），由紳耆魏炳文、林有仁、潘盛清等募款籌建，於原址稍西處興工重建，分前後兩殿，前殿祀開漳聖王，後殿祀觀音佛祖，後殿層樓為文昌閣，祀文昌帝君，香火頗盛。

　　光緒二十一年（1895）四月，煙台換約後，日本以樺山資紀為首任臺灣總督，二十七日，於民政局內設學務部，以伊澤修二為代理學務部長。六月初一日，學務部遷至惠濟宮，並籌辦日語傳習所，以楫取道明、安積五郎、三宅恆德、關口長太郎掌庶務，井原順之助、中島長吉、桂金太郎任教務，平井數馬充舍監，招生入學。

　　截至八月初二日，共計招收二十一名學生，依入所先後，別為三組：甲組為柯秋潔、潘光儲、陳兆鸞、潘光明、潘迺文、潘光楷六名；乙組為朱俊英、葉壽松、邱龍圖、張經、張栢堂、郭廷獻、吳明德、劉銘臣八名；丙組為林隆壽、施錫文、易錫為、柯秋金、柯秋江、吳文明、施錫輝七名；並以井原順之助、中島長吉、桂金太郎分授各組課程，積極展開日化教育，企圖消滅臺灣人的民族意識。

　　同年九月初二日，第一期日語傳習生甲組柯秋潔等六名，乙組朱俊英一名，合計七名結業。是時，伊澤修二亦因事返日。

▶芝山岩的惠濟宮。該廟始建於乾隆十七年，主祀開漳聖王，前後歷經多次翻修，目前外貌十分嶄新，為三級古蹟。

義民進攻芝山岩

　　日軍領臺後，各地義民群起抗日，誓與寶島共存亡。光緒二十一年（1895）十一月十六日，大屯山、觀音山舉火為號，進攻臺北、滬尾的日軍，深坑義民首領陳秋菊、平鎮義民首領胡阿錦，各率部眾數百人抵達臺北南門外，宜蘭、枋橋（今板橋）、錫口（今松山）、金包里（今金山）、芝蘭等地義民同時響應。

▶《點石齋畫報》所繪劉永福率黑旗軍抗日的情形。當日軍登陸臺灣後，巡撫唐景崧即自組「臺灣民主國」，劉永福亦渡海來協助，並被封為「大將軍」，各地義民見狀，遂紛紛響應。

　　十一月十七日，即日本明治二十九年元旦，清晨七時，楫取道明等六人，同赴總督府賀年，行至基隆河渡船場，始知事態嚴重，乃遄返芝山岩。是日將近正午時刻，舊街、洲尾、湳雅、牛卓坑等地義民，以賴昌為首，撲向芝山岩，斬楫取道明、關口長太郎、中島長吉、桂金太郎於山前，並棄屍田中。井原順之助、平井數馬沿雙溪河逃至舊街河旁，經頑強抵抗後伏誅，棄屍溝中，校工小林清吉則奔至日後的士林公學校前被殺。

日軍十七人自臺北來援，義民迎擊，殲滅十六人於基隆河畔，僅逸其一。學務部設備，包括圖書儀器等，俱經搗毀，日語傳習所暫時關閉。

◀學務官僚遭難之碑。臺灣光復後曾遭破壞，至今仍可見毀壞的痕跡。

碑石：歷史的見證

事後，日軍報復甚慘，因搜賴昌不獲，而焚其居。二月初四日，捕殺陳苗，又遷怒士林保良分局主理潘光松，酷刑逼供，因無所獲，於二月十一日被處決。日人的日化政策，推行僅數月，即被徹底摧毀，朝野震驚。

日本政府為紀念死事日人，於惠濟宮左後方樹立碑石（該碑今位於雨農圖書館前方），碑文由日本內閣總理大臣伊藤博文撰書，題為「學務官僚遭難之碑」，碑高一丈三尺，寬二尺，厚一尺六寸；復建神社，規定每年二月一日為祭祀日，日本總督以下文武各官及教職員學生，相率膜拜，目為聖地。

惟臺灣同胞源出中原，來自閩粵，凜於春秋之義，不甘被日化，終日治五十年間，揭蘗義旗，武裝抗日，此仆彼起，民族氣節，益見踔厲。

民國三十四年（1945）臺灣光復後，即拆除該地神社，闢為芝山公園，整修洞天岩、古城門、蛇蛙石（原名蛤仔石）、觀稼崗、大象石、石頭公（原名五鬼石）、蝙蝠洞、石馬等八景，並建雨農圖書館，以紀念戴笠將軍，全山煥然一新，遍地綠茵，處處亭台短凳，以供遊人憩息。

第一屆國民大會第二次會議，決議褒揚抗日義士，並誌其事蹟，在民國四十七年（1958）另樹新碑於雨農圖書館前方（該碑今位於雨農圖書館後方），碑文為楊卻俗先生所撰，抗日始末則多得自昔年日

▸芝山岩事件碑記（又稱抗日紀念碑）。為民國四十七年所建立，主要紀念當時在芝山岩犧牲的臺灣軍民。

語傳習所學生潘光楷、吳文明兩位耆宿口述。恭讀碑文，往事歷歷，如在目前。舊修縣志，語焉不詳，記載紕繆，先民一頁抗日史實，遂爾湮沒不彰。眺望遠景，緬懷忠烈，仰止彌深。

芝山岩學務部

芝山岩學堂

芝山岩隘門

芝山岩神社

軫恤海疆

——清代臺灣自然災害及賑災措施

　　近數十年來，海峽兩岸由於檔案資料的不斷發現與積極整理，使清代史的研究，逐漸走上新的途徑，清代臺灣史是清代史中不可少的一部分，現藏上行文書及下行文書中含有頗多清代臺灣史料。其中閩浙總督、福建巡撫、福州將軍、福建布政使、福建水師提督、福建臺灣鎮總兵官、臺灣道、巡視臺灣監察御史及給事中等人的奏摺原件、錄副抄件，以及題奏本章中，其涉及臺灣自然災害的檔案資料，為數相當可觀，本文僅就已經整理的現存檔案資料，考察清廷領有臺灣期間，臺灣地區所發生的自然災害現象及政府的賑災措施。

地震災害及賑恤措施

　　清朝地方大吏認為臺灣因為地土鬆浮，所以時有地震，稍動輒止，習以為常。其實，臺灣位於環太平洋地震帶上，是一個具有地槽和島弧雙重地質特性的島嶼，在構造上屬於一個活動地帶，造山作用極為活躍，地震發生的頻率較高，災害頻仍。從清朝領有臺灣至臺灣割讓於日本為止，其間經常有大小幅度的地震，多見於官書、方志的記載。例如康熙五十年（1711）九月十一日戌時，彰化、諸羅（嘉義）、臺灣、鳳山及淡水廳等縣廳地震，民房、倉廠，坍塌甚多。康熙五十九年（1720）十月初一日，諸羅、臺灣、鳳山三縣地震，

災情以諸羅為較重。同年十二月初八日，又發生強烈地震，連續十餘日，房屋傾倒，壓斃居民，施琅祠亦損毀。雍正八年（1730）七月初十日，臺灣發生地震。同年八月初十日，又發生地震。雍正十三年（1735）十二月十七日丑時（上午一點至三點），彰化、諸羅、臺灣等縣發生大地震，歷時頗久，坍塌民房五百五十六間，傾斜二百三十五間，壓斃男婦大口一百六十四人，小口一百零二人，壓傷男婦大小口一百二十人。乾隆十九年（1754）四月，淡水發生大地震，毛少翁社陷入大海中。乾隆三十九年（1774）三月，臺灣南部發生強烈地震。乾隆五十年（1785）六月，鳳山縣港東里地震，連續數次。乾隆五十七年（1792），臺灣發生大地震。據《重修臺灣省通志》記載，是年六月，臺灣郡城地震。翌日，嘉義大地震，損壞房舍，繼之以火，死者多人[1]。同書〈土地志自然災害篇〉記載是年六月二十二日，臺灣南部、中部地震，嘉義、彰化災情較重，鳳山、臺南次之。共倒壞瓦房二萬四千一百四十九間，草房九百五十三間。壓斃男婦大口五百四十七名，小口六十一名。壓傷男婦大口六百一十一名，小口一百二十九名[2]。現存檔案中含有福建水師提督兼臺灣鎮總兵官哈當阿、福建臺灣道楊廷理奏摺抄件，對臺灣地震情形，奏報頗為詳盡，可資比較。

　　乾隆五十七年（1792）六月二十二日申時，臺灣府城地震，災情嚴重。總兵官哈當阿、臺灣道楊廷理即飭委員弁分赴城廂內外查勘。申時是地支的第九位，下午三點鐘至五點

1　《重修臺灣通志》（南投，臺灣省文獻委員會，民國83年6月），卷一，大事記，頁153。
2　《重修臺灣省通志‧土地志自然災害篇》，（臺灣省地區儀器觀測以前之地震災害表），頁36。

鐘。據所委員弁報告，府城倒壞民房五十四間，所幸地震的時間發生在日間，人多奔逸，僅止傷斃男婦三人。據臺灣、鳳山二縣稟報，倒壞民間瓦房五十六間，壓斃男婦大口四名。鳳山縣阿公店街倒壞營房三間，店屋三間，阿里港街坍倒草屋八間。據嘉義縣稟報，二十二日未申時，連次地震，申末尤甚，東西北三門倒壞民房十分之八，南門倒壞民房十分之四，人口俱有壓斃。據統計，嘉義城鄉共坍塌民間瓦房一萬四千四百二十六間，倒壞草房四百三十八間，壓斃男婦大口三百十二名口，小口三十九名，壓傷男婦大小共四百十四名口。塌倒各汛營房一百八十一間，壓斃兵丁一名，壓傷兵丁十八名。據彰化縣稟報，二十二日未時，地震數次，其勢甚重，文武衙署民房坍倒十居其六。彰化縣自從乾隆五十一年（1786）林爽文起事之後，民間新建房屋，大都建築泥土牆垣，木料細小，易於倒壞，災情頗重。據統計，彰化縣城鄉共坍塌民間瓦房九千七百二十三間，倒壞草房五百零七間，壓斃男婦大口三百三十人，小口二十二人，壓傷男婦大小口三百二十六人。倒塌各汛營房一百七十八間，壓斃兵丁五名，壓傷兵丁二十三名。合計彰化、嘉義、鳳山三縣震倒各汛卡兵房三百六十二間。就災情而言，嘉義、彰化二縣，近山村莊災情較重，沿海各莊稍輕。官府賑災撫卹方面，臺灣、鳳山二縣倒壞民間瓦房五十六間內，除查明有力之家計瓦房三十五間，未予撫卹外，其餘二十一間，俱得到撫卹。嘉義縣坍塌瓦房一萬四千四百二十六間內，除抄封翁雲寬、楊文輝、林爽文各案入官房屋二百六十八間及查明有力之家及尚未全倒房屋計九千九百七十二間，未予撫卹外，其餘瓦屋四千一百八十六間，俱得到撫卹。彰化縣坍塌瓦房九千七百二十三

間內，除抄封翁雲寬、楊光勳、林爽文各案入官房屋五十三間及查明有力之家和房屋尚未全倒計五千九百一十九間未予撫卹外，其餘倒壞瓦房三千七百五十一間，俱得到撫卹。其撫卹金的發放情形，所有震倒民間瓦房，每間給銀五錢，草房每間給銀二錢五分。至於壓斃人口，無論男婦，每大口給銀一兩，小口給銀五錢[3]。鳳山、嘉義、彰化三縣地震倒塌兵房三百六十二間，自嘉慶七年（1802）八月初三日興工修建，至同年十月初一、二等日完工，在府庫備公項下共用過工料銀五千一百七十七兩一錢六分九釐[4]。

　　嘉道時期，臺灣也是地震頻仍，據志書記載，嘉慶十一年（1806）十月，臺灣發生大地震。嘉慶十五年（1810）十一月，臺灣北部發生大地震。嘉慶二十年（1815）六月初五日，噶瑪蘭地震多次，牆屋傾倒。艋舺龍山寺因大地震，除佛堂外，其他建築物悉皆倒壞。同年九月十一日夜九、十時，臺灣大地震，嘉義以北，災情較重，倒塌瓦房一百四十四間，壓斃男婦大小口一百一十三人。道光三年（1823）正月初三日夜間，臺灣發生強烈地震。道光十三年（1833）十一月初三日，淡水地震，數日始止。道光十九年（1839）五月十七日，全臺灣發生大地震，嘉義、臺灣府城災情甚重。《重修臺灣省通志・土地志自然災害篇》記載是年五月十七日、十八日地震，在嘉義每日皆有一、二十次大震，餘震持續有一個月之久，嘉義、臺南災情嚴重，共倒壞民房七千五百一十五

3　《明清史料》（臺北，中央研究院歷史語言研究所，民國 61 年 3 月），戊編，第五本，頁 434。乾隆五十七年八月二十三日，兵部為內閣抄出福建水師提督兼臺灣鎮總兵官哈當阿等奏摺移會。

4　《明清史料》，戊編，第九本，頁 891。嘉慶十二年三月十二日，工部題本。

間，壓斃大小口一百一十七名，壓傷六十三名。現藏檔案中含有署理閩浙總督魏元烺、福建巡撫吳文鎔等人奏摺抄件，可供參考。

　　署理閩浙總督魏元烺、福建巡撫吳文鎔等具摺指出，道光十九年（1839）四月二十六日以後，臺灣霖雨兼旬。同年五月十七日辰刻（上午七點至九點）及十八日丑刻（上午一點至三點），臺灣府城地震兩次，災情較昔嚴重。據臺灣縣知縣裕祿查勘城郭內外官民署舍，都已坍壞。據嘉義縣知縣范學恆稟稱，五月十七日辰刻，嘉義地帶忽大震，十八日丑刻復震，城垣衙署、監獄、倉廠，以及兵民房屋，無不傾倒，傷斃人口頗多。臺灣鎮總兵官達洪阿等前往嘉義縣查勘，行至四十里的茅港尾，見民房倒塌數間，往北行走，愈遠愈重。抵達嘉義縣城後，看見礫瓦棟樑填衢塞路，立即會同嘉義縣知縣范學恆等先赴城垣查勘。其中東西北三門月城樓及窩鋪填房，俱已倒壞，城身坍塌六丈有餘，城垛僅存四百二十九堆，計倒九百八十一堆。文廟前後左右一帶圍牆，各有歪斜倒塌，書籍祭器，被牆壓壞。總兵官達洪阿等出城沿街察看民房，倒塌民房共計一千六百三十五間，壓斃男婦大小六十八名口，受傷者共四百五十三人，倒壞廟宇六座。次早，總兵官達洪阿等赴營會勘衙署、伙房、庫局，俱已倒塌，壓斃兵丁一名，受傷九名，隨後查勘縣署所有住屋、監獄、倉廠及典史衙署，有的樑柱尚存，有的倒成平地，壓斃知縣家丁二名，受傷九人。總兵官達洪阿等繼續查勘四鄉，共計倒塌民房五千零三十三間，廟宇五座，汛房三間，公館一所，瓦窯六座，壓斃男婦大小四十五人，重傷者計六十三人。統計嘉義縣地震倒塌房屋共六千六百餘間，壓斃一百十餘人。所

有壓斃大小名口內，其貧戶每名給銀四圓，以便殮埋[5]。由總
兵官達洪阿等人的查勘資料，可知嘉義地震災情的嚴重。道
光二十年（1840）十月，嘉義大地震，山崩地裂，屋毀人傷。
道光二十五年（1845）正月，彰化大地震，現藏檔案中含有
閩浙總督劉韻珂等人的奏摺。

　　道光二十五年（1845）正月間，彰化縣境內發生大地震。
閩浙總督劉韻珂、署福建巡撫布政使徐繼畬據彰化縣知縣黃
開基稟報後，即繕摺具奏。節錄一段內容如下：

> 該縣地方於本年正月二十六日午刻陡然地震，聲勢迅
> 烈，倏忽之間，屋瓦飛騰，牆垣搖動，官民人等，趕
> 赴空地暫避，幸免覆壓，其地勢偏窄，並無空隙，各
> 處亦有不及逃避之人，逾時震止。該縣查勘衙署、城
> 垣、倉廠、監獄、營汛、兵房暨各祠廟，多有倒壞，
> 城內及附近城外居民，震塌房屋二十餘戶，壓斃大小
> 男婦一十二名口。又馳赴各鄉逐一履勘，彰屬地方共
> 十三保半，內揀東保、貓頭保、被震塌重，大肚保、
> 燕霧保、南北投保、半線保，次之，共震塌民房四千
> 二百餘戶，壓斃大小男婦二百六十八名口。其被壓受
> 傷者，為數甚多，又分駐南投縣丞暨貓霧揀巡檢各衙
> 署，俱有坍倒，巡檢署內並被壓斃家丁一名，各處汛
> 房，亦有坍塌。此外各保地方被震稍輕，民居尚無倒
> 壞。除將壓斃人口酌給埋葬銀圓，其受傷之人，亦酌
> 給錢文，俾資醫治外，稟請核辦[6]。

5　《明清史料》，戊編，第二本，頁194。道光十九年十月，戶部為
　　內閣抄出署理閩浙總督魏元烺奏摺移會。
6　《宮中檔》（臺北，國立故宮博物院），第2731箱，42包，7558號。
　　道光二十五年五月十一日，閩浙總督劉韻珂等奏摺。

由引文內容可知近山各保，地震災情，較為嚴重，統計倒塌民房約四千二百二十餘戶，壓斃男婦約三百八十餘人，受傷人數更多。閩浙總督劉韻珂據稟後，即飭福建布政使在藩庫內籌撥銀五千兩，委令試用縣丞黃體元解往臺灣，飭委署鹿港同知史密會同彰化縣知縣黃開基，親赴被災各處確勘倒坍民房實共若干間，分別有力無力瓦房草房，照例核實散給，事竣後逐一造冊報銷，至於倒塌衙署、城垣、倉廒、監獄、營汛、兵房及各祠廟等，即由彰化縣分別緩急，次第重修。閩浙總督劉韻珂等繕摺具奏時指出，臺灣地方，四面環海，土性鬆浮，地氣轉運，震動原屬常有之事。道光二十八年（1848）十一月初八日辰刻，臺灣府城地震，由南而北[7]，全臺震動，彰化縣災情最重，嘉義縣次之。彰化縣共坍塌瓦房一萬三千零一十四間，倒壞草房七千三百零三間，壓斃大小口一千零八人。嘉義縣共坍塌瓦房九百七十九間，倒壞草房一千三百六十八間，壓斃大小口二十二人[8]。

　　大小幅度的地震，確實是臺灣常有之事。清廷領有臺灣的後期，臺灣地震頻仍，其中咸豐十年（1860）十月，淡水大地震。同治元年（1862）正月，臺灣大地震，同年五月初九日，地復大震，臺灣府城民房倒塌五百戶，壓斃三百人。嘉義災情亦重，曾文溪地盤陷落。同治六年（1867）十一月，淡水大地震。據《淡水廳志》記載，是年十一月二十三日，雞籠頭、金包里沿海，山傾地裂，海水暴漲，屋宇傾壞，部分土地沉入水中，溺斃多達數百人。臺北士林街等地，過半

7　《重修臺灣省通志》，卷一，大事記，頁183。
8　《重修臺灣省通志‧土地志自然災害篇》，頁37。

遭地震崩塌，災情慘重[9]。《聯合報》刊載李春雄撰〈淡北大地震，百年前大震撼〉一文指出，同治六年（1867），臺灣北部發生一場相當大的地震，稱為「淡北大地震」。由於當時科技不發達，並未有詳細官方記載。據現今地震學家推測，這一場地震震央在基隆金山外海，造成當時萬里、金山、石門一帶房子幾乎全部倒塌，目前基金公路旁的萬里鄉加投礦窟，也是當時形成的。作者引外國史料記載指出，金包里地中出聲，水向上冒，高達四十尺，一部分土地沉入海中。作者另據金包里堡文史工作室田野調查資料指出，同治六年（1867）十一月二十三日巳時，連續劇烈振動，房子在搖，桌子在跳，煙囪倒塌。山崩地裂，山洪爆瀉，本來一條小溪，突然變成廣闊的大礦溪。金山水尾本是小漁村，因海水暴漲，沖走漁民，死亡慘重。金包里街往基隆，約半公里，大埔路漧，有一家住戶，因火山爆發，被埋沒於地下，此住戶遂變成終年礦霧不散的礦窟[10]。文中的描述，可信度頗高，惟現存檔案未見原始資料。光緒六年（1880）、光緒七年（1881）、光緒八年（1882）、光緒十八年（1892）等，臺北、新竹、苗栗、宜蘭等地的地震，多見於志書的記載。根據可查考的史料顯示，自明思宗崇禎十七年，清世祖順治元年（1644）至光緒二十一年（1895）二百五十二年間，臺灣在儀器觀測以前發生了二十二次破壞性強烈地震，都造成重大災害。

颱颶災害及救濟方式

臺灣位於大陸與大洋之間，孤懸外海，東臨廣闊的太平

9　《淡水廳志》（臺中，臺灣省文獻委員會，民國 66 年 2 月），頁 338。
10　李春雄撰〈淡北大地震，百年前大震撼〉，《聯合報》，民國 88 年 12 月 25 日，第 39 版，〈大新聞回頭看〉。

洋，西距亞洲大陸不遠，海陸性質相差懸殊，冬夏兩季有強勁的季風，夏秋兩季則常有颱風的侵襲，加上臺灣的山岳高峻，又有增加地形性降雨的可能。因此，臺灣不僅多暴風豪雨，也容易引起洪水，而形成水災。這種以氣候現象為直接或間接的原因所造成的災害，就是所謂氣象災害。臺灣常見的氣象災害，其形成的原因，大致與風、雨、氣溫、氣壓等各種氣象要素有關，譬如風災、水災、旱災、冰雹等，都是災害頻仍。

　　凡是因風所引起的氣象災害，通常稱為風災。在臺灣的風災中，較常發生的主要是颱風侵襲所造成的風災，以及強勁季風所引起的風災。臺灣位於北太平洋西側颱風路徑的要衝，每年夏秋之時，經常受到颱風的侵襲。臺灣颱風，清代文書，多作颶風。康熙年間，閩浙總督覺羅滿保曾繕寫滿文奏摺向康熙皇帝奏報臺灣颶風災情，原摺指出，康熙五十四年（1715）九月十五日，臺灣沿海風強雨大，兵船、商船、漁船多遭風撞毀沉沒，兵丁淹斃百餘名。臺灣陸地，亦因風雨交加，稻穀俱濕倒，所種西瓜，藤斷花落，損傷大半。臺灣、澎湖兩地民船十餘隻被風摧毀[11]。

　　據志書記載，康熙六十年（1721）八月十三日，因大風雨吹襲，郡城房屋都被吹毀，被壓斃、淹斃官民總計有數十人[12]。在北京中國第一歷史檔案館典藏滿文硃批奏摺內含有閩浙總督覺羅滿保滿文奏摺，其具奏日期為康熙六十一年（1722）正月二十一日。原摺對臺灣風災情形，奏報詳盡，

11　《宮中檔康熙朝奏摺》，第九輯（臺北，國立故宮博物院，民國67年7月），頁506。康熙五十五年正月初九日，閩浙總督覺羅滿保滿文奏摺。
12　《重修臺灣省通志》，卷一，大事記，頁105。

其譯漢內容如下：

> 奴才於臺灣來人詢問，去年糧收成情形。據言臺灣縣、
> 鳳山縣地方糧、糖、番薯等物，因去年八月被風，收
> 成略薄，窪地或有四、五分收成，諸羅縣近處或有五、
> 六分收成，收成各不相同。問及地方形勢，告知要犯
> 皆被拿獲，地方太平。殷實之家或存有陳糧，貧苦民
> 人生計多為艱難，難繳錢糧。荷蒙聖主天地洪恩，將
> 六十年錢糧數萬、田賦數十萬，皆予蠲免，凡被風倒
> 房戶各賞銀一兩，受傷民每人賞銀二兩，兵丁每人五
> 兩，無食者，放倉賑濟。故臺灣民人老少俱獲再生，
> 無不歡呼舞躍，感激聖恩，恭祝聖主萬歲。查得臺灣、
> 鳳山二縣被風倒塌房屋八千餘間，牆倒受壓、溺水之
> 大小口約有七百人。諸羅縣尚未查明來報。查進勦水
> 師各營船共計九十三隻，是夜均為風摧毀，大半沉於
> 水底。奴才等分派水師官員額外雇力，已將沉船俱皆
> 撈出，挨次查檢，其中尚有三十餘隻可以修葺，隨即
> 派人從廈門、漳州攜修船材料及銀兩馳赴修葺。現修
> 船十三隻工竣，其餘二十隻正在趕修。再有船五十餘
> 隻據官員來報，俱已被風沉於水底，船體四分五裂，
> 無法再修等情[13]。

由引文內容可知八月十三日風災情形，臺灣、鳳山二縣災情
較重，房屋倒塌八千餘間，壓斃及溺斃民人約七百人，進勦
朱一貴的水師戰船九十三隻，一夜之間，大半沉沒，守夜船
兵溺斃二百三十二人。災害撫卹方面，康熙六十年（1721）

13　《康熙朝滿文硃批奏摺全譯》（北京，中國第一歷史檔案館，1996
年7月），頁1493。

分錢糧、田賦俱予蠲免，被風吹倒民房，每戶各賞銀一兩，傷亡民人每人各賞銀二兩，溺斃兵丁每人各賞五兩。民人無食者，放倉賑濟。

　　雍正二年（1724）七月二十三、二十四日，臺灣府各縣都遭受颶風豪雨的侵襲。巡視臺灣監察御史禪濟布、丁士一等親身查勘災情後繕摺奏聞。原摺指出，臺灣府城近郊草房多有倒塌，瓦房無恙，早稻吹損十分之一、二，芒、蔗、菁靛及西瓜等作物被風吹損頗為嚴重。鳳山、諸羅、彰化等縣，災情較重[14]。據志書記載，雍正六年（1728）七月二十日，臺灣發生強烈颶風。閏七月二十三日，又再度遭到颶風襲擊；損壞商哨船隻，兵民亦有溺死者[15]。惟查曆書，是年無閏月，閏七月在雍正七年（1729），志書記載，顯然有誤。雍正七年（1729）閏七月二十四日，據署理福建總督史貽直奏報，臺灣自是年六月初旬以後，雨水稀少，正在望雨之際，卻於七月二十六日夜間颶風大作，雨勢甚暴，海水漲溢數尺，黑夜之中，猝不及防，商哨船隻多被颶風吹打沙灘岸上，災情甚重。史貽直原摺引臺協水師副將祁進忠稟文云：

> 七月二十六日酉刻，大雨，陡起東南颶風，查有擊碎哨商船隻，並吹倒民居、營房、衙署、房屋，湖水驟長數尺，軍工廠中桅木板料漂失澳中，支廠變價船擊碎三隻，破壞五隻。次早水退，卑職親至海邊查點三營單船，亦有漂失檣棋，或擊傷船舵被水底，俱堪修理，現在修整，以備哨防。惟定字十四號被風擊碎，

14　《宮中檔雍正朝奏摺》，第三輯（臺北，國立故宮博物院，民國67年1月），頁14。雍正二年八月初四日，巡視臺灣監察御史禪濟布等奏摺。

15　《重修臺灣省通志》，卷一，大事記，頁112。

> 淹死兵丁五名。澄字八號、十六號，防守鹿耳門，被
> 風擊碎，淹斃兵丁，尚未查明[16]。

署理臺灣府知府沈起元彙報各縣災情較詳，據知府沈起元稟
稱，南北一帶海口，颶風擊破民船一百餘隻，溺斃船戶水手
二百餘名，俱經署海防同知劉浴逐一收埋處理。臺灣府治木
城吹到一百三十餘丈。臺灣縣各坊里吹倒瓦房二百餘間，草
房被吹倒六百餘間，溺斃海口二人。鳳山縣吹倒草房七十五
間，諸羅縣吹倒房屋三十八間，擊碎民船十隻，飄去塭丁六
人。彰化一縣，澎湖一島，風小無損。臺灣鎮總兵官王郡咨
報災情指出，安平鎮水師各營擊碎營船三隻，重大損壞二隻，
輕微損毀十五隻，溺失兵丁十一名，南北陸路墩臺營房倒壞
十五、六處[17]。後來，署理福建總督史貽直具摺時又指出，七
月二十六日颶風吹壞營房三百餘間，戰船損壞定字十四號等
五船，溺斃在船兵丁王輝等十四名，溺斃及壓斃民人五名。

　　同年閏七月二十三日，東南海風復起，是日夜晚三更時
分，風向忽然轉向西北，疾風驟雨，災情嚴重。據署淡水海
防同知劉浴報稱，臺灣府治海邊擊破民船三隻，溺斃水手十
二名，北路海豐港、鹿仔港、三林港，共損壞民船十七隻，
溺斃十一人，各處吹倒房屋數十間。諸羅縣知縣劉良璧稟報，
諸羅縣禾稻無損，臨海地方吹倒房屋三十四間，壓斃民人一
名，擊碎民船十一隻，溺斃水手三名。彰化縣知縣湯啓聲稟
報，縣境禾苗、倉廒，並無損傷，倒壞各社房屋二十八座，
壓斃原住民老婦二口，彰化縣城內外草房，共吹倒八十餘間，

16　《宮中檔雍正朝奏摺》，第十四輯（民國68年2月），頁6。雍正
　　七年閏七月二十四日，署理福建總督史貽直奏摺。

17　《宮中檔雍正朝奏摺》，第十四輯，頁60。雍正七年閏七月二十
　　九日，巡視臺灣兼理學政監察御史夏之芳等奏摺。

澎湖通判王仁稟報，閏七月二十三日，澎湖一區，風勢狂烈，民間房屋吹倒甚多。澎湖副將陳勇稟報，澎湖協右營寧字四號、十五號戰船二隻，衝礁擊碎，片板無存，淹斃在船兵丁施佐等十名。澎湖協左營綏字十六號，因斷椗壓斃兵丁三名[18]。署理福建總督史貽直據報後，即於總督養廉銀內捐銀一千兩，遣員星夜齎銀前往澎湖、臺灣賑濟，並令臺灣、澎湖地方文武各員加意賑卹。是年秋間，臺灣連續遭受兩次颶風侵襲，雍正皇帝披覽史貽直奏摺後，以硃筆批諭云：「覽，被災兵民，加意撫卹之，此捐賑者為數似少，若不敷用，可向準泰將稅務盈餘動用，一面奏聞。」史貽直具摺覆稱：

> 查臺、澎兩處地方，孤懸海外，每遇颶風一起，即多次吹壞民居，是以民間蓋屋，多係草房，以其價廉工省，每間所費不過三錢，即赤貧之家，旋吹旋蓋，亦易於為力，惟今歲之風勢較大，吹壞之房屋頗多。臣見兩次被風，惟恐民力不足，故特捐銀前往賑卹。然沿海居民皆以颶風為每歲恆有之事，絕不驚駭，風定之餘，各家早已自為修葺。臣於委員齎銀到彼時，臺、澎兩處居民，業將房屋修整如舊。臣檄飭該地方官復又分別有力無力之家，量加賑卹。兵民喜出望外，無不感頌皇仁，其被溺身故之哨兵、番婦及淹故之商船戶水手人等為數不多，亦用銀無幾，已按名賑卹，俱各得所，此一千兩儘足敷用，實無庸再動稅務盈餘。至於吹倒之營房塘汛木城煙墩等項，臣已動撥臺灣存公銀六百餘兩，飛飭該地方文武各邑作速勘估補葺修

18　《宮中檔雍正朝奏摺》，第十四輯，頁 301。雍正七年九月初三日，福建廈門水師提督藍廷珍奏摺。

整，如有不數，再請撥正項動用[19]。

地方大吏賑卹災民時，按照有力無力，分別辦理，貧窮無力災民，則量加賑卹。在地方官發放救濟金以前，災民已自行修整房屋。

雍正年間，除了風災外，也發生了火災。雍正十一年（1733）五月十九日夜間亥時，臺灣府臺灣縣西定坊水仙宮地方，有燭舖陳寶店中失火，火勢蔓延，比屋延燒，燒燬店房三百餘間，地方兵壯拆燬房屋十一間，以截斷火路，燒至丑刻方得救息。巡視臺灣兼學政吏科給事中林天木等具摺指出，臺灣縣知縣路以周，對平日消防器材，雖備有舊桶，但於緊要救火水銃等項，全不置備，以致火勢蔓延[20]。

乾隆年間，臺灣風災，屢見不鮮。據志書記載，乾隆三年（1738）秋，臺灣、鳳山二縣因颶風襲擊，朝廷下詔免繳丁糧。乾隆五年（1740）閏六月二十二日，臺灣中南部大風雨四日，沿海民居多毀，鹽水港災情最重，澎湖亦起颶風，吹毀各汛兵房。乾隆十年（1745）秋，澎湖大風雨，衙署科房倒塌，民居田園，損壞無數。據志書記載，乾隆十九年（1754）十月，彰化發生颶風[21]。查閱現存檔案，是年十月，臺灣並未發生風災。據臺灣鎮總兵官馬大用奏報，是年七月三十日、八月初七日及二十三日，臺灣遭受三次暴風，廬舍船隻，雖然略被損毀，但田禾無恙。九月初二日，又起颶風，風力猛

19　《宮中檔雍正朝奏摺》，第十四輯，頁 900。雍正七年十一月十二日，署理福建總督史貽直奏摺。

20　《宮中檔雍正朝奏摺》，第二十一輯（民國 68 年 7 月），頁 602。雍正十一年五月二十四日，巡視臺灣兼理學政吏科給事中林天木等奏摺。

21　《重修臺灣省通志》，卷一，大事記，頁 131。

烈，連宵達旦，至初三日，亥刻始息，各港商漁船隻，或遭
擊碎，或棄舵桅，間有漂失舵水、官粟、民貨，其當風民居、
營房，亦有吹刮損壞。臺灣縣屬園多田少，以田而論，統計
被災五分，諸羅、彰化二縣被災有七分、六分不等[22]。同年十
月十五日，福州將軍新柱具摺指出，九月初二日午後又起颶
風，夜間更甚，至九月初三日亥時停止。除鳳山縣東港以南
風勢稍緩以外，其餘各廳縣廬舍、官署、營房，多被飄刮損
傷。鹿耳門外遭風擊碎商船三十餘隻，澎湖各澳先後被風漂
沒商漁各船四十餘隻[23]。因臺灣各廳縣遭受颶風嚴重破壞，米
價昂貴，每石賣至二兩三錢。據臺灣道府稟報，九、十月間，
米價竟長至三兩以上。由此可知，志書所載十月彰化颶風的
記載，似指奏報入京的時間，不是歷史事件發生的時間。

　　據志書記載，乾隆二十三年（1758）十月，諸羅縣大風
三晝夜，晚稻多損，詔緩徵租粟銀米。乾隆二十八年（1763）
九月十一日，臺灣颶風大作，從北到南，為十餘年來所未有，
壞屋傾舟，流失田園，不計其數。乾隆三十年（1765）八月，
淡水大風雨。同年九月二十三日，臺灣西南部大風，覆沒商
船無數。乾隆三十一年（1766）八月，臺灣大風，船隻多覆
溺。據現存檔案的記載，乾隆四十七年（1782）四月二十二
日，臺灣猝被颶風，海潮驟漲，衙署、倉廒、營房等項多有
倒塌，官商船隻，課鹽積穀，多有損失。據臺灣府知府蘇泰
詳稱：

　　臺灣縣向不種植早禾，鳳山縣先已收穫，諸羅縣雖同

22　《宮中檔乾隆朝奏摺》，第九輯，（民國 72 年 1 月），頁 590。乾
　　隆十九年九月十八日，福建臺灣鎮總兵官馬大用奏摺。
23　《宮中檔乾隆朝奏摺》，第九輯，頁 786。乾隆十九年十月十五日，
　　福州將軍新柱奏摺。

經風雨，並不猛疾，田廬無損，淡水、澎湖、彰化三
廳縣，是日並無風雨，實不成災。惟臺灣縣地方，經
風吹損瓦房九十七間，倒塌草房四十一間，吹損草房
九十四間，除有力修復外，無力之家，每間經該縣捐
給銀一兩，及七錢、三錢不等。淹斃人口，計撈獲一
百三十四名口，分別大小，捐給銀一兩及六錢不等。
其擊破商船內有陳協發等十三號各船，載有每年額運
內地給與班兵眷口官穀八十石，共計一千四十石，俱
經沉失。又陳崇利等五十九船擱汕損壞，內鍾茂發等
共載積穀九千五百四十三石四升，亦經漂失[24]。

除有力修復外，其無力之家，分別按照瓦房、草房倒塌、吹
損情形捐給銀一兩或七錢、三錢不等，淹斃撈獲人口按大小
分別捐給銀一兩及六錢不等。除民房倒塌外，鹽場亦坍損鹽
房三十六間，計消化鹽一千五百九十三石。

　　據志書記載，乾隆五十五年（1790）六月初六日，大風
雨，挾火以行，滿天盡赤；毀屋碎船，澎湖尤烈。知府楊廷
理來澎勘賑[25]。現藏檔案中含有臺灣鎮總兵官奎林、臺灣道萬
鍾傑、閩浙總督覺羅伍拉納奏摺錄副及工部題本。據覺羅伍
拉納奏報，乾隆五十五年（1790）六月初六日申刻，澎湖颶
風陡作，繼以大雨，至初八日晴霽，民間房屋，多有倒塌，
壓斃兵丁洪國平一名，衙署、倉廠、營房、庫局，亦有坍塌，
哨船三隻，篷索刮損，船身無損壞，擊碎商船三隻[26]。臺灣鎮

24　《宮中檔乾隆朝奏摺》，第五十四輯，（民國 75 年 10 月），頁 762。
　　乾隆四十八年正月十九日，閩浙總督富勒渾等奏摺。
25　《重修臺灣省通志》，卷一，大事記，頁 152。
26　《軍機處檔‧月摺包》（臺北，國立故宮博物院），第 2744 箱，185
　　包，45313 號。乾隆五十五年八月十六日，閩浙總督覺羅伍拉納

總兵官奎林先已委派原署臺灣縣知縣羅倫配船赴澎湖協同澎湖通判王慶奎、護理副將黃象新查勘造冊，清冊內開列災情如下：

> 倉廒倒壞二間，其餘二十間瓦片全行掀落；鹽倉瓦片亦俱掀落；軍裝庫、火藥局及礮臺九座，全行吹倒；文武衙署坍塌過半；城內及各汛兵房塌倒過半，餘俱損壞，壓斃兵丁洪國平一名；大小民房共倒壞一千六百五十六間，損壞九千五百六十二間，人口間有被傷，尚無壓斃；該協營哨船三隻，篷索刮損，船身尚無損壞；又擊破商船三隻[27]。

澎湖水師左右兩營原設新城東邊等十三汛兵房及礮臺、煙墩等遭受六月初六日颶風驟雨後，被刮斷倒塌木料磚瓦，掀飛破碎，隨風入海，僅存基址，颶風的猛烈可想而知。颱風自形成至消散，須經過形成期、加強期、成熟期及消散期等四個階段，一般侵襲臺灣的颱風，大多處於加強期與成熟期[28]。因此，颱風一旦登陸，往往風雨交加，對臺灣沿海與陸地，都造成嚴重的災害。

水旱災害及救濟方式

臺灣地處低緯帶的海上，水汽含蘊較多，雨量較大，其來源主要為季風雨、熱雷雨及熱帶氣旋雨。因此。遇到颱風、季風、梅雨、鋒面、低氣壓、雷雨、大氣環流變動等現象，往往造成與風雨有關的水災，包括因豪雨而形成的洪水，以及暴風雨形成的大雨災，每易造成生命和財產的嚴重損失。

奏摺錄副。

27　《軍機處檔‧月摺包》，第 2744 箱，185 包，45314 號。乾隆五十五年七月二十二日，臺灣鎮總兵官奎林奏摺錄副。

28　《重修臺灣省通志‧土地志自然災害篇》，頁 68。

　　據志書記載，乾隆十三年（1748）六月，彰化大雨水[29]。
現藏檔案，含有是年彰化水災的記載。是年七月初二、三等
日，彰化風雨成災。臺灣府知府、彰化縣知縣、福建水師提
督、巡視臺灣御史、福建巡撫、閩浙總督等對彰化水災的報
導，俱頗詳盡。據臺灣府知府方邦基稟報，彰化縣於乾隆十
三年（1748）七月初二日，風雨交作。初三日，山地洪水連
發，附近大肚溪地方，水勢漲湧，深有數尺，沖坍城市民房
三百數十間，淹傷民人八口，田園亦被沖淹，受災頗重，諸
羅笨港等處，同時遭到大水，民房被沖坍[30]。據福建水師提督
張天駿奏稱，七月初三日，水沙連內山發蛟，溪流漲溢，支
河疏洩不及，民屋營房，間有沖倒，人口亦有淹溺[31]。彰化知
縣查勘後稟報災情指出彰化內山發蛟異漲驟至，鄰近溪河的
城市村莊，沖倒民房一千八百餘間，淹斃男婦十八口，水沖
沙壓田園九百餘畝，已成偏災。閩浙總督喀爾吉善亦指出，
臺灣各縣災情，以彰化縣為較重，尤其是大肚溪等沿溪一帶
地方，災情最重[32]。巡視臺灣御史伊靈阿等具摺指出，七月初
二日半夜起至初三日酉刻，彰化風雨大作，初三日午時，山
水陡漲，大肚、虎尾二溪，同時漲發，宣洩不及，以致沿溪
一帶低窪民房，被水沖坍[33]。據署福建布政使永寧詳報，彰化

29　《重修臺灣省通志》，卷一，大事記，頁 127。
30　《軍機處檔·月摺包》，第 2772 箱，20 包，2756 號。乾隆十三年
　　十一月二十八日，福建巡撫潘思榘奏摺錄副。
31　《軍機處檔·月摺包》，第 2772 箱，24 包，3642 號。乾隆十三年
　　十一月二十八日，福建水師提督張天駿奏摺錄副。
32　《軍機處檔·月摺包》，第 2772 箱，22 包，3283 號。乾隆十三年
　　九月初四日，閩浙總督喀爾吉善奏摺錄副。
33　《軍機處檔·月摺包》，第 2772 箱，22 包，3146 號。乾隆十三年
　　閏七月十一日，巡視臺灣御史伊靈阿等奏摺錄副。

風雨狂驟，逼近溪尾的石東源田園，間有衝坍之處，苦苓腳、
德興等莊田園沙壓零星無多，壇廟牆垣、營房等項，亦有損
毀。經查勘後得知彰化縣境內被水衝陷沙堆田園共七十九甲
有餘，下則田二十甲七厘餘，下則園五十九甲四分餘[34]。因災
情嚴重，地方大吏加意撫卹，各村莊倒塌瓦房、草屋一千八
百餘間內，除有力之家尚有其他房屋棲止及別業謀生，未予
賑卹外，其餘分別瓦屋草房間數大小，按戶賑卹，共賑過銀
四百七十六兩二錢五分。其被淹斃男婦十八人，照例賑給銀
兩，合計共銀四百九十餘兩。其沿溪沖坍田園，查明糧額後
照例豁免。

　　久旱不雨而形成的旱災，也是臺灣常見的氣象災害。就
氣象學的觀點而言，旱災是一種異常降水造成的災害，由於
降雨因素的變化，往往發生乾旱問題，尤以臺灣南部的丘陵
地帶，旱災發生的次數較為頻繁，災情較重。閩浙總督喀爾
吉善具摺指出，臺灣、鳳山、諸羅縣，於乾隆十二年（1747）
八、九兩月因無雨澤，被旱情形，頗為嚴重。其中臺灣、鳳
山二縣，凡高阜無水源的村莊田園晚稻，俱已黃萎，二縣通
計田園三千餘甲，俱已無收。諸羅一縣田園有水源灌溉之處
居多，高阜田園零星無幾，不致成災，彰化、淡水二處，陸
續得雨，並未受旱[35]。喀爾吉善進一步指出，鳳山、諸羅二縣
山泉源遠，田園多有水圳。淡水、彰化二廳縣，泉源較廣，
雨量甚大，不致成災。臺灣一縣，地勢高亢，水田甚少，旱

34　《明清史料》，戊編，第一本，頁90。乾隆十四年四月初五日，
　　福建巡撫潘思榘題本。
35　《軍機處檔‧月摺包》，第2772箱，11包，1472號。乾隆十二年
　　十月二十日，閩浙總督喀爾吉善奏摺錄副。

地居多，月餘不雨，即有旱象[36]。巡視臺灣兼理學政陝西道監察御史白瀛具摺奏稱，臺灣縣共二十二里，通計田園一萬二千二百餘甲，其中除永康等十二里園多田少，且有陂塘埤溝，足資灌溉外，其仁和等十里田園高低不一，內有黃萎漸枯不能結實者共約一千一百餘甲，除有水園田一萬餘甲可獲秋收外，其餘無水可灌溉的田園二千餘甲禾苗多半萎黃，偏災之象已成[37]。經戶部題准，將臺灣、鳳山二縣被旱田園新舊錢糧暫緩催征，並查有旱災輕重，將極貧戶口照例先行撫卹一月。其中臺灣縣應賑極貧計六戶，大小口二十二人；次貧五十二戶，大小口四百二十六人。鳳山縣應賑極貧計十九戶，大小口七十七人，次貧三十九戶，大小口二百七十二人，二縣合計應賑極貧、次貧共一百十六戶，大小口七百九十七人[38]。

　　乾隆十二年（1747）八、九月，臺灣發生旱災以後不久，於次年七月初二、三等日，又繼以水災，稻穀歉收，同年晚禾又被旱。巡視臺灣兼理學政陝西道監察御史白瀛等具摺指出，臺灣縣之中路，鳳山縣之北路及彰化縣之沿海一帶，地處高旱，水圳稀少。自乾隆十三年（1748）下旬以後連日不雨，又因八月十五、六等日風霾大作，雖盧舍船隻並無損壞，不致成災，而禾苗之正吐花者，間被搖落，地氣乾燥愈甚。臺灣縣田園共計一萬二千餘甲內除依仁等五里向有埤溝陂塘，可資灌溉，禾苗漸次收割，尚屬有秋外，其永康等十七里高阜田園半屬黃萎不能結實者約共一千三百餘甲，統計被

36　《軍機處檔·月摺包》，第 2772 箱，10 包，1333 號。乾隆十二年九月二十四日，閩浙總督喀爾吉善奏摺錄副。

37　《軍機處檔·月摺包》，第 2772 箱，11 包，1474 號。乾隆十二年九月二十二日，巡視臺灣兼理學政陝西道監察御史白瀛奏摺錄副。

38　《明清史料》，戊編，第一本，頁 86，福建巡撫陳大受題本。

災一分以上，偏災已成。鳳山縣官民莊田共有一萬三千餘甲
內除下淡水等處俱有埤圳，可以引水灌溉者約一萬二千餘甲
均無妨礙外，其高阜處所栽種極遲晚禾無水滋潤者，均屬黃
萎，實共六百餘甲，鳳山縣合縣通計雖被災不及一分，但就
乾旱之處而言，已成偏災。彰化縣共計十一保，其沿山半線
等六保，俱有水源引灌，尚屬有秋。沿海的馬芝遴等五保，
額征田園計三千二百餘甲，除開有水道可資灌溉者，不致傷
害外，實在被旱晚禾共一千九百餘甲，彰化縣通縣匀算遭受
旱災的面積幾及二分。淡水、諸羅、鳳山三處，受到旱災歉
收的影響，米價每石自一兩七、八錢至二兩不等，彰化縣更
因水旱頻仍，米昂價貴，每石長至二兩二錢有零。郡城食指
眾多，北路接濟短少，以致人多米貴，每石亦長至二兩二錢
不等[39]。閩浙總督喀爾吉善具摺指出，彰化縣水旱頻仍，民力
拮据，理應加意料理，因此，奏請將被災之戶照例先行撫卹
一月口糧。福建巡撫潘思榘將賑災情形繕摺奏聞。原摺指出，
臺灣、鳳山、彰化三縣，於乾隆十三年（1748）晚禾被旱，
經地方官查明被災輕重，分別應賑、應借，照例妥辦，以上
三縣遭受旱災各則田園共三千八百六十一甲，官莊被災各則
田共一百四十四甲。應賑極貧、次貧災民共二百五十三戶，
計大小口一千五百八十人，照例撫卹一個月口糧[40]。

　　道光二十五年（1845）正月，臺灣發生大地震。同年六
月，又因風雨而成災。署福建臺灣鎮總兵官葉長春、按察使
銜臺灣道熊一本具摺指出，臺灣地方猝被風雨，臺、鳳、嘉

39　《軍機處檔‧月摺包》，第 2772 箱，23 包，3453 號。乾隆十三年
　　九月十一日，巡視臺灣兼理學政陝西道監察御史白瀛等奏摺錄副。
40　《軍機處檔‧月摺包》，第 2740 箱，28 包，4091 號。乾隆十四年
　　二月十三日，福建巡撫潘思榘奏摺錄副。

三縣，均有淹斃人民，損失船隻，倒塌房間情事，幸各處農民早稻已收，晚禾尚未栽插，不致成災。葉長春等人在原摺中也將臺灣夏天的氣象作了簡單的描述，他們指出，臺灣於道光二十五年（1845）入夏以來，四月雨多，五月雨少，至六月初六日大雨連宵，田園正資灌溉，突然初七日酉刻颶風大作，猛烈異常，至初十日申刻風勢漸微，而大雨猶未止息，郡城外水深數尺。十二日雨勢稍減後，葉長春、熊一本即督同臺灣府知府仝卜年等查勘南北路災情。葉長春原摺摘敘臺灣各廳縣的災情報告，據臺灣縣知縣胡國榮稟稱：

> 縣城內前被風雨損壞處所，當經查明具報，現查城外廬舍、橋樑倒塌甚多，沿海人民被水漂沒及大小商哨各船遭風擊碎擱淺者，亦復不少。並有呂宋夷船被風衝至二鯤身擱淺損壞，經會同安平水師救起難夷二十六名，妥為安置，日給口糧，容俟打撈失物，再行詳辦。查看離海漸遠之田疇園圃，幸臺邑尚無早稻，晚稻尚未插秧，不致成災，然各農民春夏二季栽種蔬菜雜糧，陸續收割，以資糊口，現被風雨損耗各民戶口嗷嗷待哺，亟須量為軫恤。

據署臺灣廳同知噶瑪蘭通判徐廷掄稟稱：

> 該廳所轄鹿耳門港口停泊大小商哨各船約有五十餘號，現在皆被風吹散，不知去向，其淹斃弁兵舵手若干，各容俟大小退落，船歸海口，再行確實查報。現在鹿耳門一帶及國賽港北，俱有漂流淹斃屍身，統計三百數十具，均經雇夫打撈，分別男婦掩埋。

鹿耳門等沿海漂流屍身三百數十具，災情慘重。據署嘉義縣知縣王廷幹稟稱：

> 六月初七日夜，狂風大雨，海漲異常，象苓澳內船隻
> 擊碎十有八、九，下湖街店屋全行倒塌，新港莊、茄
> 何寮、蚶何寮、竹笛寮等處，淹斃居民約計二十餘人。
> 當即冒雨馳往該處查明，籌款先將各屍身分別男女掩
> 埋。所有被沖田園、廬舍、廟宇、橋樑、道路，容俟
> 確查，再行稟報。

由引文內容可知嘉義因狂風大雨引起的水患，災情亦頗嚴
重。據代理鳳山縣知縣雲霄同知玉庚稟稱：

> 六月初七日申刻，颶風陡發，大雨傾盆，至初八日，
> 風雖少息，雨尚未止。查看城垣、廟宇、衙署、倉廒、
> 監獄、營房、軍裝、火藥庫等處，均有滲漏倒坍，民
> 間廬舍、橋樑、道路，亦多坍塌，且有壓斃淹斃人口
> 為數尚屬無多，幸早稻已經收割，晚禾尚未播種，不
> 至成災[41]。

署臺灣鎮總兵官葉長春一方面將災情先行具摺奏聞，一方面
咨報閩浙總督劉韻珂，劉韻珂亦繕摺奏聞，節錄原奏內容如
下：

> 臺郡於本年六月初六日起至十二日止，連朝大雨，並
> 發颶風，異常猛烈，城內積水數尺。所屬臺灣、嘉義、
> 鳳山三縣，亦同被風雨，嘉義兼有海潮漲發，以致淹
> 斃居民約有二千餘名。臺灣沿海民人，亦多被水漂沒，
> 鹿耳門一帶，漂流屍身三百數十具，惟鳳山情形較輕，
> 傷斃民人計止數十名，各縣城垣、衙署、監獄、倉廒、
> 營房、庫局、廟宇，及民間田園、廬舍、道路、橋樑，

41　《明清史料》，戊編，第二本，頁197。道光二十五年九月初十日，
　　戶部為內閣抄出署臺灣鎮總兵葉長春等奏移會。

均有坍壞，沿海商哨船隻遭風擊碎者，亦復不少。臺灣二鯤身洋面，又有呂宋國夷船一隻擱淺損壞，救護難夷二十六名。此外，鹽倉及鹽埕堤岸運鹽船筏，亦皆被水沖壞，鹽多溶失。所幸臺邑向無早稻，嘉邑早禾業經收割，晚禾均未播種，僅止雜糧失收，尚不至於成災。現在淹斃人民，均經各縣暨署臺防廳打撈掩埋，並經該鎮道等提用義倉穀一千石，府庫銀三千兩，發交臺灣、嘉義兩縣，分別委員查勘撫卹[42]。

由引文內容可知颶風自六月初六日至六月十二日，歷時七天，風勢猛烈，嘉義縣災情嚴重，因海水倒灌，淹斃居民二千餘人，臺灣沿海民人亦多被水漂沒，鹿耳門一帶，漂流屍身三百數十具。臺灣道府所撥銀米，為數無多，閩浙總督劉韻珂即飭布政使在於藩庫地丁項下動撥銀三萬兩，委令馬巷通判俞益等護解臺灣。淹斃民人分別男婦大小撫卹，倒塌民房分別瓦房、草房造具清冊，照例給予修理各項費用，由檔案資料的記載，可知災情的慘重。

刮大風，下鹹雨，是澎湖常見的氣象災害，各種志書典籍多記載因鹹雨對農作物所造成的傷害。現藏檔案中也有關於澎湖鹹雨災害的資料。道光三十年（1850）冬，澎湖因雨少風多，收成歉薄，貧民已有食貴之虞。澎湖廳同知楊承澤公捐銀二千兩，購買薯絲，運往接濟。咸豐元年（1851）三月初四日起至初六日止，連日大風刮起海水，遍地飛灑，澎湖當地人稱為鹹雨，以致雜糧枯萎，早收失望。澎湖共計十

---

42 《宮中檔》，第 2731 箱，45 包，8094 號。道光二十五年八月二十五日，閩浙總督劉韻珂奏摺。

三澳，除吉貝等四澳災害稍輕外，其餘九澳鹹雨災情俱重[43]。臺灣道徐宗幹即會同臺灣鎮總兵官呂恆安於道庫備貯項下提銀五千兩，以二千兩添買薯絲，委員解往，餘銀三千兩，作為撫卹之用。因災區較廣，閩浙總督裕泰又動撥地丁銀二千兩，以撫卹受災貧民。

遭風海難及救援撫恤

颱風或颶風，是一種熱帶氣旋，氣旋發生後，形成旋渦，其旋渦中心附近最大風速達到每秒十七點二公尺時，即稱為輕度颱風。東經一〇五度至一五〇度，北緯五度至三十度之間，包括北太平洋西部及南海大部分地區所發生的熱帶氣旋。探討臺灣的風災，不能僅限於臺灣本島陸地，還應該包括澎湖及臺灣沿海或臺灣海峽。船舶遭遇颱風或颶風而沉沒，以及船上人員的漂失淹斃所造成的災害，可以說是以氣候現象為直接原因而引起的氣象災害。現存檔案中含有相當多海難資料，值得重視。

遭風海難船舶，不限於清朝商哨船隻，琉球、朝鮮、日本等國船隻，亦常在臺灣海峽遭風遇難。據巡視臺灣監察御史禪濟布、丁士一等具摺指出，雍正二年（1724）閏四月二十七日，有琉球國有底無蓋小船一隻，船上共十六人，遭風飄至澎湖小池角地方，經澎湖協副將陳倫炯解送提督，然後轉送福州琉球館。同年五月初七日，又有琉球國雙桅船一隻在諸羅縣外海遭遇颶風飄泊至八里坌長豆坑地方，船內男二十七名，婦女一口，共二十八人，他們上岸後，船隻即被風浪擊碎飄散無存。巡視臺灣監察御史禪濟布等隨即捐給銀

43　《宮中檔》，第 2709 箱，5 包，689 號。咸豐元年六月初三日，閩浙總督裕泰奏摺。

米，加意撫卹。

　　朝鮮人金白三等三十人，同坐一船，在羅州長刷島載運馬匹，船隻被風打壞，於雍正七年（1729）九月十二日夜間飄到彰化縣境內的三林港大突頭地方，船身擱破沈水入沙，不能移動，折估變價銀十五兩，隨發給金白三等人收領，並派遣兵船將金白三等人護送至廈門[44]。乾隆二十五年（1758），朝鮮難民金延松、金應澤等人遭風飄收臺灣，經臺灣派遣兵船護送至福州省城安插，每人日給鹽菜銀六釐，米一升。此外，每人各給衣服等項銀四兩[45]。

　　李邦翼是朝鮮全羅道全州府人，同船共八人，因赴外嶼買粟，駕坐李有寶船於嘉慶元年（1796）九月二十日在洋遭風。同年十月初四日，飄至澎湖洋面觸礁擱淺，經官兵救渡登岸。十月初五日，臺灣道劉大懿將李邦翼等八人委員護送至福州省城，安插館驛，照例以安插之日為始，每人給米一升，鹽菜銀六釐，各給衣被等項銀兩，並委員伴送進京[46]。

　　金城，年四十五歲，三里，年二十五歲，官平，年二十歲，都是琉球人，平日釣魚營生。嘉慶十三年（1808）三月初一日，金城等人在琉球絲滿地方開船後，在洋遭風，同年四月十五日，連船漂至臺灣北路洋面，經淡水廳同知翟金護送至臺灣府城，然後委員配船到廈門轉送到福州省城[47]。

44　《宮中檔雍正朝奏摺》，第十五輯（民國 67 年 1 月），頁 367。雍正七年十二月二十四日，福建巡撫劉世明奏摺。

45　《宮中檔乾隆朝奏摺》，第二十四輯（民國 73 年 4 月），頁 523。

46　《宮中檔》，第 2706 箱，14 包，2005 號。嘉慶二年二月十三日，福建巡撫姚棻奏摺。

47　《宮中檔》，第 2724 箱，70 包，11370 號。嘉慶十三年元月二十九日，福建巡撫張師誠奏摺。

　　道光二十一年（1841）八月二十七日，朝鮮漁船遭風漂至淡水三貂港卯鼻外洋，被颶風擊碎，漁船上有朝鮮漁民共十一人，俱游水靠岸獲救，經臺灣府在存公銀內給予衣被口糧[48]。

　　除琉球、朝鮮船舶固然常遭風遇難外，日本等國船隻遭遇颶風飄沒的情形，亦不罕見。現藏檔案中含有日本人源吾郎等人的供單。嘉慶十三年（1808）六月二十九日，福建巡撫張師誠繕摺奏聞處理海難船隻經過，原摺摘錄源吾郎等人的供詞。其中源吾郎的供詞內容如下：

> 現年三十八歲，是日本武秀才，姓山下，名源吾郎，在薩州地方領土國王姓松平，名薩摩守牌照運糧米一千八百石到大坂屋補用。於卯年十二月初六日出帆，水手二十三人。十一月，在日洲洋面遭風，船隻打破，駕坐杉板，撈得食米，隨風漂流。辰年三月初十日，漂到四𦛨鑾地方，遇著日本番人名文助，先曾遭風到彼數年，知該處近在中國地界，伊等即同文助等一共二十四人仍坐杉板駕駛，三月二十九日，至臺灣枋寮地方登岸，即經署鳳山縣知縣程文炘查訊。

引文內卯年，相當於嘉慶十二年（1807），辰年，即戊辰年，相當於嘉慶十三年（1808）。據文助供稱：

> 現年五十一歲，係日本國箱館地方人，戊年十一月，駕自己空船一隻，船上水手八人，要往武差國江戶城亢地方裝貨回國，領有箱館牌照，在洋遭風。亥年正月二十八日，漂到臺灣四𦛨鑾地方，因船打破，只得

48　《宮中檔》，第 2719 箱，31 包，5342 號。道光十二年二月二十七日，福建巡撫劉鴻翱奏摺。

上岸，水土不服，病死八人，只剩文助一人在該處燒
鹽，與番人換竿子度日，住得數年，知該處近在中國，
因無便船，未能回國，於本年三月初十日，適遇源吾
郎等遭風漂到，附搭杉板駛至臺灣，一同送至內地，
各求送回本國[49]。

引文中戌年，即壬戌年，相當於嘉慶七年（1802），亥年，即
癸亥年，相當於嘉慶八年（1803）。據鳳山縣知縣程文炘稟報，
四匏鑾洋面，是臺灣後山生界原住民地界，源吾郎、文助後
來到枋寮登岸，隨身所帶長短刀四把，斧四把，剃刀五把。
據文助供稱日本人喜帶刀子，長刀掛身，短刀插腰，斧子用
來劈柴，剃刀是眾人公用，另有日文書三本，都是日本曲本。
源吾郎等人被護送到福州省城後，因福建向無往返日本船
隻，福建巡撫張師誠隨後又咨送浙江乍浦，遇有東洋便船，
即遣令歸國。

　　呂宋船舶多往返於南海洋面，因此，常常遭風，造成海
難，其中間有漂至臺灣海岸者。道光二十五年（1845）六月
初六日至十二日，臺灣遭受颶風侵襲，風狂雨驟，沿海大小
商哨各船多遭風擊碎，其中含有呂宋船舶，因遭風衝至二鯤
身擱淺損傷，經安平水師等救起呂宋人二十六人[50]。由於強烈
颱風的侵襲，臺灣海峽或巴士海峽上航行的船隻，多遭風遇
難，造成嚴重的氣象災害。

　　福建商船或載運棉布等生活物資赴臺販售，或來臺採購
米穀返回福建販售，接濟民兵糧食，而於臺灣海峽航行頻繁，

49　《宮中檔》，第 2724 箱，70 包，11370 號。嘉慶十三年六月二十
　　九日，福建巡撫張師誠奏摺。
50　《明清史料》，戊編，第二本，頁 197。

以致間有商船遭風遇難，造成氣象災害。金三合是福建晉江縣人，是商船的船戶，他曾自置商船，雇募舵水二十四名。嘉慶元年（1796）七月間，在廈門裝載棉布等貨東渡臺灣貿易，附搭客民林自一名，並配載渡海夫陶忠等四名齎送臺灣鎮道夾板一副，隨帶內地各衙門公文。是年七月二十二日，船戶金三合在廈門掛驗出口，八月十一日，放洋，次日夜間，在洋遭風，折壞大篷甲篙，隨風漂流。八月十四日午後，漂至古雷洋面，忽遇盜船，貨物、公文俱被劫掠一空[51]。金瑞吉也是一名商船的船戶，他從臺灣返回廈門途中，也遭風被阻。金瑞吉指出臺灣派出縣丞程姓、武弁章姓，帶領兵役管解劉碧玉等五犯，於嘉慶二十年（1815）六月二十三日配坐新藏隆船隻，同在鹿耳門海口候風。七月十六日，得風，同幫開行者，共有船舶八隻，俱在洋中遭風，船戶金瑞吉等三船收入澎湖，八月初七日，始回到廈門海口[52]。

　　每逢鄉試之期，臺灣府文武諸生，照例由學政錄送內渡赴福州省城入闈考試。但因漂洋過海，往往遭風遇難，船隻翻覆淹斃。例如咸豐二年（1852）壬子科鄉試，就有臺灣縣學廩生石耀德等四名從鹿耳門放洋後遭風溺斃。同治三年（1864），是甲子正科，因太平軍進入漳州，奉文停止鄉試。同治四年（1865）九月，補行甲子鄉試，臺灣府學附生黃炳奎，彰化縣學廩生陳振纓、黃金城、蔡鍾英四名，於是年八月間由鹿港配搭金德勝商船內渡。但因是年入秋以來颶風時作，金德勝商船在洋遭風沉溺，黃炳奎等四名屍身日久探撈

51　《宮中檔》，第 2706 箱，11 包，1425 號。嘉慶元年十一月初六日，閩浙總督魁倫奏摺。
52　《宮中檔》，第 2723 箱，100 包，19637 號。嘉慶二十年八月初二十一日，閩浙總督汪志伊奏摺。

未獲。咸豐二年（1852）王子科石耀德等四名遭風溺斃後，曾經臺灣道徐宗幹奏請撫卹，奉旨議給訓導職銜。附生黃炳奎等四名遭風溺斃後，學政丁曰健亦奏請援照王子科請卹成案議卹[53]。

　臺灣班兵換戍，餉銀領兌，兵船往返，絡繹不絕。但因海洋多風，船隻遭風遇難，造成災害的現象，屢見不鮮。臺灣海峽，既多颱風，又多季風。季風的威力，雖然不及颱風或颶風猛烈，但它的持續性較久，每年十月至第二年三月，東北季風盛吹，因其風向和東北信風的方向相一致，它所構成的合成風速特別強勁。每年五月至九月，西南季風盛吹，其風向和東北信風的風向相反，因此，它所形成的合成風，風力雖然較弱，但對傳統航行船舶，也往往造成海難。陳弘謀在福建巡撫任內曾具摺指出，臺洋風汛，夏秋颱颶時發，倏忽變異，最為難測，冬令北風強烈，船隻多遭飄擱，一歲之中，兵船遭風飄散者，仍十居八、九[54]。據臺灣鎮總兵官王郡疏稱，雍正七年（1729）七月二十六日夜間，臺協水師營平字十四號，配載兵丁十九名出洋後，在笨港口遭風，船波打裂，船中兵丁王輝一名，被浪拖括溺水身故。臺灣水師右營澄字六號趕繒船一隻，派撥前往廈門渡載福州城守班兵九十一名，於乾隆元年（1736）十一月二十八日放洋，十一月三十日晚，駛至外洋，將至西嶼頭洋面，突遭颶風，船舵被海浪刮斷，飄至八罩水垵口外衝礁擊碎，淹斃班兵郭世華等三十八名[55]。

53　《月摺檔》（臺北，國立故宮博物院），同治五年四月二十八日，丁曰健奏片。

54　《宮中檔乾隆朝奏摺》，第五輯（民國 71 年 9 月），頁 289。乾隆十八年五月初八日，福建巡撫陳弘謀等奏摺。

55　《明清史料》，戊編，第七本，頁 614。乾隆四年七月二十二日，

　　臺灣餉銀，照例須赴內地藩庫請領，乾隆十五年（1750）冬及乾隆十六年（1751）春兩季俸餉銀七千四百餘兩，餉錢四百餘串，領兌之後，在廈門配船，由澎湖放洋，其中綏字第三號戰船一隻，因遭颶風，全船沉沒。官兵六十餘人，無一生還。其平字二號餉船一隻，載餉四鞘，載錢十七桶，差遣臺灣右營把總陳亦管押，於乾隆十六年（1751）正月十一日，在澎湖放洋，是日四更時候，忽遇颶風，不能收入鹿耳門，寄椗破隙汕外。正月十二日，風浪更大，吹斷正椗大椗，副椗齒折，餉船隨風飄流四日三夜，最後飄到廣東惠州府海豐縣港口[56]。

　　乾隆十七年（1752）七月初八日至十一等日，福建沿海，連日風雨，颶風猛烈，廈門四面環海，為海船出入要津，因海風強勁，擊破戰船哨船，飄沒大小商漁船隻，淹斃兵役民人多名，災情慘重，飄沒臺灣穀船十六隻，沉失官穀二千二百七十餘石。原任臺灣革職同知俞唐自臺灣渡海回籍，連同子姪家人共十三口，在洋遭風沉溺。新調水師提標後營遊擊官玉自澎湖渡海前往臺灣新任，亦在洋遭風沉溺。乾隆十八年（1753）三月十八日，臺澎洋面因颶風大作，有海壇鎮標左營千總陳益管押班兵八十七名，跟丁二名，駕船目兵十一名，合計一百零一人，配載永字號哨船一隻，東渡臺灣換戌，在白水洋遭風飄流至東吉嶼，除兵丁十一人經鎮標右營配載換班過臺固字六號兵船援救脫險外，其餘弁兵九十人，俱下落不明[57]。

閩浙總督郝玉麟題本。

56　《宮中檔乾隆朝奏摺》，第一輯（民國 71 年 5 月），頁 924。乾隆十六年十一月十七日，福建巡撫潘思榘奏摺。

57　《宮中檔乾隆朝奏摺》，第五輯，頁 94。乾隆十八年四月十三日，福州將軍新柱奏摺。

　　據臺灣府知府鍾德稟報，在乾隆十九年（1754）風災案內，擊壞船隻大小六十二隻，淹斃舵水一百六十六名，共賑卹銀三百一十五兩，吹倒瓦草房屋二百零五間，壓斃男婦九人，共賑卹銀七十五兩。船隻內飄失官粟二千七百八十五石。臺灣、諸羅、彰化三縣受災無力貧民，查明大小男婦共二千七百十七名，照例撫卹一月口糧，共米三百一十五石一斗五升。福建按察使劉慥遵旨加意撫綏災民，並繕摺奏聞辦理賑災經過，節錄原摺一段內容如下：

> 臣即備查賑恤定例，分條酌議，詳明督撫二臣，並移行臺灣道扡穆齊圖、臺灣府知府鍾德督率各縣確查被災村莊，在六、七分以上者，乏食貧民先行撫卹一月口糧；被災較重至八、九分之諸羅縣屬地方；俟來春察看情形，分別極貧次貧，酌量加賑；被災稍輕之臺、彰各縣，不須加賑者，仍酌借口糧，以資接濟；至坍塌瓦房，照例每間給銀五錢；草房減半；擊沉船隻，大船賑銀三兩，中船二兩，小船一兩，以資修葺；撈獲屍首，大口給銀一兩，小口五錢，以為掩埋之費；其被災田畝，應徵錢糧供粟，均視被災分數輕重，分別蠲免緩征。凡應撥內地補倉米穀，悉行停運，以備賑借之用。再賑給口糧，應用本色者，即於常平倉穀碾給。其僻遠之處，應用折色銀兩，若由薄庫解往，海洋風信靡定，需賑孔急，恐難懸待。查臺屬原有經徵官莊銀兩，臣稟明督撫二臣即於所貯官莊銀內墊納備用，統於藩司存公銀內撥發歸款，仍嚴飭各屬親行查辦，不得假手胥役，致滋冒濫剋扣，務使災黎各沾實惠，無一失所[58]。

58　《宮中檔乾隆朝奏摺》，第十輯（民國72年2月），頁294。乾隆十九年十二月十一日，福建按察使劉慥奏摺。

　　乾隆十九年（1754）九、十兩月先後遭風災，造成臺灣陸地及沿海的重大災害，除房屋倒塌，壓斃男婦外，也造成大小船隻被風浪擊碎，淹斃民人。由於海難頻傳，渡海入臺文武大員，多裹足不前。乾隆五十二年（1787），福康安等渡海赴臺征剿林爽文時，乾隆皇帝曾頒賜班禪額爾德尼所進右旋白螺，往返臺海時，都供奉於船中，果然風靜波恬，渡洋平穩。乾隆五十三年（1788）十一月二十一日，〈寄信上諭〉指出：

> 上年福康安前赴臺灣，特賞給右旋白螺帶往，是以渡洋迅速，風靜波恬，咸臻穩順。今思閩省總督、將軍、巡撫、提督等每年應輪往臺灣巡查一次，來往重洋，均資靈佑，特將班禪額爾德尼所進右旋白螺發交福康安，於督署潔淨處敬謹供奉，每年督撫、將軍、提督等不拘何員赴臺灣時，即令帶往渡海，俾資護佑，俟差竣內渡，仍繳回督署供奉。至前往巡查大臣，不必因有白螺，冒險輕涉，總視風色順利時，再行放洋，以期平穩，將此諭令知之[59]。

　　漂洋過海，風強浪大，海難頻仍，因此，欲藉靈物護持，希望順利吉祥，反映皇帝對文武大員的關心與祝福。但乾隆皇帝並不希望他們因有白螺的佑助，而冒險輕渡，必俟風色順利時放洋渡海，以免遭遇不測。福建省城總督衙門第五層是樓房，高敞潔淨，福康安令人將樓房加以拂拭灑掃後，即將右旋白螺敬謹安龕供奉。右旋白螺雖然不能解除颱風的侵襲，但可使渡海大員免除望洋之驚的心理作用，也是可以肯定的。嘉慶初年，清朝冊封使趙文楷等前往琉球時，亦經閩浙總督玉德奏准將右旋白螺交與趙文楷等供奉船艙，希望往

59　《明清史料》，戊編，第二本，頁138。乾隆五十三年十二月二十九日，閩浙總督福康安等奏摺。

返重洋時，能得靈物護持，而於穩順之中，更臻穩順。

宗教信仰具有生存、整合與認知的社會功能，媽祖崇拜久已成為福建民間的普遍信仰。由於閩省兵丁民人過洋入臺，屢次遭風淹斃，海難頻傳，乾隆皇帝也認為或因地方官平日不能虔誠供奉媽祖，以致未邀神佑。因此，令軍機處發下藏香一百炷，交兵部由驛站馳遞福建督撫，令地方大吏於媽祖降生的原籍興化府莆田縣地方及瀕海一帶各媽祖廟，每處十炷，敬謹分供，虔心祈禱，以迓神庥，而靜風濤。閩浙總督魁倫遵旨將藏香每十炷為一分，共計十分，派員遞送，一分交給興化府知府祥慶親身敬謹齎赴莆田縣屬湄洲媽祖廟供奉，總督魁倫會同陸路提督王彙率同道府親送一分赴福州府南臺海口天后廟供奉，其餘分送福寧府、臺灣府、廈門、金門、海壇、南澳、澎湖等七處，交提鎮道府等親赴瀕海各廟宇敬謹分供，虔誠祈禱，希望從此哨商船隻往來海上，帆檣安穩，免除遭風沉船之虞[60]。乾隆皇帝順應福建民間信仰的習俗，假神道以設教，對穩定渡海人員的信心，確實產生正面的作用，對媽祖信仰的普及化，也產生積極的作用。

臺灣位於環太平洋花綵列島的地震帶上，介於琉球弧與呂宋弧的會合點上，在地質基礎上是一個具有地槽與島弧雙重特性的島嶼。同時又恰好位於大陸與大洋之間，四面環海，正處於熱帶海洋氣團與極地大陸變性氣團的交綏地帶上，因此，自然災害是不容易避免的現象。由於自然災害的頻仍發生，對臺灣居民的生命財產，往往造成嚴重的損失。有清一代，臺灣自然災害，較為常見的是地震、颱風、水災、旱災、船舶遭風等自然界異常現象。自然災害有其復發性與重現性，因此，利用原始檔案資料，對清代臺灣自然災害進行歷

---

60 《宮中檔》，第 2706 箱，11 包，1426 號。嘉慶元年十一月初六日，閩浙總督魁倫等奏摺。

史考察，以認識其發生原因，形成過程，了解各種自然災害在時空上的變化特性，確實是有意義的。

地震的幅度，大小不同，強烈地震帶來的破壞性，是非常驚人的。例如乾隆五十七年（1792）六月二十二日，西曆八月九日，彰化以南包括彰化、嘉義、臺灣、鳳山等縣及府城，於是日未、申時刻，即下午一點至五點，發生強烈地震，地震的時間雖然發生在白晝，人多奔逸，但生命財產，仍然遭受重大損失。據統計，此次地震倒塌民房共二萬五千二百一十六間，倒塌各汛營房共三百六十二間。壓斃男女大小民人共七百零六人，受傷七百四十人。壓斃兵丁六名，受傷四十一人，災情慘重。政府的賑災，頗為迅速，其撫卹銀兩，按照大小口發放，壓斃人口，不分男女，每大口給銀一兩，小口給銀五錢。倒塌瓦房，每間給銀五錢，倒塌草房，每間給銀二錢五分。

颱風是臺灣較常發生的氣象災害，因颱風所造成的災情，也是十分慘重。例如康熙六十年（1721）八月十三日臺灣遭受颱風侵襲，其中臺灣、鳳山二縣，災情較重，民房倒塌八千餘間，壓斃及淹斃民人約七百人，戰船大半沈沒，溺斃兵丁二百三十二人。政府除蠲免田賦錢糧外，被風吹倒民房，每戶給銀一兩，壓斃及溺斃民人每人各給銀二兩，溺斃兵丁每人各給銀五兩。乾隆四十七年（1782）四月二十二日，臺灣遭受侵襲，其中臺灣一縣遭風吹損瓦房共九十七間，倒塌草房四十一間，吹損草房九十四間。淹斃撈獲一百三十四人。政府撫卹時，按照瓦房、草房吹倒損壞情形各給銀一兩，或七錢、三錢不等。淹斃撈獲人口按照大小分別給銀一兩或六錢不等。

臺灣地處低緯帶的海上，雨量較大，每因暴風雨而形成水災，例如道光二十五年（1845）六月初六日至十二日，連

續七天，因暴風雨而形成海水倒灌的水災，其中嘉義縣災情較重，淹斃居民共二千餘人。鹿耳門一帶，漂流屍身，也多達三百數十具，俱照例撫卹。

旱災是一種異常降水造成的一種氣象災害，由於降雨因素的變化，往往形成久旱不雨的現象，尤以臺灣南部的丘陵地帶，災情較重。例如乾隆十二年（1747）八、九兩月因無雨澤，旱災嚴重。其中臺灣、鳳山二縣，凡高阜無水源的田園晚稻，俱已黃萎，二縣田園通計三千餘甲，顆粒無收，形成偏災，經督撫題准緩徵錢糧，並撫卹貧民一月口糧。由於水旱頻仍，導致米價的昂貴，貧民生計維艱。

船舶遭遇強風而沉沒，是臺灣、澎湖海面常見的氣象災害。臺灣班兵換戍，餉銀領兌，內地商船來臺販賣貨物，採購米穀，重洋往返，絡繹不絕，往往因遭風而造成海難。鄰近國家如琉球、朝鮮、日本、呂宋等船舶，亦屢遭海難，福建等省均加意撫卹，捐給銀米，護送返國。福建巡撫陳弘謀曾經具摺指出，臺洋風汛，夏秋颱颶時發，倏忽變異，最為難測，冬令北風強烈，船隻多遭飄沒，一歲之中，商哨船隻遭風飄失者，十居八、九。每逢鄉試之期，臺灣府文武諸生，照例由學政錄送內渡，赴福州省城參加鄉試，但因八、九月間正逢颱風盛行季節，過洋諸生，每因商船遭風翻覆溺斃，海難頻傳，造成重大的災害。

臺灣自然災害，屢見不鮮，海峽兩岸現藏檔案，一方面由於戰亂損失，並不完整，一方面由於檔案數量龐大，整理需時，因此，僅就整理公佈的部分檔案，對清代臺灣自然災害進行歷史考察，只是浮光掠影的描述，片羽鱗爪，缺乏系統。但在今日直接史料日就湮沒之際，即此現藏已公佈的有限檔案資料，已足以反映清代臺灣自然災害的頻仍及其嚴重情形。

奏

奏為臺灣嘉義鳳山三縣猝被風雨廬舍民人均
有傷損現已由省撥解銀兩委員前往會勘撫
卹恭摺指奏祈
聖鑒事竊據署臺灣鎮業長春臺灣道熊一本申報
臺郡於本年六月初六日起至十二日止連朝
大雨並發颶風異常猛烈城內積水數尺所屬
臺灣嘉義鳳山三縣於同被風異嘉義兼有海
潮漲溢以致淹斃居民約有二千餘名臺灣沿
海民人亦多被水淹沒鹿耳門一帶漂流屍身
三百數十具惟鳳山情形較輕傷斃民人計止
數十名各縣城垣衙署監獄營廒房庫局廟
宇及民間田園廬舍道路橋梁均有坍壞沿海
商哨船隻遭風擊碎者亦復不少臺灣二鯤身
洋面又有呂宋國夷船一隻擱淺損壞救護難
夷二十六名此外鹽倉及鹽埕堤岸運鹽船筏
青晢早禾業經收割晚禾均未播種僅止襟稻
嘉邑早禾業經收割晚禾均未播種僅止襟稻
失收尚不致於成災現在海瀅人民均經各縣

暨署臺防廳打撈掩埋並經該鎮道等提用義
倉穀一千石府庫銀三十兩發交臺灣嘉義兩
縣分別委員查勘撫卹除恭摺具奏外抄錄摺
稿呈送等情具文申報前來臣等伏查臺灣嘉
義鳳山三邑民人猝遭風雨慘罹災祲田園被
淹廬舍被沖鋪口說已無貲樓身復又失所頗
沛流離情形殊可憫現在該道府等雖已籌撥銀
米委員安撫但查無多深恐海外當此小民薄積
覽民人安撫報急籌孤懸海外當此小民薄積
未擴遠細查報急籌孤懸海外當此小民薄積
離居糧食兩難之除若不酌撥銀兩解往勘撫
殊不足以抵民困而固嚴體臣等現已飭令在
於藩庫地丁項下勤撥銀三萬兩另委員卷通
判諭委候補知縣劉功㳽並委署福州協右軍
郡同蕭廷鵬把總王連安一同馳赴被水各庭
會同該府縣及臺灣原委各員親赴被水各庭
確切查勘倒塌民房貲共若干間海瀅民人實
共若干口分別男婦大小及有力無力無房草
房造具清冊照例給予修復各費並將該民人

等安為安撫仍責成臺灣道府督同查辦並飭

臺灣鎮安為彈壓統俟秋成後察看情形應否
再行接濟另行辦理務使實惠及民不得假手
書差致滋冒濫事竣毓貲報銷至解往銀兩如
不敢即由該道府等酌量籌補倘有盈餘亦
即報明留存府庫抵作下年兵餉其倒坍城垣
衙署監獄營廒房庫局暨各處廟宇應飭該
府縣等分別緩急次第興修各處被水田園有
無沙壓不堪耕種並即明照例遣送回國以示懷
埋及淹斃不堪查報被難各夷並飭安為安頓仍
覽弁兵移營查報被難各夷並飭安為安頓仍
將擊碎夷船起為修復照例遣送回國以示懷
柔其淡水噶瑪蘭彰化四廳縣是否同被
風雨有無成災容臣一俟覆到再行
嚴辦臣謹署藩司武篆吳司陳士枚會詳前來臣
等謹合詞恭摺具

奏伏乞
皇上聖鑒訓示謹
奏

已有旨俱著速籌辦

道光二十五年八月　二十五　日

《宮中檔》，道光二十五年八月二十五日，劉韻珂等奏摺

奏

奏為查明臺灣府屬被風潮並不成災緣由恭
摺覆

　　關係總督臣富勒渾
　　福建巡撫臣雅德跪

奏事竊照臺灣地方於乾隆四十七年四月二十
二日猝被颶風海潮颭衝署倉廒營房等處
多有倒塌官商船隻課鹽稻穀各有損失緣由
經前督臣陳輝祖會同臣雅德恭摺具

奏欽奉

上諭海濱居民猝遇風潮以致官民房屋田禾人口
均被傷損咸知該督撫須籌飭所屬加查勘
實力撫卹母使一夫一婦所以副朕軫卹海疆之至
意其責在督倉發課鹽蹧穀等項有倒塌沖失之處
並著查明實在數目照例量委員查摺並發
欽此當經轉飭臺灣道前詳查辦確撼查明
臺灣等廳縣均照常有收並不不成災又經陳輝
祖卹摺具

奏臺灣明捐壞官民房屋船隻等辦在案
嗣於十月初七日據前任福建布政使楊廷樺
轉據前任臺灣道楊和嗣臺灣府知府蘇泰申
稱據署民房修補完固海覽人口亦已掩埋沉
失積穀官鹽及聲碎戰船現在分別賠補等情
詳據前道督臣福長安以未將各項細數分斷
籌敘駁飭確查去後臣等復又屢次嚴催始於
本年正月十二日據署布政使譚尚忠轉據前

任泰萃臺灣府蘇泰詳稱蒋臺灣縣向不種植早
禾鳳山縣先已收穫諸羅難同蜀風雨並不
猛疾田廬無損淡水澎湖彰化三廳縣是日並
無風實不成災惟臺灣縣地方諸風吹捐凡
房九十七間倒塌草房四十一間吹捐草房九
十四間除有力修復外無力之家海間經該縣
辦理惟積穀九千五百四十三石愛早應運歸
內地之項前任臺灣府萬縣前督督遲運不力經
前撫臣楊魁

奏明責叫該縣峯守等嘗惜運令邊風漂失總由督遲
遲緩之故應如何請著落萬縣前劉芝基二人
名下數賠補以咱烱戒再事闌海外風潮成
災與否即應查辦前任臺灣道移和遠隔重
洋前次亦不將捐失房屋等項細數詳明開報
以致往返駁查歷久積具

旨荃識知府蘇泰亦於另案
奏請草職審查合併陳明所有查明臺灣府
屬並不成災各緣由理合恭摺具

查明俱各有收並不成災撈撥海覽人口業已
掩埋官民房屋船隻等項俱經該道府等捐資
修補自應母庸再辦至沈失年額官穀緣由風
潮猛烈人力難施例件諭免臣等飭司照例

辦理惟積穀九千五百四十三石愛早應運歸

奏明臺灣府屬被颶風潮如果田禾傷損經
經撫船底並柁檣桅等項應與另捐船隻
添備物料赴嘗造所添料價值本道另查
賠補各等情輯詳謫

奏前來伏查臺灣府屬被風潮如果田禾傷損
應即照例賑卹伸海外貧民勿致失所今歷經

　　　　　皇上睿鑒謹
　　　　奏
　　　　奏伏乞

乾隆四十八年正月
十
九
日

《宮中檔》，乾隆四十八年正月十九日，富勒渾等奏摺

鄉村教育

——從現藏檔案資料看清代臺灣的文教措施

　　清代臺灣文教措施及考試制度的沿革，與臺灣的社會發展及行政區域的調整，關係密切。康熙二十三年（1684），清朝政府將臺灣納入版圖後，仍保存臺灣的郡縣制度，設府治，領臺灣、鳳山、諸羅三縣，並劃歸廈門為一區，設臺廈道，臺灣府隸屬於福建省，開科取士，加強文教工作，實施和福建內地一致的行政制度，反映清朝的治臺政策，確實有它的積極性。

　　海峽兩岸現藏清代檔案中，含有相當豐富的臺灣史料，其中《宮中檔》硃批奏摺，《軍機處檔・月摺包》、《月摺檔》、《內閣部院檔・外紀簿》，以及內閣大庫《明清檔案》等，尤其值得重視。硃批奏摺原件、奏摺錄副及其他各類抄件中頗多涉及臺灣歷史的原始資料，例如閩浙總督、福建巡撫、福建臺灣巡撫、福州將軍、福建布政使、福建臺灣學政、福建水師提督、福建臺灣鎮總兵官、巡視臺灣監察御史或給事中等人的奏摺及其錄副存查的抄件，其涉及臺灣歷史的上行文書，為數相當可觀。本文寫作的旨趣，主要在就現存檔案資料探討清代臺灣的文教措施，以科舉考試、學校教育為例，論述其得失利弊。

清代科舉考試制度的實施

　　考試制度有它合理的一面，科舉制度是基於尚賢思想所產生的一種傳統考試制度，利用考試的辦法掄拔人才，科甲出身的人才，就成為各級官員的主要組成部分，清朝的科舉考試，主要是童試、鄉試、會試、殿試等等。童試是最基本的考試，應試的考生，不論年紀大小，從孩童到白髮老翁，都稱為童生，又稱儒童，並非盡是孩童。童試分為三級：縣官考的叫做縣試，知府考的叫做府試，將縣、府考過的童生造冊送由學政考試，叫做院試，院試取中後入府學、縣學肄業，稱為進學，進了學的童生，成為生員，就是秀才，社會上習稱相公。生員有增生、附生、廩生等名目，統稱諸生。明太祖洪武二年（1369），朝廷下令置府學、州學、縣學，每人月給廩米六斗，後來名額增多，食廩者稱為廩膳生員，簡稱廩生，正額以外增加的名額，稱增廣生員，簡稱增生，沒有廩米。其後名額再增，稱為附學生員，簡稱附生。清沿明制，諸生名額及待遇，因地而異。

　　童生取中生員以後，仍然要接受學政的考試。學政三年一任，到任後第一年舉行歲考，次年舉行科考。歲考、科考都是一大堆預備考試，生員經過歲科預備考試後，始准參加鄉試。傳統社會以天干地支紀年，子丑寅卯辰巳午未申酉戌亥，叫做十二地支，鄉試三年一科，逢子卯午酉各年為正科，遇有國家慶典，另外加考恩科。鄉試共分三場，先一日點名發給試卷入場，後一日交卷出場。鄉試中試者，稱為舉人，社會上習稱老爺。第一名舉人，叫做解元，就是由府、縣解送省城參加鄉試而得元的意思。各省文闈鄉試，都在八月舉行，所以文闈鄉試又稱秋闈。新中式的舉人，常藉拜客的名

義，到親戚朋友家去拜訪，大家都要送他一些賀禮或盤費，因拜客在秋闈後開始，所以叫做打秋風。除文闈外，還有武闈，武童考試中式後，可以參加十月省城舉行的武闈考試。

　　鄉試中式的舉人到北京後，先參加會試，取集中會考之義。三年一科，以丑辰未戌各年為正科，遇鄉試恩科第二年的會試，稱為會試恩科。因會試在春天舉行，所以叫做春闈。又因會試是禮部的職掌，由禮部主考，所以又稱為禮闈。會試中式後，稱為貢士，第一名貢士叫做會元，亦稱為會魁，是會試之首的意思。會試中式的貢士還要參加皇帝親自主考的殿試。順治初年，在京師天安門外舉行殿試，後來改試於太和殿東西閣階下。殿試中式者分為一二三甲，一甲三人，第一名為狀元，因唐代制度舉人赴禮部應試時必須投狀，所以考試居首者即稱狀元，解元、會元、狀元，合稱三元，士人連中三元，足以光耀門楣。一甲第二名，稱為榜眼，以喻榜中雙眼。一甲第三名，稱為探花，因唐代進士杏園初會舉行探花宴而得名。一甲三人俱賜進士及第，二甲若干人，賜進士出身，三甲若干人，賜同進士出身。

　　考試制度有它合理的一面，以八股文作為考試工具，也有它合理的一面，科舉考試也確實把選拔人才的範圍，由皇親國戚逐步擴大到了廣大平民，說明了它的平等性和客觀性。但因進士名額很少，士子得中進士，並非易事。凡有志於科舉的士子，必須從小就熟讀四書、五經等，始能出入於考場。科舉是正途，欲求發跡，不得不走科舉這條路途。殿試中式後，經過朝考授官，前列者用為庶吉士，等第稍次者分別用為主事、中書、知縣。士子高中進士，擁有科名，就是傳統社會裡光耀門楣的具體表現。

清代科舉名額的調整

　　早期移墾臺灣的閩粵先民，多重視子弟教育，土地日闢，人文日盛，隨著臺灣社會的向前發展，行政區域，屢經調整。雍正元年（1723），巡視臺灣御史吳達禮具摺奏請將諸羅縣北境半線地方，分設知縣一員，典史一員，淡水增設捕盜同知一員。同年八月，經兵部議准，將諸羅縣分設彰化縣[1]，淡水同知與彰化知縣同城。雍正九年（1731）割大甲以北，自大甲溪起至三貂嶺遠望坑止，其刑名錢穀諸務，俱歸淡水同知辦理，改治竹塹。

　　清朝地方大吏頗重視臺灣的文教工作，他們認為臺灣地勢孤遠，倘若士習不醇，必然關係民風不淺。因此，規定府、縣各學都有月課、季考，文武生員，三年例有歲試，以便稽查其人品學問，詳定優劣，以示勸懲。在早期寄居臺灣的內地漢人，主要是閩粵之人，閩省主要為泉州、漳州、汀州三府之人，廣東主要為惠、潮二府及嘉應一州之人，因此，臺灣府縣各學也有閩、粵籍之分。

　　按照《學政全書》的規定，凡入籍二十年以上，其祖先墳墓田宅，確有印冊可據者，方准考試。臺灣為新闢地區，讀書士子較少，大都為各處冒籍之人前來應試。雍正五年（1727），福建總督高其倬〈題請清釐臺灣學政〉一疏內，請查士子現居臺地有田產家室入籍已定之人，即准收考。同年八月，經禮部議覆，以臺地昇平日久，文風漸盛，應如所請，嗣後歲、科二試，飭令各地方官查明現住臺地之人有田有屋入籍既定者，取具里鄰結狀，方准應考。這條規定，使各處

1　《清世宗憲皇帝實錄》，卷 10，頁 7。雍正元年八月乙卯，據兵部議覆。

冒籍童生，無從混行考試。但高其倬原疏內並未聲明閩粵一體字樣，遂以粵籍移民客民，未得與考。

雍正六年（1728），巡視臺灣兼理學政監察御史夏之芳入臺後，訪知告給衣頂的文武生員不在考課之列，以致逐漸與教官疏離，難以查察，給頂生員往往散處孤村遠社，借倚生員名色，包攬事情，武斷鄉曲，甚至串通各衙門胥役專作訟師，種種非為，貽害地方不淺。因此，夏之芳奏請嗣後給頂生員，照例五人互結外，仍令各教官不時驗看稽查，並於歲試之期，另造優劣清冊，出具並無生事過犯印結一同送學政查察，如有行止不端者，詳請斥革。夏之芳具摺奏請鄉試中式，臺灣另立字號，節錄一段內容如下：

> 查臺灣貢監生員，與內地一體鄉試。但海外文風稍遜內地，從前文場中式者，皆係內地冒籍之人，本籍並無一人中式，以致讀書之士，平日既困於見聞，又未身歷科名進取之榮，遂爾器量愈隘，不思上進。以臣愚見，嗣後鄉試之年，可否於內地八府之外，另立臺字號，酌量於正額數內分中一、二名，庶海外人材仰沐皇上格外之恩，亦得上入京師觀光謁選，伊等必愈知鼓舞，加意振興，且可共識效力從公之大義，此亦鼓勵邊方之一法也[2]。

為防止內地冒籍應考，同時鼓勵邊遠地區的士子，夏之芳奏請於內地八府之外，另立字號，對閩籍士子，確實有鼓舞作用。

---

2 《宮中檔雍正朝奏摺》，第十一輯（臺北，國立故宮博物院，民國67年9月），頁688。雍正六年十一月初四日，巡視臺灣兼理學政監察御史夏之芳奏摺。

　　乾隆五年（1740）二月二十九日，巡視臺灣御史楊二酉條奏，請准粵籍移民在臺考試，奏請敕諭福建督撫令臺灣府、縣詳查粵民現居臺地有田產家室編入戶口冊籍者，准其另編字號，即附各縣廳應考，送學政彙試，取進數名，附入臺灣府學管轄。臺灣府學廩增額數，或照內地府學之例，廩增各加二十名，或照州學之例，各加十名。原疏經禮部議覆。禮部以更定籍貫及編號加額，入學取中，俱關考試大典，理宜詳慎，粵民入籍臺郡，應先將現在居住臺郡例合考試者，確查人數多寡，據實題明，始可將應否另編字號及廩增鄉試如何酌定之處，分晰定義，未經查明之先，未便遽為議覆，應令福建督撫會同巡臺御史確查定議具題。閩浙總督德沛奉到部文後即行文臺灣府移會臺灣道查議。據臺灣府詳稱，臺灣、鳳山、諸羅、彰化四縣分別查明，其中臺灣縣考送粵童，共一百一十七名，鳳山縣考送粵童共四百四十四名，諸羅縣考送粵童共五十三名，彰化縣考送粵童共九十八名。攝理臺灣府事臺灣道副使劉良璧也指出：粵民流寓在臺年久入籍者，臺灣四縣，均有戶冊可稽，其父兄雖祇事耕耘，而子弟多有志誦讀，其俊秀子弟堪以應試者頗多。但溯其本源，究屬隔省流寓，以致遭到閩籍臺童攻揭，不容與考。臺灣、鳳山、諸羅、彰化四縣冊報考驗過實在粵童，堪以應試者，通共七百一十二名。因此，德沛等奏請於歲、科兩試，將粵童另編字號，照小縣之例，四縣通校，共取進八名，附入府學管轄，其子弟續有出考者，總以取進八名為額。其粵生既附府學管轄，則府學廩增額數，亦應加增，即照州學之例，各加額十名，於粵生內漸次拔補，照例挨年出貢，所有取進粵生，自應准其一體鄉試。但因臺籍生員鄉試係編臺字號，額中二名，

若粵生一例編入臺字，恐佔臺生中額，所以德沛即於乾隆六年（1741）具題請旨另編字號[3]。德沛疏請粵童另編新字號應試，四縣通校，共取進八名。其鄉試暫附閩省生員內，俟數科後數滿百名，始另編字號，取中一名，俱經禮部議准[4]。

　科舉考試，有中額、進額等名目，中額即中舉名額，進額即進學名額。按照定例，大省每中舉人一名，錄送科舉八十名，臺灣府額定舉人二名，另編至字號取中，每逢鄉試錄送科舉，經禮部於乾隆八年（1743）議准，令福建學政於科舉二百名定額之外，酌量寬餘錄送。嘉慶十二年（1807），閩浙總督阿林保、福建巡撫張師誠以臺灣府人文日盛，奏請加廣中額進額，並添設廩增優貢。阿林保等原奏略謂臺灣一府，從前額中舉人二名，另編至字號，撥給中額，數十年來，有志於應鄉試者，不下千百餘人，而科舉僅准錄送二百餘名，中額仍限於二名。臺灣府屬四縣應考文童，冊報多至三千餘人，較之內地大中各縣應試童生，不相上下，但是進額尚不及內地中縣。至於附居臺灣的粵籍文童額進八名，並未專設廩增。因粵籍取進人數，幾倍於前，但廩增未設，以致人多額隘。其優貢一項，三年舉行一次，由學政會同督撫考校，通省僅取五、六名，因臺灣學政是由道員兼理，不能與內地各屬諸生同邀考送。為此，阿林保等奏請將臺灣鄉試中額，於閩省額定八十五名之外，再加一名，連前共中三名，並於至字號內取中副榜一名，每屆鄉試，准其錄送科舉五百名。臺灣府學，閩籍文童加進二名，粵籍文童加進二名，臺灣、鳳山、嘉義、彰化四縣，每縣加進文童二名。粵籍生員准照

3　《明清史料》（臺北，維新書局，民國61年3月），戊編第一本，頁55。
4　《清高宗純皇帝實錄》，卷146，頁22。乾隆六年七月庚午，據禮部議奏。

小學之例，添設廩增各十名，原奏奉硃批「禮部議奏」。禮部
遵旨議覆，議准於至字號舉人二名之外，再加一名，定為三
名。但阿林保所請錄送科舉五百名之處，核與大省每舉人一
名，錄送八十名之例，相去懸殊，經禮部議定錄送科舉三百
名。臺灣府學額進閩籍文童二十名，粵籍文童八名，額設廩
增各二十名，臺灣等四縣學，名額進文童十二名，額設廩增
各十名。阿林保等奏請府學閩籍、粵籍各加文童二名，四縣
學各加文童二名。禮部議覆時指出，各省府學例定廩增各四
十名，臺灣一府，設學已久，廩增額限二十名，為數過少，
因此，議准以原定廩增各二十名，專歸閩籍生員充補，粵籍
准其另設廩增各八名。並議准於臺灣府學內閩籍、粵籍各加
進文童一名，四縣學內各加進文童一名。至於原奏請加至字
號副榜一名之處，與例不符，議不准行[5]。

　　嘉慶十六年（1811），署閩浙總督張師誠以粵籍生員造送
科考者已有八十八名，加新進九名，共有九十七名，於是題
請另編字號，取中舉額一名，惟禮部檢查嘉慶十四年（1809）
科考冊內粵籍生員列入等第者，只有三十四名，不得遽添中
額，致使各省客籍效尤，而奉部駁。道光八年（1828），閩浙
總督孫爾準，福建巡撫韓克均以臺灣府人文日盛，奏請加設
粵籍舉額，並增加廳縣學額，以廣文教。原奏指出臺灣府粵
籍生員計一百二十三名，已遠遠超過百名之數，與乾隆六年
（1741）部議粵生數滿百即請取中舉人一名的規定相符，孫
爾準等奏請加設粵籍舉額是遵奉原議辦理。經禮部議准於臺
灣閩籍中額三名之外，另編田字號，加設粵籍中額一名，使
閩籍和粵籍各有定額，以昭平允[6]。

5　《明清史料》，戊編第二本，頁166。嘉慶十二年四月，據禮部議
　　奏。
6　《軍機處檔‧月摺包》（臺北，國立故宮博物院），第2747箱，33

臺灣、鳳山、嘉義、彰化四縣文童，在道光初年，每縣定額取進十三名，其澎湖廳應試童生附入臺灣縣，並未另設進額。臺灣府紳士郭開榮等呈請增加四縣及澎湖廳文童進額。閩浙總督孫爾準等亦以臺灣廳縣應試之人倍多於昔，幾與內地大縣相同，而學額尚不及內地中縣之數，登進之途稍隘。因此，孫爾準等奏請將臺灣、鳳山、嘉義、彰化四縣學額各增廣二名，使士民更知誦讀的重要，對臺灣風俗大有裨益。澎湖四面汪洋，應試童生，向來附入臺灣縣學，航海往返，風濤險阻。孫爾準等人以澎湖廳赴試文童已達到百人，與淡水廳設學之初人數相符，因此，奏請將歲、科兩科，各取進二名，以示鼓勵，並照粵籍文童之例，附入府學，劃一辦理[7]。

除了文闈鄉試外，還有武闈鄉試，臺灣士子應試鄉闈武生，歷屆至多五十餘名，少則三十餘名，而歷科取中武舉多則四名，少則一名。嘉慶二十四年（1819），禮部議准，臺灣應試武生援照駐防八旗武舉中額七名取中一名之例，定為常額。咸豐年間（1851-1861），因太平軍戰亂擴大，臺灣府屬士民踴躍捐輸銀米，為表示獎勵，加中武舉永遠定額三名，自咸豐八年（1858）戊午科為始辦理武闈鄉試加額取中，因內地不靖，停辦鄉試。咸豐九年（1859），福建舉行己未恩科鄉試，並補行戊午正科武闈鄉試，兩科並考，共取中六名，閩浙總督兼署福建巡撫慶端具摺指出，臺灣府屬應試文舉已有定額，閩籍、粵籍士子應試文闈之卷，亦已另編至字，田

包，59336 號。道光八年二月初九日，閩浙總督孫爾準等奏摺錄副。
7 《明清史料》，戊編第二本，頁 172。道光八年三月二十日，禮部為內閣抄出閩浙總督孫爾準等奏移會。

字號，以示區別，其武舉並未另定中額，而是歸通省內地士
子一併考校取中，因此未經另編字號。為了避免與內地武生
互相混淆，慶端奏請將臺灣閩籍武生仿照文闈之例，另編至
字號，以憑稽查取中永遠加額，其餘仍照舊章歸於通省內地
各武生一體考取[8]，粵籍武生即歸於通省內地一體考取。

　　嘉慶十九年（1814），議定噶瑪蘭廳應試文童附入淡水廳
學取進。到道光二十一年（1841）噶瑪蘭經過三十餘年的發
展，人口倍增，文風日盛，進學文童，與日俱增。據臺灣府
知府熊一本詳稱：

> 噶瑪蘭廳自嘉慶十五年歸入版圖，大小丁口計六千餘
> 戶，計今三十餘載，戶口蕃滋，經該廳清查現在有九
> 萬二千零內應試文童三百一十八名，文風日盛。惟地
> 處萬山之後，道路窵遠，跋涉維艱，若赴淡水應試，
> 不免守候之苦，應請仿照澎湖之例，由廳考錄，徑送
> 道試。又蘭廳並無學額，向在淡水六名之中分進一名，
> 間歲分進二名。今應試文童日多，若僅進一名，誠不
> 足以振興士氣。若多取二、三名，又有礙淡水之額，
> 應請加進淡水廳學額二名，共為八名內以三名分給蘭
> 童，編為柬字號，以五名分給淡童，編為炎字號，以
> 昭公允[9]。

　　由引文內容可知道光二十一年（1841）噶瑪蘭廳應試文
童已多達三百一十八名，文風日盛。但噶瑪蘭廳僻處後山，
溪嶺險峻，自噶瑪蘭至淡水，計程六日，由噶瑪蘭赴臺灣府

8　《宮中檔》，第 2714 箱，67 包，11315 號。咸豐九年十月二十七日，
　　閩浙總督慶端奏摺。

9　《宮中檔》，第 2719 箱，29 包，4800 號。道光二十一年十二月十
　　八日，閩浙總督顏伯燾等奏摺。

城計程十三日，文童經兩番跋涉，艱苦異常，閩浙總督顏伯燾乃奏請縣府考試，併歸廳考，經送臺灣道考試，較為簡便。噶瑪蘭廳學額即增二名，其廩增生亦請加二名，於淡水、噶瑪蘭二廳附生內分別柬、炎字號考補。

　　沈葆楨在辦理臺防期間，奏准設立臺北府，駐紮艋舺，其歲試、科試，即於艋舺地方建設考棚。閩浙總督何璟等具摺指出，光緒初年淡水廳應試文童約有一千三、四百人，噶瑪蘭廳應試文童約有六、七百人。向例臺灣一府取進文童及廩增生缺額，俱分閩、粵兩籍，府學每屆歲、科考試，閩籍取進二十三名，內含澎湖二名，加廣九名；粵籍取進九名，加廣二名。閩籍廩增生各三十名；粵籍廩增生各八名，都是一年一貢。淡水、噶瑪蘭兩廳向來也在府學取進數名。臺北府設立後，淡水、噶瑪蘭兩廳分設的淡水、新竹、宜蘭三縣每屆歲試、科試，即於臺北府考棚辦理。淡水、新竹、宜蘭三縣文童各有六、七百人，與內地大學、中學的人數相比，並不相上下，其學額即於臺灣府改撥，並酌量增加。閩浙總督何璟等奏請將臺灣府學閩籍連澎湖二名在內，改為取進二十名，加廣九名；粵籍除分撥臺北府學四名外，改為取進五名，加廣一名。閩籍廩增生各三十名，一年一貢；粵籍廩增生改為各四名，二年一貢。臺北新設府學，即比照內地龍岩、永春直隸州之例，閩籍額進文童十八名；粵籍除臺灣府撥出四名外，再增設一名，其為五名，加廣一名。閩籍廩增生各二十名，一年一貢；粵籍廩增生各四名，二年一貢。淡水廳原設廳學八名，即歸淡水縣學取進，加廣一名，另設新竹縣專學，添設學額八名，加廣一名；噶瑪蘭廳學原設五名，即歸宜蘭縣學取進，加額三名，共八名，加廣一名，淡水、新竹、宜蘭三縣學廩增生各八名，三年一貢。

　　臺灣府武學閩籍原額二十名，加廣九名；粵籍原額四名，

加廣二名。臺北設府後，即將臺灣府武學閩籍改為十六名，加廣九名；粵籍改為取進二名，加廣一名，臺北府武學閩籍添設八名，粵籍取進二名，加廣一名。淡水廳原設武學五名，即歸淡水縣學取進，添設新竹縣武學五名。噶瑪蘭廳原議武學二名，即歸宜蘭縣學取進，另再添設三名。其加廣武學二名，分歸淡水、新竹兩縣各取進一名，噶瑪蘭廳加廣一名，則歸宜蘭縣學取進。在學官方面，臺北府學添設教授一員，新竹、宜蘭兩縣學各設訓導一員。淡水廳學原設教諭即改為淡水縣學教諭，噶瑪蘭廳原設訓導，改為宜蘭縣學訓導，臺灣、嘉義二縣裁去訓導一員，以抵臺北新設之缺[10]。

　　閩浙總督何璟等人具奏調整臺灣府縣學額後，經禮部議准，臺南府學額定取進文童閩籍十八名，澎湖二名，加廣九名；粵籍五名，加廣一名。安平、鳳山、嘉義三縣學各取進一十七名，彰化縣學取進十八名。臺北府學額定取進文童閩籍十二名；粵籍五名，加廣一名。淡水、新竹、宜蘭三縣學各取進六名。武學方面，臺南府額定取進武童，閩籍十六名，加廣九名；粵籍二名，加廣一名。安平、鳳山、嘉義三縣各取進十四名，彰化縣取進十一名。臺北府額定取進武童，閩籍七名；粵籍二名，加廣一名。淡水、新竹、宜蘭三縣各取進四名。光緒十一年（1885）九月初五日，臺灣奉旨建省，以劉銘傳補授首任福建臺灣巡撫，兼管學政，劉銘傳就行政區劃的調整，分別議定新設府縣文武學額。劉銘傳原奏指出澎湖廳因應試人數倍增，奏請將臺南府學應撥彰化縣文童三名，改為增撥澎湖廳二名，恆春縣一名。淡水為附府縣，奏請改為大學，基隆廳附淡水廳考試。臺北府學加額三名，埔裡社廳附於新設臺灣縣考試，臺灣、彰化兩縣均作為大學，

10　《月摺檔》（臺北，國立故宮博物院），光緒四年十月十七日，閩浙總督何璟等奏摺抄件

雲林縣作為中學、苗栗縣閩籍、粵籍各居其半，粵籍歸府學取進，閩童較少，定為小學。臺灣府照內地府學之例取進二十名，並照舊設臺灣府原定成案另設粵籍九名。各縣學文童取進名數，是大約按照大、中、小學分別覈定。劉銘傳原摺附呈《臺灣省各府縣學添設增改文武生童及廩增名額出貢年限清單》，詳列各府縣學文武各生童等名額頗詳，可據清單列出簡表如下：

福建臺灣省各府縣文武生童及廩增名額簡表

府　縣　學	文　童　進　額		武　童　進　額		廩　生　名　額		增　生　名　額	
	閩籍	粵籍	閩籍	粵籍	閩籍	粵籍	閩籍	粵籍
臺灣府學	20	9	12	4	30	4	30	4
臺灣縣學	15		10		15		15	
彰化縣學	15		9		15		15	
雲林縣學	12		4		10		10	
苗栗縣學	4		2		5		5	
臺南府學	15	6	16	2	30	4	30	4
安平縣學	17		14		15		15	
鳳山縣學	17		14		15		15	
嘉義縣學	17		14		15		15	
臺北府學	13	6	7	3	20	4	20	4
淡水縣學	6		4		15		15	
新竹縣學	6		4		10		10	
宜蘭縣學	6		4		10		10	
總名額	163	21	114	9	205	12	205	12

資料來源：《月摺檔》（臺北，國立故宮博物院），光緒十六年三月十七日，福建臺灣巡撫兼管學政劉銘傳奏摺附呈清單。

前列簡表未含加廣名額。表中所列臺灣建省後三府十縣文童進額，閩籍計一六三名，粵籍計二一名，合計共一八四名，閩籍約佔總進額百分之八十九，粵籍約佔百分之十一，閩粵籍的比率懸殊。武童進額，閩籍計一一四名，粵籍計九名，合計共一二三名，閩籍約佔總進額百分之九十七，粵籍約佔百分之七，粵籍所佔比值更低。廩生、增生閩籍各二〇五名，粵籍各十二名，合計各二一七名，閩籍約各佔總額百分之九十四，粵籍約各佔總額百分之六。簡表所列光緒十六年（1890）臺灣文童、武童進額及廩、增各生名額合計共七四一名。嘉慶十二年（1807），臺灣府縣閩粵籍文童、廩增進額合計共一五六名，到光緒十六年（1890），不及百年，進額多達七四一名，增加將近五倍，充分反映臺灣人文日盛以及清朝政府對臺灣文教工作的重視。

臺灣科場積弊的釐剔

科舉考試，場規極嚴。順治年間（1644-1661），規定士子入場，必須穿著拆縫衣服，單層鞋襪，以防夾帶作弊。如有懷挾片紙隻字，或倩人代作文字，一律枷示問罪。雍正、乾隆年間（1723-1795）禁止攜帶雙層板凳，硯臺不許過厚，糕餅餑餑，各須切開，士子作弊，他的父親和師傅都要治罪。但是士子冒籍作弊的現象，仍然十分普遍。乾隆三十二年（1767）十二月間，臺灣府舉行科試，有廣東生童劉麟遊、馮徵烈等冒入臺灣鳳山縣籍，伍逢捷冒入諸羅縣籍應試。據劉麟遊供稱：

> 生員今年三十五歲，原籍嘉應州鎮平縣人。康熙四十六年，祖父爾爵，號訓伯，就過臺灣，住在鳳山縣埤仔嶺莊，向施姓業戶墾田七甲零。乾隆十六年間，施

姓把業賣與陳思敬了，有業戶歷年給過租單，及管事
柯廷第可查問的。雍正年間，父親俊升也來臺幫耕。
乾隆元年，祖父因年老回籍，到七年死了。父親是二
十九年正月內死在臺灣。三十五年三月內，是弟郎日
輝即監生鳳鳴在鳳山縣請領往回印照搬運骸骨回籍。
冬間來臺，上年六月死在鳳山，現葬埤仔莊的。生員
母親陳氏，娶妻曾氏，生一個兒子，名叫文堂，都在
內地。生員是二十七年三月同叔父俊登，弟郎日輝在
鎮平縣領照過臺，照內名字「日煌」，這劉麟遊名字是
考時取的。生員雖是二十七年來臺，家眷現在內地，
與例稍有不符。但祖父置有產業，已經年久，並不是
偷渡冒籍，是以保生劉朝東纔肯保結的。總是粵人在
臺應試，原是客籍，但要有產業，就算有根底入籍的
了，大家都許考試，從不攻擊，所以里管族鄰都肯出
結，就是地方官也無從查察的。這劉朝東是生員同族，
沒有送過他分文謝禮，實在並無賄囑[11]。

供詞中已指出，粵人在臺灣應試，原是客籍，只要有產
業，就算有根底入籍的，經保生或里管族鄰保結後，即可應
試。此外，黃駟、吳明、伍逢捷、馮徽烈都是粵民。黃駟之
祖黃應岐於康熙年間來臺，住彰化縣地方。乾隆二年（1737），
墾耕張振萬即張達京田業。乾隆十二年（1747），其父黃元堅
帶黃駟來臺。乾隆十四年（1749），黃元堅將應分之業典與其
弟黃秀錫。黃元堅回籍身故，黃駟仍住臺灣。吳明之祖吳從
周，父吳子賢，又名吳啓漢，於康熙年間來彰化縣墾耕官莊

11　《明清史料》，戊編第二本，頁 124。乾隆三十七年十月初五日，
　　吏部題本。

田五甲，年輸糧銀六兩，戶名吳啓漢，入籍臺地。伍逢捷本姓李，名嗣長，自幼依寓母家伍姓撫養，未從母姓。乾隆三十二年四月，始渡海來臺，居住鳳山地方，隨即往諸羅縣冒頂伍逢捷姓名。馮徽烈之祖馮玉魁，父馮若紀，於康熙、雍正年間，來臺寄寓鳳山縣，父祖回籍後身故，馮徽烈於乾隆三十年（1765）來臺。乾隆三十二年（1767）十二月，臺灣府舉行科試，劉麟遊、馮徽烈、伍逢捷、吳明、黃駬與梁謨、賴濟、謝榮等前赴臺灣道衙門應試，均已取進，撥入府學。梁謨等考取後，隨即返回廣東原籍。

　　乾隆三十三年（1768），馮徽烈領照前往福建省城鄉試，順便返回廣東原籍。乾隆三十五年（1770）九月二十七日，馮徽烈在籍病故。伍逢捷於乾隆三十五年（1770）十一月內回至內地，後因梁謨在籍與梁逢五等控爭祖遺嘗租，究出梁謨等偷渡過臺，冒考入學。經兩廣總督李侍堯具奏，將梁謨、謝榮、賴濟俱依照越渡緣邊關塞律杖徒，也因此案查出冒籍同考入學的伍逢捷等人，結果查出吳明在臺灣生長，墳墓家族產業，均在臺灣，並非冒籍。劉麟在臺灣雖有產業，但本身入籍年例不符，且墳墓家屬，俱在廣東內地。黃駬的祖父在臺灣耕種，他隨父來臺，雖已二十餘年，但田產已典與胞叔承管，並非入籍既定之人，與入籍二十年以上之例不符。因此，劉麟遊、黃駬俱照冒考條例各杖八十，革去衣頂，保結生員劉朝東、黃培驊等不遵照定例確查來歷，冒昧混保，均照冒保例各杖八十，革去衣頂。

　　八股取士，主要從四書五經命題，但科舉考試已有一千多年的歷史，歷科考試題目，雷同相似的頗多。考官出題，常取書中吉祥佳句，士子揣摩猜題，往往猜中，每一道題目，

坊間書肆，早有標準範本，士子背誦題解，也可以默寫完卷，
徼幸考中。記名提督臺灣鎮總兵官曾玉明之子曾雲登、曾雲
書向來不能作文，兄弟二人於同治四年（1865）九月福建補
行甲子科文闈鄉試，竟然同科中式，經福建巡撫徐宗幹具摺
奏明其中情弊。同治五年（1866）五月十一日奉旨，曾玉明
暫行革職，曾雲登、曾雲書均革去舉人，交閩浙總督左宗棠
嚴訊[12]。左宗棠等親提嚴加研鞫，曾雲登、曾雲書供出祖籍晉
江縣，曾雲登由臺灣縣學增生遵例捐納貢生，加捐郎中，在
彰化縣剿匪出力案內保舉獎敘知府藍翎。曾雲書先在嘉義縣
從師受業，由嘉義縣應試取進嘉義縣學附生，後來報捐員外，
捐升郎中，改捐同知，於臺灣剿匪出力案內保舉獎敘知府花
翎，歸部銓選。

　　同治四年（1865）九月，福建省補行甲子科鄉試，曾雲
登、曾雲書均由臺灣道錄科送省應試。臺灣士子向來另編座
號，不與內地各生雜坐，曾雲登、曾雲書兄弟俱編坐調字號。
第一場考四書三題；首題，曾雲登、曾雲書均有舊作：第二
題下句：第三題下二句，也都有塾課，經其業師改正，時常
記誦，遂各默出首題，照錄第二、三題，即以舊作互相參考，
詩題也是套襲相倣，題目完卷出場。第二場考易經、書經、
詩經、春秋等各四題；第三場考策五道，曾雲登、曾雲書均
互相參酌完篇。出闈後即趁風汛渡海入臺。放榜後，曾雲登
中式第二十七名舉人，曾雲書中式第八十一名舉人。左宗棠
具摺指出，臺灣中卷在通場本難出色，因臺額取中本較內地
為易，曾雲登兄弟參改舊作，並無槍替情弊。臺灣本無土著，

內地士子，寄居何縣，即在何縣應試。曾雲登隨父寄居臺灣縣，所以籍隸臺灣縣。曾雲書原先也是隨父寄居臺灣縣，後因隨從業師在嘉義縣遊學，所以在嘉義縣應試，取進嘉義縣學附生，以致兄弟異籍。左宗棠於審明後具摺奏聞。左宗棠指出，曾雲書先係異籍取進，變亂版籍，曾雲登、曾雲書均比照應試生儒越舍與人換寫文字發近邊充軍例量減一等，各擬杖一百，徒三年，定地發配折責充役，革去舉人，拔去花翎、藍翎。臺灣鎮總兵官曾玉明對其二子默錄舊作互相參考，僥倖同中，並不自行檢舉，其後又任其避匿，延不交案，有心徇庇，奉旨革職，失察人員另行參處[13]。

　　臺灣學政向來是由臺灣道兼理，光緒元年（1875），沈葆楨奏准統歸巡撫主政。光緒二年（1876）十二月十三日，福建巡撫丁日昌遵奉諭旨，兼理臺灣學政關防，並檄行臺灣府舉行歲試，丁日昌即渡海入臺考校。臺灣府知府張夢元及各府縣學錄送文武生童名冊後，隨即於光緒三年（1877）二月十三日移進考棚，正式舉行歲試。丁日昌為防槍替頂冒之弊，於舉行考試期間，終日危坐堂皇，親自巡察座號，並遴員梭巡文場內外。考試期間，有澎湖認保增生陳翔雲有混填年歲情弊，遂被斥革發落。丁日昌將歲試情形繕摺奏聞，原摺指出，臺灣士風，以臺灣縣、淡水廳兩學為優，彰化、嘉義兩縣學次之，鳳山縣為最下。丁日昌也指出，臺灣考試，向多槍替頂冒之弊，但因監試嚴格，使士子恪遵功令，其弊竇遂無從而生[14]。

13　《月摺檔》，同治五年十二月初九日，閩浙總督左宗棠奏摺抄件。
14　《月摺檔》，光緒三年三月二十五日，福建巡撫丁日昌奏摺抄件。

臺灣府廳縣學的倡辦

　　清朝領有臺灣後，即開始設立學校，推廣儒學教育，以培養科舉人才，清朝政府的重視文教工作，反映治臺政策的積極性。康熙二十三年（1684），設立臺灣縣學和鳳山縣學。康熙二十四年（1685），設立臺灣府學。康熙二十五年（1686），設立諸羅縣學。府、縣學都是官方所設立的儒學，教以儒家經典。此外，還有官方倡辦的義學、書院和社學，臺灣人文遂日益盛行。因府、縣學校年久失修，地方人士，多捐資修葺。乾隆年間，臺灣府、縣兩學，因建設年久，棟宇墻垣，多致傾圮，樂器、祭器亦有殘缺，臺灣地方經費有限，未能及時修整，有貢監生員侯世輝、蔡壯器、張方升等親往估計，府學約需銀五千餘兩，縣學約需銀三千餘兩，共需銀八千餘兩。貢監生員各類捐資銀自數百兩至一千兩不等[15]。

　　雍正元年（1723），淡水廳設同知，因讀書士子較少，其應試童生，附入彰化縣學考試取進。乾隆二十八年（1763），寄居淡水廳的汀州府屬永定縣貢生胡焯猷捐設義學，官府准其作為書院，於是漢人、原住民向學者，與日俱增。但因學官未立，司鐸無人，所以仍附入彰化縣應考。乾隆三十一年（1766），淡水廳同知李浚原以淡水廳生童赴彰化縣考錄送府，往返跋涉，而稟請比照江西蓮花、湖南鳳凰、陝西潼關、四川敘水石砫各廳之例，就地在淡水廳設立訓導，創建文廟，將生童科、歲兩試，由廳錄送。乾隆三十五年（1770），監生郭宗嘏呈請捐租建學。惟因其時淡水廳尚無廩保，所以將捐租撥為書院經費。嘉慶十五年（1810），閩浙總督方維甸赴臺

15　《軍機處檔・月摺包》（臺北，國立故宮博物院），第 2740 箱，36　包，5166 號。乾隆十五年正月十九日，福建巡撫潘思榘奏摺錄副。

查辦泉、漳分類械鬥期間，有淡水廳貢生林璽等呈請另設學校，倘若經費不敷，情願捐湊，不需動項。據臺灣府知府汪楠詳稱，淡水廳自入版圖以來，應試童生較前增多，兼之噶瑪蘭新入版圖，業儒者更多，因此，詳請援照蓮花等廳之例，另設學校。閩浙總督汪志伊等具摺奏陳淡水廳，另設學校的重要性。原摺詳陳籌設學校的規劃，節錄一段內容如下：

> 淡水一廳，自入版圖之後，設立同知專管，歷今九十餘年，戶口日繁，人文漸盛，生童應試，較昔倍增，自應另設學校，歸廳考試。臣等敬體聖主樂育人材，鼓勵士氣至意，合無仰懇皇上天恩，俯准援照各省蓮花等廳另設學校之例，將淡水廳另行設立學校，歸廳考試，移送臺灣府考錄，轉送臺灣道局試，酌取閩籍文生八名，武生二名，並設廩生六名，增生六名。其出貢年限，即照臺灣初設彰化縣學之例，四年一貢，俟將來人文加盛，再照縣學二年一貢。其廩增名額，應就淡屬現有之廩增附生四十餘名，改歸廳學考補。廩膳一項，每名照例年應領銀四兩二錢二分六釐六毫，請照四縣之例，就於傜工經費項下開銷。若遇選優之年，准照各縣生儒一體報優，送交內地彙考錄取。其拔貢一項，亦照各縣之例，額設一名，如不得其人，寧缺無濫。其淡水廳應試童生，請遵新例查對煙戶門牌入籍二十年以上有田墓廬舍者，准其呈明應試。淡屬現有廩生二名，足資認保，可無冒籍之弊，如有冒籍頂替，照例分別究辦，以專責成。至學官有課士之責，必須設立。查彰化縣學有教諭、訓導二員，請將訓導一缺，移淡水，作為廳學訓導，頒給鈐記，以昭

信守，其養廉俸工等項，無所增減，仍附入彰學，動
給開銷。所有應建文廟、學署，據詳業經該道府查明，
已於從前設廳時選有地基，需用工料，亦於書院經費
內尚有餘剩銀兩，可以撥用。倘有不數，似可准令該
貢生林璽等湊捐應用，毋庸動項[16]。

　　引文內容已指出淡水廳由於戶口日繁，人文漸盛，添設
學校，生童歸廳考試，確有其必要。其學官的設立，是將彰
化縣學的訓導一員移作淡水廳之缺。噶瑪蘭生童與淡水生童
一體憑文取進。淡水廳學設立後，應試文武生童，與日俱增。
嘉慶二十一年（1816）九月，閩浙總督汪志伊等具摺奏明淡
水廳及噶瑪蘭取進學額，節錄內容一段如下：

查淡水廳屬附入彰化縣學考試，現在應試文童約有三
百六、七十名，應試武童亦有三、四十名。近自嘉慶
十六年來，歷屆取進淡水童生或四名，或五名，加之
噶瑪蘭現堪應試之文童已有五、六十名，初學作文者，
亦有八十四名，其幼童質可讀書者，尚復不少，不數
年間，俱堪應試，況噶瑪蘭煙戶丁口，統計有六千零
一十戶之多，觀感奮興，自必人文日盛，應試愈多。
臣王紹蘭甫從臺灣巡閱地方，詢知淡水之明志書院，
噶瑪蘭之仰山書院兩處，在院肄業文童，均能勵志讀
書，其中文理通順者，頗不乏人。是臣等原奏內所請
於淡水地方另立學校，歸廳考試。噶瑪蘭應試文武童
生，仿照淡水廳附入彰化考試之例一體考校，酌擬取

16　《宮中檔》，第 2724 箱，88 包，16322 號。嘉慶十九年八月十九
　　日，閩浙總督汪志伊等奏摺。

　　進閩籍文生八名，武生二名，似無浮濫[17]。

　　引文中的王紹蘭是福建巡撫，他曾渡臺巡閱地方，據稱淡水廳的明志書院，噶瑪蘭的仰山書院，在書院肄業的文童，都能勵志讀書，其中文理通順者頗多。根據統計，嘉慶十六年（1811），歲試取進淡水文童生四名，武童生一名。嘉慶十七年（1812）科試，取進淡水文童生五名。嘉慶十九年（1814）歲試，取進淡水文童生三名，武童生一名。嘉慶二十年（1815）科試，取進淡水文童生五名。由於淡水、噶瑪蘭人文頗盛，閩浙總督汪志伊等奏請閩籍文童生進取八名，武童生取進二名，以示鼓勵。從臺灣北部行政區劃及廳學進額的加增，可以反映淡水、噶瑪蘭的開發，已經是戶口日繁。

　　在自強運動期間，主持洋務者，多以船堅礮利為西人富強之道。因此，當時興辦學堂的動機，主要是為軍事或造就語文繙譯人才起見。於是京師同文館、廣方言館、水師武備學堂等相繼設立。光緒十四年（1888）六月初四日，福建臺灣巡撫劉銘傳於〈為臺灣開設西學堂選取學生延訂洋師教習以育人才而資器使所有動銷經費懇恩准飭先行立案事〉一摺奏明臺灣設立西學堂的經過，其原摺現藏於北京中國第一歷史檔案館。《重修臺灣省通志・文教志學校教育篇》引《劉壯肅公奏議》所收錄的劉銘傳奏摺，對照原摺後發現其內容文字，略有出入，為了提供原始檔案資料，將劉銘傳奏摺原件內容照錄如下：

　　　竊惟中外通商，准彼此學習文藝，自京師設立同文館，
　　　招選滿漢子弟，延請西人教授，而天津、上海、福建、

17　《軍機處檔・月摺包》，第 2751 箱，12 包，49433 號。嘉慶二十一年九月十二日，閩浙總督汪志伊奏摺錄副。

廣東等處，凡有仿照槍礮船械之地，無不兼設學堂，風氣日開，人才蔚起，海防洋務，利賴良多。臺灣為海疆衝要之區，通商籌防，在在皆關交涉。祇以一隅孤陋，各國語言文字輒未知所講求。臣初到臺，繙譯取材內地，重洋遙隔，往往要挾多端，月薪率至百餘金，尚非精通西學者，因思聘延教習，就地育才。初擬官紳捐集微貲，造就一二聰穎子弟，以資任用。詎一時聞風興起，庠序俊秀，接踵而來，情殷入學，不得不開設學堂，以廣朝廷教育人才之意。先後甄錄年輕質美之士二十餘名，延訂英國人布茂林為之教習，生童酌給膏火，釐定課程，並派漢教習二人，於西學閒暇時，兼課中國經史文字，既使內外通貫，亦以嫺其禮法，不致盡蹈外洋習氣。日以巳午未申四時，專心西學，早晚則由漢教習督課。遇西國禮拜日，課試策論。每屆三箇月，委員會同洋教習考校一次，等其優劣，分別獎勵戒飭，有不堪造就者，隨時撤退。計自光緒十三年三月起，迄今已逾一年，規模麤立。臣嘗親加查察，所習語言文字，均有成效。擬漸進以圖算測量製造之學，冀各學生砥礪研磨，日臻有用，而臺地現辦機器製造、煤礦鐵路，將來亦不患任使無才。本年復添學生十餘名，所有洋教習，每月脩伙洋三百五十元，漢教習二人，每月各支薪水洋五十元，共折合庫平銀三百二十四兩。學生由生員考取者，每月各給膏火銀八兩，由文童考取者，每月各給銀五兩七錢六分，幼童每月各給銀二兩八錢八分。另設門役、廚伙夫共四名，每月各給工食銀三兩，其學生椅棹器具，

以及隨時應用外洋書籍紙筆等項，據實開報，約計傭
伙、薪水、膏火、工食、雜費，一年需銀七千餘兩，
現在鹽務項下動支，將來必須建造學堂一處，以資棲
宿，應用經費，俟工竣後再行造銷，相應仰懇天恩准
飭先行立案，按年彙銷，所有臺灣開設西學堂選取學
生，延訂教習，動銷經費各緣由，除咨呈總理各國事
務衙門、海軍衙門暨咨戶部、工部查照外，謹恭摺具
奏[18]。

　　劉銘傳奏摺內容將近九百字，依照原奏所稱，臺灣開設
西學堂是在光緒十三年（1887）三月，第一年甄錄學生二十
餘名，請洋教習英國人布茂林。第二年，又增添學生十餘名，
漢教習維持二人。《重修臺灣省通志・文教志學校教育篇》所
引劉銘傳奏摺文字頗多修改，與原摺出入頗大。例如原摺「庠
序俊秀，接踵而來，情殷入學」，《重修臺灣省通志》改為「膠
庠俊秀，接踵而來」；原摺「不致盡蹈外洋習氣」，《重修臺灣
省通志》改為「不致盡蹈外洋習氣，致墮偏詖」；原摺「早晚
則由漢教習督課」，《重修臺灣省通志》改為「早晚則由漢教
習督課國文」；原摺「學生由生員考取者，每月各給膏火銀八
兩，由文童考取者，每月各給銀五兩七錢六分，幼童每月各
給銀二兩八錢八分。另設門役、廚伙夫，共四名，每月各給
工食銀三兩。其學生椅棹器具，以及隨時應用外洋書籍紙筆
等項，據實開報」，《重修臺灣省通志》改為「諸生由附生考
入者，月給銀八兩，由文童考入者月給銀五兩七錢，幼童月
給銀三兩八錢。其學生座具及隨時應用外洋圖籍等項，據實

18　《光緒朝硃批奏摺》（北京，中華書局，1996 年 12 月），第 105
　　輯，頁 342。

開支。」將幼童月給銀「二兩八錢八分」改為「三兩八錢」，出入頗大。第一位洋教習是英人布茂林，第二位洋教習是轄治臣。《重修臺灣省通志》謂第一位洋教習即英國人轄治臣，第二位為丹麥人布茂林[19]，亦與原奏不符。劉銘傳患有目疾、頭疼、咳嗽等症，因公務繁劇，病情日益惡化。光緒十七年（1891）三月，開缺回籍就醫。同年四月，命邵友濂補授福建臺灣巡撫。光緒十八年（1892），邵友濂奏請裁撤臺灣西學堂，《光緒朝硃批奏摺》收錄邵友濂奏片，節錄要點如下：

> 據臺灣善後局司道詳稱，臺灣設立西學堂，選取學生，先後延請洋師布茂林暨轄治臣，教習西學，原以育人材而資器使，經前撫臣劉銘傳奏咨立案，並將各年用過經費彙入海防案內造冊請銷各在案。數年以來，學生中不乏進境，而西學精邃者，甚屬寥寥。查臺灣近年經費異常支絀，歲費鉅款，實覺不貲。又洋教習合同屆滿，續訂為難，當與中國教習分別咨遣，在堂學生能於西學廳已入門者，撥歸機器電報各局學習，其質業不甚相近者，遣令回籍，別圖生計，即將西學暫行裁撤[20]。

臺北西學堂的裁撤，是因臺灣經費異常支絀，西學堂歲費鉅款，所以裁撤西學堂，以資撙節。但西學堂培養的部分人才已撥歸機器局、電報局學習，其餘則遣令回籍。

原住民教育的推廣

清初以來，朝廷對臺灣原住民的文教工作，也很重視。

19　《重修臺灣省通志》（南投，臺灣省文獻委員會，民國 83 年 6 月），卷六，頁 198。

20　《光緒朝硃批奏摺》，第 105 輯，頁 384。光緒十八年十二月，邵友濂奏片。

同光年間，中西交涉頻繁，列強覬覦臺灣，往往藉口教化生
界原住民而進出臺灣後山。丁日昌在福建巡撫任內具摺時已
指出：

> 臺灣各屬熟番涵濡國家教澤，垂二百年，所有熟番住
> 址，多與內山生番附麗，即聲氣亦復與生番相通，洋
> 人之覬覦內山也，不敢遠行深入，必先煽誘熟番，藉
> 為嚮導，然後漸染生番，優給布帛軍火等物，冀以共
> 其指臂，而據我腹心，而領事稅司教堂所用傭僕，亦
> 多熟番男女，蓋彼族居心叵測，所以引誘而勾結之者，
> 無所不至[21]。

曾紀澤具摺時，曾經將臺灣生界原住民與海南島黎人進
行比較，藉以說明教化的重要性。其原摺指出：

> 查西洋各國，並兼土地，動以教化野番為詞，始則入
> 境樹旗，編野番為兵役，從者羈勒驅使，抗者戕斃無
> 遺，縱得遁逃藏匿，散據山林，久亦同歸漸盡，亞美
> 利加一洲及中國南洋各島均係此等辦法。查臺灣之有
> 生番，瓊州之有黎人，此該二島之罅漏也，相提並論，
> 則臺灣為尤甚。緣瓊州州縣環布臨海，各處黎人雜處
> 內地，為患猶淺；臺灣則面東大半島均係生番，滋生
> 事端，於外人則易貽口實，設兵防守不及則易致疏虞，
> 非將生番、黎人設法化導，漸變狉榛之野俗，編為馴
> 擾之良民，則守禦之方，終難周密，應如何導以禮教，
> 威以兵刑，既不致激而生變，亦不致徒託空言之處，
> 似亦應早為議及[22]。

21　《月摺檔》，光緒三年二月初五日，福建巡撫丁日昌奏片抄件。
22　《月摺檔》，光緒十二年正月十六日，曾紀澤奏片抄件。

　　化導生界原住民的當前急務，就是推廣教育，導以禮教，變化外之人為馴良之民。同治十三年（1874），沈葆楨等籌議臺灣善後事宜時，就已指出開闢後山，除了選土目、查番戶、定番業、變風俗、禁仇殺、修道途、給茶鹽、易冠服外，最主要的就是通語言，設番學，實施鄉村教育。其主要用意就是為了「化番為民[23]」。光緒元年（1875）五月，因臺灣南路內龜紋社頭目野艾和外龜紋社頭目布阿里煙等百餘人款營乞降，淮軍提督唐定奎提出示約七條，除遵薙髮、編戶口、交兇犯、禁仇殺、立總目、墾番地外，主要就是設番塾，並議定於枋寮地方先建番塾一區，令各社均送番童三數人學習語言文字，以達其情，學習拜跪禮讓，以柔其氣[24]。

　　光緒三年（1877）春，開通後山，總兵吳光亮將蘇澳至新城中間新紮各營移紮岐萊、秀孤巒、卑南一帶，當時秀孤巒已有西洋人設立教堂一處，福建巡撫丁日昌鑒於外人用意日深，原住民反覆無常，特囑總兵吳光亮在秀孤巒等地廣設義學，威惠兼施[25]。王凱泰在福建巡撫任內為推廣原住民教育，曾經刊刻《訓番俚言》。據督辦福建船政吳贊誠具摺指出，光緒初年，後山一帶已設義塾十六處，其中卑南覓社村落中有議事公所，稱為笆樓館，雖然只是茅屋，而周圍竹樹環繞數里，極為茂盛，社中設有義塾，頭目陳安生之子年七、八歲，已能背誦《訓番俚言》，琅琅可聽。其中保桑庄為開墾客民村落，庄中也有義塾，塾中陳姓民童，亦已精通書旨。社丁楊姓的幼女，入塾讀書甫兩年，已經讀完《四書全註》及

23　《月摺檔》，同治十三年十二月十一日，沈葆楨奏摺抄件。
24　《月摺檔》，光緒元年六月十三日，閩浙總督李鶴年奏摺抄件。
25　《月摺檔》，光緒三年三月二十五日，福建巡撫丁日昌奏摺抄件。

《詩經》一部，對《訓番俚言》還能逐句講解大意，能作番語，並操漳、泉土音。其弟年方十一歲，亦粗解《訓番俚言》字義[26]。

清朝歲、科考試，有民童與番童之分，番童向有應試者，其進學名額，少則一名，多不過二名。考取的番童，主要是充當佾生。光緒三年（1877）二月，臺灣舉行歲試，有淡水廳番童陳寶華一名取進府學，鳳山縣番童沈紹陳一名，取充佾生[27]。福建巡撫丁日昌具摺時指出，自乾隆、嘉慶以來，漢民生齒日繁，熟番地界，亦漸為百姓所侵佔，生計業已日窮，且各縣熟番均有應試之人，但從未得與黌宮之選，登進無路。因此，丁日昌認為番童應定學額，將番童內酌取一名，歸入府學，以資觀感，應援照康熙五十四年（1715）河南所屬苗傜另編字號，於正額外，酌量取進事例，仿照舉行[28]，奉旨准行。閩浙總督何璟等具摺時亦指出臺灣、臺北兩府熟番歸化已久，漸有讀書明理之人嗣後歲科歲試遵照丁日昌奏准成案，另編字號，於正額外量取一名，不必作為定額，取進之後，即附入府學[29]。臺灣改設行省後，積極開發後山，內山歸化原住民多送子弟入學。例如光緒十四年（1888）十一月間，北港萬霧四大社頭目低摩老尾等帶同男女三百餘人到廳乞撫，除了送番丁充勇外，還送子弟入學[30]。由於地方大吏的積極提倡，原住民的鄉村教育風氣，日漸普及，人文日盛，發揮了正面的教化功能。

---

26 《月摺檔》，光緒三年七月二十八日，吳贊誠奏摺抄件。

27 《月摺檔》，光緒三年三月二十五日，福建巡撫丁日昌奏摺抄件。

28 《月摺檔》，光緒四年十月十七日，閩浙總督何璟等奏摺抄件。

29 《月摺檔》，光緒四年十月十七日，閩浙總督何璟等奏摺抄件。

30 《月摺檔》，光緒十五年三月初五日，福建巡撫劉銘傳奏摺抄件。

　　海峽兩岸現存清代檔案資料，都是探討清代臺灣歷史的直接史料，其中涉及臺灣文教措施的原始資料，雖然為數有限，然而頗能反映清朝的治臺政策，頗具積極性。康熙年間，清廷領有臺灣後，臺灣成為福建省的一個府，實行和福建內地一致的行政制度，開科取士，加強文教工作，化邊疆為內地，使開發中五方雜處，族群複雜的移民社會，逐漸整合，褊狹的地域觀念，日益消失，省籍意識，漸漸消除，族群矛盾，日趨淡化，社會風氣，漸趨馴良，臺灣文教工作，在臺灣發展史上確實扮演了重要的角色。

　　傳統考試制度是掄拔人才的一種方式，府廳縣學及書院義塾或西式學堂等各式學校，則為培育人才的中心。清代臺灣社會，科舉考試已經制度化，規定嚴格，取締弊端，不遺餘力，同時也重視學校教育，兼重人才的選拔與培養。嚴禁偷渡冒籍，廣東籍移民雖准許入籍應試，但因跨省考試，又是弱勢族群，因此科舉名額甚少，客籍與閩籍名額多寡懸殊。地方大吏為防範偷渡冒籍，規定士子入籍臺灣二十年以上，墳墓、家族、產業，均在臺灣，始准保結應試。慎終追遠，是孝道觀念的具體表現，華人社會，風水信仰，根深蒂固，然而，重視祖墳，不僅與孝道、信仰有關，而且與傳統考試制度有關，祖父母墳墓是否在臺灣，是認定士子是否入籍臺灣的一個主要依據。廣東嘉應州鎮平縣人劉麟遊等雖然在臺灣都有產業，但本身入籍年例不符，且其父親、祖父墳墓及妻兒家屬俱在廣東內地，因而被認定是冒考，俱照條例各杖八十，革去生員衣頂。

　　每逢鄉試之期，臺灣府文武諸生，照例由學政錄送內渡，赴福州省城入闈參加鄉試。但因漂洋過海，往往遭風遇難，

船隻翻覆淹斃。例如咸豐二年（1852）壬子科鄉試，就有臺灣縣學廩生石耀德等四名從鹿耳門放洋後遭風溺斃。臺灣道徐宗幹等奏請撫卹，奉旨議給訓導銜。同治三年（1864）甲子正科，臺灣府先於是年四、五兩月舉行歲、科二試，錄取文武諸生，造冊送省。因太平軍騷擾，內地不靖，奉文停辦鄉試。同治四年（1865）九月，補行甲子科鄉試。但因是年入秋以後，颶風時作，有赴省府學附生黃炳奎，彰化縣學廩生陳振纓、黃金城、蔡鍾英四名，於是年八月間由鹿港搭配金德勝商船出海後在洋遭風沈沒，黃炳奎等人不幸溺斃，屍身探撈未獲，臺灣道兼學政丁曰健奏請將附生黃炳奎等四名援照咸豐年間石耀德等請卹成案敕部議卹[31]。

　　有清一代，地方大吏重視臺灣的文教工作，不僅重視科舉考試，同時也重視學校教育，兼重人才的選拔與培養。隨著行政區劃的調整及人文風氣的盛行，科舉進學名額屢經加廣，教育日益普及。粵籍移民，雖係客籍，但只要在臺灣有產業，就算有根底入籍的，經保生或里管族鄰保結後，即可應試。除了閩籍、粵籍外，地方大吏也重視原住民的文教工作，推廣內山鄉村教育，歲、科考試，都有原住民子弟應試，規定進學名額，讀書風氣，日益盛行，確實有助於族群的融合。

31　《月摺檔》，同治五年四月二十八日，丁曰健奏片。

辦理臺灣等處海防兼理各國事務臣沈葆楨跪

奏為臺地善後勢當漸圖番境荒墟宜事關版始請

旨移駐巡撫以專責成以經久遠事竊臣等於十月二十七日

將倭兵退收回草屋營地各情形

奏明在案因思洋務稍鬆即善後不容稍緩惟此次之善後

與往時不同臺地之所謂善後即臺地之所謂創始也善後

以即始為善後尤難臣等最為海防孔亟一面撫番

一面開路以紓彼族覬覦之心以消目前肘腋之患閱未遑

為經久之謀數月以來南北諸路繼進鑿險披荊雖

各著成效卑南奇萊各處雖令列軍屯祇有倪尚無紀

若不從此急心籌畫規模路非不已撫也謂一撫之不復

復塞則不敢如番非不已開也謂一開之不復則不敢

必何則臺地延袤十有餘里官吏所治祇濱海平原三分

之一餘皆番社耳

國家並育番黎但令薄論土貢永荼僾陵意至厚也而奸民

積頑久已越境潛蹤驅番佔地而成窟宅則有官未開而民

先開者入山阮深人迹罕到野番生則有番市而民

已間而民未開者置臺壤外已平埔中搆屋承遊草木

但言開山而山之不同已若此生番種類數十大概有之社

番其番黎初設為生番不畏死若是者日克番卓南

丹等社特其悍暴初設為生番種類數十大概有之社

埔裏一帶居近漢民里通以人性若是者日熟番臺北問史

等社雕題鑿齒面向不外通古聚無常種難番儁人如數

雖社番市懼之若是春日王字克番是但言撫番而番不

同又若此大抵開山則不先撫番則開山無從下手欲撫番

而不先開山則撫番仍虛空談今欲開山則曰屯兵衛曰給

林木曰禁草萊曰通水道曰定壤阱曰招墾戶曰給牛種曰

立村堡曰設隘碉曰致工商曰設官吏曰建城邑曰設郵

曰置廨署此數者非開山無此其後撫番則曰選通事

曰禁欺凌曰定番業曰通語言曰表服飾曰設番學曰教

耕稼曰修道途曰給茶鹽曰易冠履曰設番市此數者非

撫番之時必須默化行者雖然此第言後山已耳其

歡番又雖非撫番之時必須諳行者雖然此第言後山

繁重已若此山前之入既圖也百有餘年一切規制何嘗俱

亞之橋梁釐目前之積弊斯亦論班兵之情弊也臺亂之土

儲熟目前之積弊斯亦論班兵之情弊也臺亂之土俗

耕者又雖非撫番之時必須諳行者雖然此第言後山

屠之徒是也學術之不明釐庠序以登豪錮其令之不宇慎

堡以為饔飧官斯土者非與據作有為已宰屬之員斯始

日山後之風氣雖非一新開之區遒多多一藏奸之戰目

等竊以藏前後山之恫後山之恫雖別而需臺東城郭徒局

可建縣者有十數固非一府所能轄欲別建郡者三

之未成而開番者向需臺東有城轄郭徒此

相依不能雜而為二環海口岸處處宜防洋族敎堂漸

漸分布居民向有湊集粵籍之多番族又有生番熟

番屯番之異氣類珠撫馭正易堪以版始之事為善後

之謀徒責效於崇朝兵民有五日不犯之見倘適時而久駐文

等社雕題鑿齒面向不外通古聚無常種難番儁人如數

常欲責效於崇朝兵民有五日不犯之見倘適時而久駐文

武有兩姑為婦之難惟等再四思維宜仍江蘇巡撫分駐蘇
州之例移福建巡撫駐臺而後一舉而數善備何以言之
鎮道雖有專責事必稟承督撫而行重許遙隔文報延
率意擅行又嫌專擅駐巡撫則有事可以立斷其便一鎮
治兵道治民本兩相轉七轕兩相調分不相統攝竟見
不免參差上各有所疑下各有所形远於其間駐巡撫則統屬文武權
步其賢者亦時時存形远於其間駐巡撫則統屬文武權
歸一等鎮道不敢不各修所職其使使鎮過有節制之武
之責而無遣選文武之權文官之貪廉武弁之勇怯皆
撫所需與鎮道所見亦異駐則不特春訪而用用
能用照涉可以定其便三成　之臣姦民間之竟抑
見聞親切法合易行公道速伸人心帖服其便四臺民烟
瘴本多臺兵為蕩海疆營刺人環臺兵為尤良以弁兵目睹
其生意外之事以此戶寫嬌如賈之於市廛之於田有延
撫則考察與所懲諭訓綀乃有實際其便五福建地瘠民
貧州縣率多戲累視書地為調劑之區不肖者肆法取
盈往往不免有延撫以照之貪黷如地方封疆事關吏
向來臺員不免於撫則此技志等其使七臺民游隋可
道或時為所抉有處撫則此技志等其使七臺民游隋可
惡兩難直實可憚即以常聞寮勳者始由官以吏投為
牙吏役而民為東肉繼則民以為仇譽詞訟不清而械
關繫曆之端起而究竟成勢家之勢成有延撫則能
預揆亂本兩　禍源其使八況開地伊始地殊勢異法
難拘可以同心裁酌其便九新建郡邑驟立營壘無地

國家億萬年之計況年來洋務日重偏重
外　七省以為門戶其關係非輕啟回地險在得民心欲
得民先修吏治營政而整頓吏治營政之權操於督撫總撫
並轄浙江稜駐不如巡撫之便匪等明知地屬封疆事關吏
制非部民庶夫所應越陳而風夜深思為台民計為閩省計
為沿海籌防計有不得不出於此者敢不據實上
聞心為蕩荒之献謹將全台後情形及請移駐巡撫緣茶
摺由船船到滬佃驛六百里馳

奏伏乞
皇上聖鑒訓示遵行謹
奏
　　同治十三年十二月十一日軍機大臣奉
旨
　　　　欽此

《月摺檔》，同治十三年十二月十一日，沈葆楨奏摺抄件

福建巡撫臣丁日昌跪

奏為台灣府屬歲試事竣恭摺陳明仰祈

聖鑒事竊照臣到台後於上年十二月十三日起遵光緒元年

諭旨辦理台灣學政關防當即檄行台灣府榮辦歲試嗣據該府

張夢元呈各該學發送文武生童名冊前來隨於二月十三

日移赴考棚嚴密客關防按次舉行歲試查名冊前來多撿閱項

冒之辨臣於試時於日亮坐皇親自巡察坐號並遊還安

慎立辨文場內外便辨實無從而生詩生童均恰遵

功令無敢倫越惟澎湖認某歲有混填年歲情弊當

即行學斥革句來槍替項各等端實已屏除淨盡初於堂

發遊時勉遊生以敦品勵學必導幟里查校文風以台淡兩

學為優秀極惟嘉義次之鳳山最下現在文武歲試業已一律

告竣士風民情均極安貼再台灣喬童向有怨試者不過敗

充俗生而此諸番童登進無路難期鼓舞與此須臣侃體

皇仁無分畛域將淡水廳番童陳實第一名取充俗生均勉以讀書向上為諸番倡該番

童沈紹陳一名

民等無不動色相告成善功名有路從此迎機引導蓋當懷

我好音祈有徵臣歲試事竣並飭進番童歸入府學緣由理

合恭摺陳明伏乞

皇太后

皇上聖鑒謹

奏

光緒三年三月二十五日軍機大臣奉

旨知道了欽此

《月摺檔》，光緒三年三月二十五日，丁日昌奏摺抄件

二品頂戴幫辦福建船政候補三品京堂臣吳贊誠跪

奏為查勘台灣後山卑南等處情形會籌應辦事宜恭摺仰祈

聖鑒事竊查台灣北路蘇澳大南澳以至岐萊新城中阻高山

儓臨大海路險而遠經撫臣丁日昌

奏明雙遊辦理詢視其另光亮頗冬營移駐俟山璞石閣

水尾居中控馭分布各營於岐萊秀孫營一帶以與卑南

聯絡並飭知縣同有基自恒春八瑤灣斯開一路由大鳥

萬以達卑南狀為平坦四月間吳光亮統率大隊已由此

路行遊並無阻礙是見到下海圻靜證台地軍宜當以俟

面商以期同安當於俊山情形未惡必須親往與吳光亮

山攜鼇為愚矜公於俊五月初七日駛往安平禳桑船前往

嗣商連日風雨湧湍過大船二月初十二日天色漸晴遂改

由淫行收道(鳳山恒春前進查自恒春縣域東北行過射麻

里萬里得八瑤阿眉等社謹越小嶺三重中間漢瀾迴環路

儓皆傑水田民番雜居耕作八瑤灣北至知本社百四十餘

里中各一越海灘綫溪衝擊亂勻威堆其間巴郎

衛一處地段稍寬有土人林贊承墾在然村落其餘曠地為

振字中螢分哨駐防丹壁及紅土崁地勢最險周有基

所開此段石路二月間撥臣當派本府周懋琦勘明必須開

鑿寬闊方能經久固周有墓為有差致未興工現鑿大雨

沖刷石皆碎裂成片搬運入海且去時遇此尚有石級參差

勉強可度同時則景與步行前挽俊推罅足於嶺嶮危石之

尖尺數百步乃過再北去難平坦中有大小溪流十數道最

深者為大烏萬諸也萬水大貓狸知本四大溪在冬春時皆可

徒涉惟至盛夏大雨時行山水陡漲溪流迅急勢若湧浦樹

大石宕遄流而下至大貓裡陰雨三日十里中前後兩溪
隔斷從人幾至絕糧及晴已兩日溪水尚不得渡前次吳光
亮經過此路水尚未覺卻防地方官於海爰溪口預備船筏
搭蓋蓬寮察陳大鳥萬溪尚可兼用船筏外大
貓裡等三溪水瀦多石勢難海湧有時船筏皆不能拖即
綹閣左右毫皆湍水稍平時尚可藉以渡矣英紅工烧山一路
仍飭固有基漆雁工同開寬至大方兔埔卻此自恒春至卑
南俊山南路山溪閣阻現經設法布置之情形於臣於二十
八日行抵卑南要會晤親吳均卷在璞石閣前飛會晤詢知所飛
虎匛石兩營甲哨親吳均成筆處現在蘇澳綹調之緣臣左
立粮向分勇守護以資轉運俟由蘇澳綹調之緣臣左
兩營到脊即分扎水尾每大鞍吳全城花蓮港
線槍營佳扎大港口原駐新城花蓮港之江開泰李英兩
營均仍其舊計撥石閣以北自水尾為大鞍吳全城花蓮港
以遵新城相距皆在四五十里以內其成廣澳大港口花蓮
又官沿海委妥地似此後山中
路分布營墾以聯絡南北之情形如吳光亮請於水尾萘
城以廣招徠亦自有見惟佑計城工需費甚且商賈來
萊非邑來成應候傻民招得成數再為籌辦自恒春新
路以來阻山福海絕少平燕過知本漢則山勢諾然開朗
甲閣平原備望林墅秀美臣僭吳光亮由卑南阿眉社
緣海岸北行踰卑南漢至猴子山麓憑高眺選迤北數

十里內山川形勢應應在目卑南至此路分為二一由外屏
山荊沿海以至成廣溪一由外屏外俊綠溪而上至璞石閣
路皆坦平西路地尤艱澀卑南四圍十二鍊里屬番社者八
為荳莊者八為民莊者一止綜屬軍一營分扎敷處兵力似單
惟軍舍各社既撫已久番情尚馴良其中卑南道大社尚
為七十二社之長賜之姓林奕沃之亂後社商長或奉檄搜捕或進出師
平朱一貴將衣限之獎至今維為家賓如本璞橋之役番同知
歷安銀將航海至卑南晚綹綹頭目陳奎生鄭仁貴等人先
袁閣桥等航海至卑南晚綹綹頭目陳奎生鄭仁貴等人先
雜奏具結各社閣風一律遵辦史倭人無從藉口嚴飭開路
撫番諸事凜番安生番善為出力時有以邪教相誘者之末子茅不
為所咸惜番之愛情深本年春開自郵之仁貴鲁魯等亦尚
辦公臣到卑南次日後處八社頭目及覓子交河眉社番
目保叅莊番民董事人等以次來謁臣謹宣布

朝廷恩德民慶諭導起以各安本分同荷
生成其番目向能辦事者獎以銀帛惟呂家望社素魏強悍自扰
撫後漸知飲戢惧有滋事克番在逃未獲亦傳到後頭目
嚴切剴戒予限交究慎各遵選而去臣親致卑南道社中
議長公所名曰笆接館者茅屋數椽不蓋整潔有數里
能脊埔政撫臣王凱泰所刊利番書俚言琅琅可聽迤書皀北
役農墾十六處內係番莊番塾已坡番目陳姓生之子弟七八歲共
關中丁楊姓之幼女入塾垴甫兩年已完四書語及樣葉泉土
一部於訓番俚言能逐句講解大寶能作番語及樣葉泉土
音其茅十一齡亦粗解俚言字義臣見致書塾未久民番

諸童已有鼓舞向學之機將來涵濡

聖教倫次日深其進境亦未可量因將其塾師並該童等酌加
獎勵仍飭同知袁聞柝查明辟遠未設之處再添設數處
山廣化導阿看本條奴番遍來生番日繁勢燄漫盛不受申南
番目俊使旦旦有請以為非番者亦筋番同知袁聞柝隨時開導
加意防範該番近日漸能自開水田陳實情吳如炯稻查卑南等
埤以南陳田地外客民陳實情吳如炯漫元琴等
各有成墾已成熟因其開荒地亦無多有主之業可以皆令陸續
自墾其可招外人承墾者地亦無多自平埔番難不習耕向皆
有捕鹿之場招牛之所如卑南寮之類即諸番游牧公地若一
倂令歸他人絕其謀生之路勢必不能相安唯大破以北自有水
尾馬大穀太巴塱一路地廣人稀曠土不少可容招墾若欲來一帶
地雜可墾而大魯閣善壇遠豆梢等社審情尚未甚剔服
民未不敢輕佻必須田近及遠次地設拖璜石閣亦有民莊
粵閩雜居而番衆民軍勢難相抗橋匪前已遣人赴廈門汕
頭等處分投招募須待後風浪平息始可田輪船裝戴而來
所需料牛農具已飭由台灣道運茲戈現已招募
先已募勵安協辦易通行主八塔灣新路中間深地稍少然偶
有數處水源甚旺稍可墾闢僅容數家又十數家旁現已招募
山前土人葡佳試墾縣此路本極荒僻除巴郎衛一村外百數
十里中絕無人煙甜節節札警駐防而商賈行人尚無食宿之
地無性其憙足不前前山土人多習番情前往耕種穿具相安
無事而行人望衛投止得所俟托此路始可通行也且維俊山自
南迄北三百里中汕野平疇開墾之如有成效則禾穀雜油桐茶
棉子之利出產日多舖路直暢而民脈集百物皆需陸運之勞

又不若水運之便臣復細查自八瑤灣以至卑南沿海一帶
實無可以泊船避風之處吳光亮親往成唐溪沿岸查看祇
有即阿郎港口水勢較深溪底無石擬遷熟惡工程之員慶
加難勤如能開寬深通可泊本地船百數十隻於地方甚
有便宜成養溪蓋無港口則巨石
巖臺港門口狹水急船隻更難出入至輪船支夏俊窄能駛
往惟冬春兩季風色儌和可以暫祝海而傳端裝卻人貨亦
不宜久泊此俊山地雜青腴而水陸運道均多不便祇可退
時設法相機辨理之實在情形也臣此行正當威暑行州烈
日當空熱如火客則茅茨容膝下濕上蒸自覽受瘴甚重
回至恒春適從員弁勇丁得病不能起臣六得輕騎減從趨
程回郡行抵枝寮即頭眩胸脹實熟交作六月十三日趙強
抵郡病勢瀰現在趕緊調理仍復力疾辦事的有查勘
南筹憙情形並令籌應辦事宜理合會同兼署福州將軍閩
浙總督臣何璟福遷遞標臣丁日昌恭摺由驛四百里馳陳

伏乞

皇太后

皇上聖鑒訓示謹
奏　光緒三年七月二十八日軍機火臣

欽此

《月摺檔》，光緒三年七月二十八日，吳贊誠奏摺抄件

同舟共濟

──清代臺灣的族群融合

滿族本身是少數民族，向來對民族歧視、族群對立頗不以為然。因此，清朝的皇帝從不用籍貫區分族群，而清朝的民族政策，如異族通婚、進貢賞賜、推廣教育等，也有利於臺灣族群的融合。

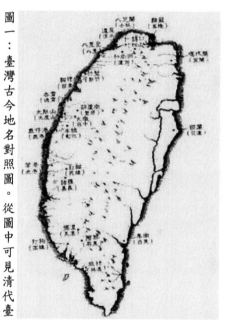

圖一：臺灣古今地名對照圖。從圖中可見清代臺灣的地名和現在有很大的不同，而當時的地名，多與原住民族群名稱相關。

我國歷代以來，就是一個多民族的國家，各民族的婚姻形式，彼此不同。清代臺灣原住民的婚姻形式，反映了母權制社會的特徵。福建巡撫趙國麟指出臺灣大甲西（今臺中大甲）、沙轆（今臺中沙鹿）、牛罵（今臺中清水）等社的婚俗是「親姪作婿，堂妹為妻，生子歸嫁，招婿同於娶媳。」謝遂繪製《職貢圖》畫卷描述鳳山縣放縤（今屏東林邊）等社平埔族的婚俗說：「婚娶名曰牽手，女及笄，搆屋獨居，番童

以口琴挑之，喜則相就。」

圖二：謝遂《職貢圖》裡臺灣原住民的圖像。右邊男女為放繂社平埔族，左邊男女則為簫壠社平埔族，從他們的衣著與身邊的器物，可以窺見當時這兩個平埔族群的裝扮與習俗（彩色見首冊 p121、123）。

「番童」除了彈口琴之外，也吹鼻簫。諸羅縣簫壠（今臺南佳里）等社原住民「能截竹為簫，長二、三尺，以鼻吹之。」郁永河著《裨海紀遊》一書記載臺灣原住民少女長大後，父母使居別室，少年求偶，或吹鼻簫，或彈口琴，少女擇所愛者，乃與挽手，鑿上顎門牙旁二齒，彼此交換。哆囉嘓社（今臺南東山）男女成婚後，也折斷上齒各二顆，送給對方，彼此謹藏，表示山盟海誓，終身不改之意。

互通婚姻　番漢牽手

清代臺灣是一個移民社會，透過通婚，可以淡化社會矛盾，促成族群的直接融合。由於閩粵漢族移民與臺灣原住民的通婚，番漢牽手，在一個文化圈裡共同生活，而形成一個大家庭，有助於中華民族共同體的形成與發展。如淡水廳境內的三灣（今苗栗三灣），在嘉慶年間仍屬於土牛界（清代官

方在臺灣中部與北部所修築的一道番漢界溝）外的荒埔，但
已有不少的粵籍和閩籍移民前往搭寮開墾，同時也與原住民
進行貿易。他們通曉賽夏等族語言，還入山娶了原住民少女
為妻，見於清朝官方文書的「番割」，就是與原住民通婚的閩
粵漢人。

　　舉例來說，黃斗乃原名黃祈英，是粵籍客民，嘉慶十年
（1805），他隻身來臺，進入中港溪斗換坪（今苗栗頭份斗煥

圖三：清人所繪的《臺灣風俗圖》中，關於原住民與漢人交易的情形。從圖中可見原住民以狩獵所獲的皮毛，與豢養的牲畜，和漢人交換布匹、器皿等日常用品。

里），開始以食鹽、布疋等物，與原住民交換土產。斗換坪就
是因漢人與原住民以斗交換物品而得名，後來改名為斗煥
坪，已失原意。日久以後，黃祈英漸得原住民信任，並娶原
住民少女為妻，又蓄髮改裝，順從原住民習俗，更名黃斗乃。
他後來糾邀同鄉張大滿、張細滿等人入山，約為兄弟，也各

自娶了原住民少女為妻。

　　嘉慶二十五年（1820），黃斗乃、張大滿、張細滿合力開墾三灣荒埔，後來又溯中港溪進入南莊（今苗栗南庄）開墾。黃斗乃等人藉著原住民的保護，越過土牛界線，進入生界原住民山區墾拓荒埔。他們雖然被稱為「番割」，但在臺灣早期族群融合歷史舞臺上卻扮演了重要的角色。其後，地方官也倣照嘉義阿里社的先例，遴選通曉原住民語言的漢人充當正副通事，同時挑選三灣原住民中曉事明理者充當正副土目（即頭目），定期在三灣隘口貿易，以物易物。

　　由於語言相通，彼此通婚，生活物資的互通有無，三灣、南莊等地的番漢關係，頗為融洽。

進貢賞賜　聯絡情感

　　滿族本身是少數民族，向來對民族歧視、族群對立頗不以為然。清朝皇帝認為中外一家，上下一體，不當以籍貫區分族群。清朝的民族政策，有利於臺灣族群的融合。

　　康熙、雍正皇帝常以長城口外進貢的鹿、豕、雉、兔頒賜臣下，他們認為君臣黎庶，不分族群，無非家人父子，賜食賜腥，可以聯絡上下感情。因此，福建督撫也常將臺灣特產進呈給皇帝。如康熙年間，閩浙總督覺羅滿保進貢番茉莉、番檨、番薯秧、番稻穗、黃梨、西瓜、白斑鳩、綠斑鳩、番雞、番鴨、臺猴、五色鸚鵡等。其中由於臺灣多沙土，適宜西瓜生長，由內廷頒賜種子，試種成功，遂使西瓜成為重要的貢品之一。

　　此外，黃梨俗稱地波羅，就是鳳梨。番檨的「檨」，讀如「算」，就是芒果。至於五色鸚鵡，則能唱番歌。雍正年間，鳳山縣港東（今屏東東港溪以東）等社土官又進貢番豬、番

氈、番雞、藤籠、青檳榔等物,都是為了聯絡上下情感,不在貢品的輕重。

清朝皇帝重視臺灣原住民的歸化,亟欲了解臺灣的民情風俗,而臺灣原住民的入京觀見,有助於清朝皇帝的認識臺灣和原住民的綏撫同化。康熙年間,閩浙總督覺羅滿保奏聞諸羅等縣原住民自幼學跑,一天能跑二百里路,速度快,又耐遠,於是派遣千總護送馬大等社原住民焦力烈等七人,並帶著四隻雖然不善跑,卻長於捕鹿的臺灣獵犬進京觀見。

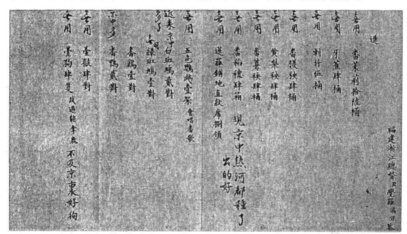

圖四:閩浙總督覺羅滿保進貢給康熙皇帝的臺灣土產清單。從清單裡可見臺灣當時盛產的物品,以及康熙皇帝對這些土產的看法。

雍正十二年(1734)十月,是雍正皇帝五十七歲萬壽節,臺灣原住民慶福等二十二名,由通事、千總護送過海到福州省城參加祝壽活動。由此可見,原住民與滿、漢等族共同祝壽,並非化外之民。

乾隆年間,原住民協助清軍平定林爽文亂事後,阿里山、傀儡山(今北大武山)、大武壠(今臺南玉井)、屋鰲(今臺中東勢一帶)等社大小頭目三十名由義民首葉培英等帶領入

京觀見乾隆皇帝。當大頭目阿吧哩等人進入紫禁城後，乾隆皇帝就頒賞物品，其中大頭目阿吧哩等四名，每名各賞給六品頂騷鼠帽一頂，官用緞面灰鼠皮補褂、羊皮蟒袍、紬襖各一件，緞靴、布襪各一雙，絲線帶手巾一分；小頭目凹土弄等二十六名，每名各賞給七品頂騷鼠帽一頂，官用緞面灰鼠皮補褂、羊皮蟒袍、紬襖各一件，緞靴一雙。宮中文物，滿載而歸，成為這些大小頭目珍藏的傳家之寶。

圖五：雍正年間水裡等原住民的位置圖。當中的「水沙連大湖」，即今日的日月潭。

　　道光年間，閩浙總督劉韻珂等渡海來臺履勘水沙連（今南投竹山、集集等地）等社形勢，沿途有各社原住民饋贈番布、鹿皮、鹿角、鹿筋、鹿脯、番雞、番餑等物。劉韻珂禮尚往來，也分賞紅布、食鹽，以示體恤。後來，劉韻珂路過

日月潭邊時，水裡（今日月潭地區）社原住民爭相邀他乘船遊覽，他因盛情難卻，加上或可藉此遍勘全社形勢，遂登船遊潭。

劉韻珂所乘坐的獨木舟，當地稱為「蟒甲船」，由七、八人盪槳划行。一路只見原住民們踴躍歡騰，其親愛之忱，毫無虛飾。歡欣之餘，劉韻珂還向道光皇帝繕摺描繪了日月潭的特殊景致：「水裡社之日月潭，南北縱八、九里，橫半之水色紅綠平分，四圍層巒疊翠。潭心孤峙一峰，名珠子山，高里許，頂平如砥，可容屋十數椽，番倉數十間，依山繞架。潭東溪源，四時不竭，水邊漁簺，零星隱約於竹樹間，是其山水之清奇，實為各社之名勝。」日月潭景致之美，清朝君臣都留下深刻的印象。

圖六：謝遂《職貢圖》裡彰化水沙連社原住民的圖像。他們築石屋、穿鹿皮，婦女善織布，嫁娶時以刀斧或鍋碗為聘禮。（彩色見第一冊頁一三○）

原住民居住內山，生活貧苦，臺灣地方官體恤內山原住民買食鹽斤艱難、布質襤褸、衣不蔽體，因此，常購買布疋、鹽斤，差員賞賜。其讀書「番童」，則照例賞給銀牌、煙、布、紙、筆等物，各社原住民都歡悅感激。中法戰役後，內山原住民爭相就撫，劉銘傳即將庫存旗幟號衣

改做衣褲，官紳也踴躍捐助，共計七萬餘套，分賞各社丁男女。由於清朝君臣對臺灣原住民的關懷，其社會經濟加速發展，生活改善，風移俗易，對促進族群的融合，產生了正面的作用。

推廣教育　整合族群

　　清朝政府在臺灣推行的文教措施和考試制度，有助於族群的融合。清廷領有臺灣後，即開始設立學校，推廣儒學教育，以培養科舉人才。

　　清朝政府的重視文教工作，反映在其治臺政策的積極面上。康熙二十三年（1684），設立臺灣縣學和鳳山縣學；康熙二十四年（1685），又設立臺灣府學。康熙二十五年（1686），再設立諸羅縣學。雍正元年（1723），加設彰化縣學。此外，還有義學、書院和社學，都以儒家經典為主要教材，思想相近，容易產生共識。

　　清朝政府不僅重視閩粵漢族的文教工作，尤其積極倡導推廣山地教育。同光年間，沈葆楨、丁日昌、劉銘傳等地方大吏都主張加強內山原住民的鄉村教育，設立社學，學習漢語漢文，以通語言，以達其情。此外，王凱泰在福建巡撫任內，為推廣原住民教育，還曾經刊刻《訓番俚言》。

　　又據督辦福建船政吳贊誠具摺奏稱，光緒初年，花東後山一帶已設義塾十六處，其中卑南覓社村落中有議事公所，稱為「笆樓館」，雖然只是茅屋，但周圍竹樹環繞數里，環境幽靜，社中設有義塾，土目陳安生之子年約七、八歲，已能背誦《訓番俚言》，另外楊姓社丁的幼女，入塾讀書兩年後，已經讀完《四書全註》及《詩經》，對《訓番俚言》還能逐句講解大意，既通原住民語言，又能講漳、泉方言。

　　臺灣改設行省後，內山生界原住民多送子弟到各廳縣入學。由於地方大吏的積極提倡，教育日益普及，對臺灣族群的融合，扮演了重要角色。

　　科舉制度是基於尚賢思想所產生的一種傳統考試制度，有它合理的一面，政府利用考試的辦法提拔人才，科甲出身者，成為各級官員的主要成員。清廷將臺灣納入版圖後，即在臺灣設立儒學，開科取士，實行和閩粵內地一致的考試制度，閩粵漢族移民和臺灣原住民一視同仁，有助於族群的融合。

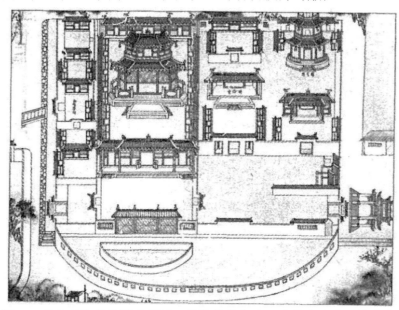

圖七：清人所繪的臺灣府學圖。臺灣府學即今日的臺南孔廟，是清代臺灣的「最高學府」，主要建築有明倫堂（學生上課所在地）、文廟（孔廟）、大成殿、魁星閣（祭拜文昌君與魁星）等。

　　按照《學政全書》的規定，凡入籍二十年以上，其祖先墳墓田宅，確有印冊可據者，方准考試。乾隆三十二年（1767）十二月，臺灣府舉行科舉考試，生童劉麟遊等人的原籍是廣

東嘉應州鎮平縣，他們到臺灣道考棚應試，都因成績優異，取進生員，撥入府學。據劉麟遊指出，廣東生童在臺灣應試，雖然是客籍，但只要有產業，就算有根底入籍臺灣，里管族鄉都肯出結保證，閩籍生童也不會攻訐，大家都能去參加考試。閩籍、粵籍皆以祖先墳墓為共同的認定標準，慎終追遠，符合儒家孝道觀念。

臺灣科舉考試，有民童與「番童」之分，原住民生童取進生員後，也有進學名額，可以撥入府學。福建巡撫丁日昌認為原住民歸化已久，頗有讀書明理之人，因此奏請援照康熙五十四年（1715）湖南所屬苗傜另編字號之例，於正額外量取一名，歸入府學。其後的光緒三年（1877）二月，臺灣府舉行科舉考試，即取淡水廳「番童」陳實華、鳳山縣「番童」沈紹陳入府學。

臺灣移民社會的族群，雖然有先來後到的分別，在進學名額上也有民童、「番童」多寡不同的差異，但在文化意義上，體制相同的儒學教育和考試制度，具有心理層面的整合功能，同學感情濃厚，有利於臺灣的族群融合。

不分省籍　共同禦敵

清代臺灣移民社會的形成及族群的分布，都與臺灣的自然地理有著密切的關係。閩粵移民渡海來臺之初，缺乏以血緣紐帶作為聚落組成的條件，通常是同一條船的同鄉聚居一處，形成以地緣關係為紐帶的地緣村落。基於祖籍的不同，加上習俗、語言等的差異，早期閩粵移民，大致被分為福建泉州籍移民、漳州籍移民和廣東籍客家移民，此外還有部分福州、汀州、興化等府寄籍之人。由於移民人口的里居田土互相錯處，彼此往往為族群利益而發生衝突，導致械鬥盛行，釀成社會動亂。為發揮守望相助的精神，各族群的社會菁英，

多能破除本位主義，急公嚮義，自備資斧，招募義民保境，以穩定社會秩序。

　　以林爽文起事為例，當天地會眾進攻彰化時，泉州晉江縣人蔡運世即會同廣東籍客家移民饒凌碧，共同募集泉州籍和廣東籍「義民」二千餘人，一齊防守牛罵頭庄。迨林爽文攻破彰化縣城，並攻搶鹿仔港（今鹿港）時，籍隸泉州晉江縣的監生林文浚，即與泉州籍義民首黃奠邦、廣東籍義民首邱丕萬等共同招募閩粵義民計一萬多人，在署守備陳邦光的領導下，收復彰化縣城，並擒獲天地會的重要頭目高文麟、楊振國等人。此外，南路天地會首領莊大田起事以後，鳳山縣山豬毛（今屏東三地）廣東籍客家移民，群起募集港東、港西一百多庄義民共八千餘名，分為中左右前後及前敵六堆（即今俗稱的六堆客家庄），同心防守，讓會黨不敢越雷池一步，附近泉州庄居民，也多攜家帶眷到那裡避難。

　　再如彰化縣民孫返是漳州籍移民，道光二十四年（1844）八月初，他到葫蘆墩街挑賣菁仔（即檳榔），葫蘆墩泉州籍移民陳結怒責孫返不應越界售賣，結果兩人互相詈罵，引發漳泉分類械鬥。在此期間，有廣東籍客家鄉紳劉捷鰲等出面約束客家庄，不許附和閩人，不准捲入分類械鬥，還自備資斧，招募義勇，以防守客家村庄。義民首鍾成邦等督帶壯丁，彈壓各庄，使泉漳亂民不敢乘間搶割田中稻穀，同時開通水圳，勸諭漳泉移民同歸和好，以便居民均得早日歸庄，及時灌溉播種。客家庄義首的義舉，有助於社會秩序的恢復。

風雨同舟　一心一德

　　清廷領有臺灣後，仍保存明鄭時期的土地政策和郡縣制度，並劃歸廈門為一區，置臺廈道，臺灣府隸屬於福建省，實施和福建內地一致的行政制度，並不視為化外之區。同光年間，更積極建設臺灣，鞏固海防，開放港口，對外貿易，

緩和人口壓力。臺灣建省後，行政區重新調整，化除了褊狹
的地域觀念，省籍意識也日益淡薄，社會更趨整合，族群加
速融合。

　　臺灣的自然環境，較為特殊，它孤懸外海，福建巡撫丁
日昌將之比喻為一尾魚。他說：「臺灣地勢，其形如魚，首尾
薄削，而中權豐隆，前山猶魚之腹，膏腴較多，後山則魚之
脊也。」臺灣移民社會的形成，族群的分布及其活動，都與
臺灣的地理特徵，有著密切的關係。

　　其實，孤懸外海的臺灣，更像一艘汪洋裡的蟒甲孤舟，
生長在其中的各個族群，唯有團結一致，才不致讓這孤舟沉
沒。不管祖籍為何，大家都是臺灣人，需要的是本土化，而
非對立，只要彼此同心同德，就能讓臺灣站起來，走出去，
畢竟歷史是向前發展的。

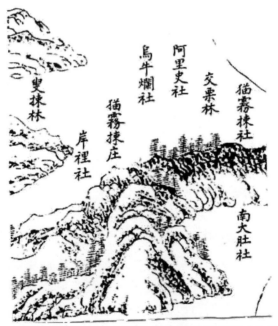

圖八：雍正年間（1723-1735）岸裡等社位置圖（局部）。

奏

奏為遵

聖諭事竊臣於道光二十六年十二月十五日承准
軍機大臣字寄本年十一月二十六日奏

閩浙總督劉韻珂跪

旨展勘水沙連六社番地體察各社番情並查出私
墾民番分別辦理恭摺據實奏覆仰祈

聖鑒事竊臣於道光二十六年十二月十五日承准
軍機大臣字寄本年十一月二十六日奏准

上諭前據劉韻珂等奏臺灣番獻地體誠請歸官
開墾一摺當交大學士軍機大臣會同該部議奏
茲據會議具奏該番性賴犬羊藏居層谷恐因衰
弱窮困獻地投誠懇請官為經理恐有漢奸懷詐
抉私潛冒為勾引一經收納利之所在百弊叢生有
非謀料所能及勾一原此大有關係省分該督於明年

二三月渡臺後將該處一切情形親加履勘懇心
體察籌及久遠據實奏明未奉諭旨之先不准擅
辦斷不可輕聽屬員恣意以為遽功討好受其朦
蔽率行議致貽種種貽患之原開切鈔給

閱有將此諭令知之又恐渡臺閱伍並
履勘番地一片於五月二十四日在彰化縣遵

次奏到

硃批知道了又於即親詣水沙連各社體察番情履

硃批勢刀旁欽奉

硃批凜之之惧不可顧目前留後患也各等因欽此
跪讀之餘仰見

聖主智慮深遠指示周詳欽佩私衷莫可言喻伏查

聖諭勅令親勘熟籌自當敬遵辦理何敢因原奏在
先稍涉迴護惟事關開闢所繫甚重其地勢之
有險阻無險阻番情之果否悅服尚不難一勘而知
而開闢之興利集就夷免屬未來之事必
先會以眾驗方不失於偏倚臣遠謹錄

奏請議墾諭奉

水沙連六社番地雖於道光四年及二十一年
兩次議開墾以與番爭利恐後患難防奏請勅
禁其次以肥美果能議墾番屑裹眉等六社
生番輸誠獻地回由不諳耕種謀食維艱欲求
安插游民教月之中人言藉藉雖議開多議欲
禁無要皆各執其說並無一定之論自非親身
審察究難此其是非曲直即

仍復煩梗於後凡前因臺灣鎮總兵武攀鳳臺
灣道熊一本臺灣府仝卜年及署鹿港同知史
密生後詳察該員等均係親歷六社更番進勘
咸同耆情黃集並無他慮而其所言似均確有
把握箇中一本仝卜年恐如指掌其武攀鳳史
密二員雖不及該道府之平久而辦事之結實
與內地人言相等足先將臺灣六社確情亦
逐一辭竣遂督同署鹿港同知史密署淡水同

臺貽後患者而詢之在籍之紳士屢鴻藝等則
堅以開墾為是並云伊等戚友在臺多年深志
六社地甚肥美果能議開墾既可多庶食未亦可
安插游民教月之中人言藉藉雖議開多議議
禁無要皆各執其說並無一定之論自非親身
審察究難此其是非曲直即

奏明於二十七年三月二十四日省起程前興
泉二府陸續報護洋匪順道勘辦後運至蚶
江登舟候風於四月二十四日放洋次日收鹿港
口即由陸路按站前進沿途諮訪六社確情亦
與內地人言相等足先將臺灣鳳山嘉義三縣
各營官兵按次簡校並將應審案件應理公事
逐一辭竣遂督同署鹿港同知史密署淡水同
知曹士桂北路協副將葉長春嘉慶營參將呂
大陞及署開蘭帶之文武員弁均輕騎減從帶
兵勇於五月十三日在彰化縣屬之南投登岸
竹興由集集鋪入山於二十日至內木柵出山
由北投一帶回抵彰化縣城計八日之間將該
處一切情形親加履勘懇心體察謹為我

皇上燭斷陳之查水沙連內山係屬名而田頭水
裹猫蘭審鹿埔眉裹六社附於在彰化之
東由隔南水以集集埔為入山之始由投係其門
欄北以內木柵為番界之終北投係其鎖鑰自
集集鋪東行十里為風硐口又五里為水裏坑
地土沃饒若得及時開墾可為全臺興大利着
由水裏坑南行三里折西登鸞胸嶺過嶺五里
為牛番林又五里為竹林子又五里為田頭社

越社南之鸞丹嶺東行五里為水裏社由水裏
社東北行五里為貓蘭社又五里為審鹿社又
二十里為埔裏社社名茄冬里里北十餘里為
眉裏社由埔裏社西行十里為鐵砧山山南有
漢水一道過溪後仍西行二十里為松柏崙十
五里為內國姓五里為龜紫頭十里為外國姓
計算並未施弓步較外間驛路不啻倍之內田
頭社約可墾地七八百甲生番大小男婦二百
八十八丁口番蔡八九十間水裏社約可墾地
三四百甲生番大小男婦四百三十四丁口番
蔡八九十間貓蘭社約可墾地七八百甲生番
大小男婦九十五丁口番蔡三十餘間審鹿社
約可墾地四千餘甲生番大小男婦五十二丁
口均已墾附水裏社居住埔裏社約可墾地四
千餘甲已墾之地均係片段私墾間
有生番自墾之地均聽零小塊不成片段且
俱將稻穀撒於地內聽其生長並非插種之法
秋苗參稀散細弱難期秀實現住生番大小男
婦二十七丁口熟番約六二十人眉裏社約二十
墾地二千餘甲現住生番大小男婦一百二十
四丁口統計六社約可墾地一萬二三千甲各
社地均有漢流可資灌溉且日晒露浸人衣
秋入夜更重近近山之地亦無慮旱乾其間聽崖

仄磴者為風礙口古木連陰者為茅林幽篁
衣履者為竹林千仞俯瞰摩厓者為鵰
巢道者為松柏崙至水裏社之且月潭南北縱八
或鹿左二塊復其下體前後女番以番布軾幅
裏其下體上身亦被服番布與襟袖粗布亦布
九里橫半之水色紅綠平分四圍巒疊疊草潭
布覓體襪不能蔽體者其乳甫多用布
心孤峙一峯名名珠子山高里許頂平如砥可容
條縛繫於胸背間身無寸縷彩似疏蕊疏戲之
時不媧水運漁蔬零裏隱約於竹樹間是其山
則埔裏眉裏二社尤為各社之寇臣躬觀歷厪
水之清奇實為各社之名勝花平原曠野局勢
天開壁地昆連周圍約六七十里一望無盡者
雖平陂殊迤連山澤異地然均有道路可通並無
阻塞之處惟術蘭路之一鶴胸嶺崎松柏崙山
勢高峯引重巒巉岩而南有八仙嶺一路可以
開北有漢水一道可以疏通亦無處兩岸對萬
山下忠屬曠土與社西之鐵砧山逶迤相映對萬
露漢繞東北史老漢隄其南其西東之水均灌
埔裏眉裏兩社之東有觀音山一座列岫拱環
注史老溪直達鐵砧山下與霧漢其合流處萬
歷彰化之大肚溪匯入於海其水均瀦
峻嶺水勢較淺加以菑蠻舟楫即可通行此臣
履勘水沙連六社番地之實在情形也而六社
蕃情則又有大可見者方臣南時即有
田頭社生番三四十人聞鈎出迎及入山以後

盡平本族泉術伏道旁不敢仰視內有雜髮者
衣履者十之七八餘者尚披髮跣足男番亦番布
或鹿左二塊復其下體前後女番以番布軾幅
膠連鎚制也當俯查詢歸化獻地是否出自真
誠各番均不手指草地亞首肯惟言語咿啞音
同缺舌無從辨悉藉通事傳禀各番皆誠求開
墾臣忠飭師本社聽候勘辨各番於番眾喚謝
之後或扶攜老幼遇自回社到奔走前後擁護
又臺灣環刮下如蝶翅狀所刺行數處密不一所
塗顏色黃白亦不同詢知番刺字後始刺兩
胺邊岨制也當俯查詢歸化獻地是否
有刺一王字且從口旁刺入兩股至平妻
多名刺一小王字從口旁刺字後俱刺兩
其不必生長各番均昴首自己喜惟男番番心間
狀有令人目不忍觀者若喜諭連事傳示名番令之
布覓體襪不能蔽體者其乳甫多用布

先恐後用手挽扶每至一社履勘時各生番即
目擺典水裏社番目毛蚧肉貓蘭社番頭社番
勘六社已畢復回至埔裏社番行寫將田頭社
歡勝到處涉歷具親愛之忱番無虞飾述臣履
步登蝶行敏捷躍躍增益呼番俗以大木資堅如鐵石長二丈有
船游覽番俗以大木資堅如鐵石長二丈有
奇短尾尖餘或八九尺潤三四五尺不等旣因
蕃情真摯未便過拂又欲遍命全社形勢即徒
十數人或數十人闔段跪接一見臣典如各番或
四丁口統計六社約可墾地一萬二三千甲各

二番鹿社番目排塔母捕裏社番目皆肯律眉裏

社番目改勢同隨身齎泉及各社通事人等遂

一傳齋嚴詰其獻地之故該番目等各操番音

喃喃苦訴詢之通事據票各番目咸稱伊等因

不諳耕作各社番地志成荒蕪其自望之地歲

收無多不敷食用地志成荒蕪日甚一日實

有難以存活之勢命鹿港同知進社查看遠各

獻納與圖情願雖易服改為熟番求准歸官

經理但家

大皇帝酌賞租穀俾得溫飽自全

恩同再造等語臣因通事傳供恐有捏飾復諭令傳

示各番目凡有供詞不妨裝演手勢該番目等

各以一手捫心一手拍地並以拍地之手指抄

翻狀以明其獻地歸官實無出自本願以該

番眾等椿鹿狂游毫無知識一旦輸誠納欵未

必非漢奸人等懷詐挾私從中勾引又而諭通

事向各番目再三詰訊各番目均搖手稱無臣

蓮諭以爾等既各真心內附自當代為具奏俟

欽羣

諭言再行遴辦各番感慰戴並各撫

其手足身體含莫私語傳詢通事據票各番目

以如蒙

大皇帝恩准墾地伊等此俊亦得同服農業同著

履是以稱快及臣諭令回社各番目或屬通事

轉求臣多住幾日武求過事請示臣何時再來

或又將臣等寫茅舍信手指揮繁語不休詢之

通事稱係各番目因臣現寓草蓆卑臨侯臣再

來時伊等起造高大房舍以為駐宿之所臣復

諭令通事一面曉一面辭覆並促其卑眾各

歸各番領男婦唯唯而退嗣臣因公留各

住五日各番泉仍絡繹前來有獻鹿皮一張者

有獻鹿角兩隻者有獻鹿筋鹿脯者

亦屬至跪接當向諭處勤諭生番等

知臣乃深入山深入社愛人欺凌力為保護伊等同

光無非並恐六社受人欺凌力為保護伊等同

深感激茲欣開

大皇帝酌命臣前來履勤六社是率泉瞻仰以表

恭順之忱臣諭通事勤務媄譽筋令回社俊均

抽藤吊鹿勤謀生意切勿作惡犯法各番皆歡

喜叩頭復囑通事據票伊等實不敢欺購從勸

各番族眾不乏生之人自奏鹿社同知諭

各番目約來緊服各番丁無不欵跪詢據隨行

之臺灣官俊番稱伊向來生番設人一歲多至一

百餘名昔日伏地叩頭同聲感戴欣欣而去

臣查知有北港之平來萬社生番帶領番眾十

餘人先期來至六社內之平來萬社生番泉十

待日久口糧食盡來及見臣快怏而退又有相

距埔裏社五六日程遭南港之丹勿勿社依

內閣裏社重社生番亦各卒番眾二三十人隨

後趕至六社內之水裏社接丹社生番之率

活鹿六隻欲來呈獻因臣已過社數日追謁不及

或亦將臣等寫茅舍信手指揮繁語不休詢之

北港之番較各番難係同類愛皆各自

為社彼此不知相顧有無亦不相通互行至南

投即中港之社仔社剌骨社山頭社已毓頭

社並中港之社仔社木洩蘭社扣

社千打萬社生番男婦二百一二十人出迎

迄入內山沿途一帶又有中港之阿里鮮社架

霄社巳倒訓社溪底社並北港之致霧社眉覽

呐社眉貓蠟社嗎伊郎社各生番或數十人或

筋一束欲來呈獻因臣已過社數日追謁不及

亦各奏無奈轉回跡其為驚駭番之毀慨非他人
慾應所能致至各生番所用器械祇有鐵矛弓馬
槍弓矢三項鐵矛以竹木為柄長僅四五尺其
運用時但知兩手握柄直向前戳並不請縱橫
撥制之法施放烏槍必須用架且一出之後若
再裝藥下子燃火之機必遲至半刻之久方能
完竣弓矢則以竹為之弦用苧繩發矢不能及
遠者物亦不能深入內山並無虎狼打牲全恃
猛犬若憑技藝十不護一即其送光殺人亦祇
伺單身入山焦燎者而暗傷之並不敢出山肆

慮臣訪詢明確深知內山生番不但懦於湖南
廣東之猺匪並且不及四川之猓夷此體察
水沙連六社外各社番情並番各番械技
之實在情形也惟是番地固貴周勘番情亦應
詳察而私墾之犯史宜嚴切查究臣自帶領通
之後即督同史密曹于帶隨從員弁領通
事分投清查並令各社番目將自墾之田逐一
指認查出埔裏社有私墾地一千餘甲貓蘭社
有私墾地五六甲眉裏社有私墾地二三百甲
其田頭水裏審鹿三社並無私墾當向各社番
目查訊據通事票據埔裏番目督律供稱伊
祖父在日圖不解耕種曾招熟番佃墾社地藏
收租穀尚散養贍近來熟番增多每年不給租
限難資銷口各熟番尚無渡通情事至伊有
於何年招佃各熟番地若干並應納租穀若
干伊實不知訊之通事亦堅供不知各熟番係

何年進社並稱生番愚實皆不識數目傳集
各熟番頭目羅鬮盆等逐一研鬮盆供伊等祇
月間先戲來本社搭番墾種並未議租各番目等
知祖父平年因埔裏番社招伊逐各春入
實無招佃詳弊私墾各犯聞知和逸各春入
社代墾納租伊等在社生番招引即逸各何年
亦不知本社社名坐落何處現墾番地何伊祖
祖父年平因埔裏番社招伊等上平伊查
禁內山親愿各社祇知埔裏一社有生番招引
熟番佃墾情事因防患將來是以通事試墾
其餘五社絕無私墾之人造票請試墾之後又
予有滅無增各生番從不計較多寡請試墾之後
始知犯法亦應遵諭搬遷惟出社後安身無處
恐民番互偷越即商同北路協副將葉長春又
會撥兵勇丁役在北路之內木柵地方設卡稽
查詗固奉

諭旨如大不准開墾即各率族遵徙各番傾心感服
旋即呈其切結存案復向貓蘭社番目改委查訊
即嚴論據熟番等本季祖斷無區別且人數多寡之
照例收給生番祖斷不准再種候泰奉
即嚴論據熟番等本季祖斷無區別且人數多寡之
不勝其誅臣再四思維官兵不暇為地瘴變番
佃與違縣自行私墾者究屬有間況其祖父進六
社時該熟番等尚未生長追歷年久遠道相承
接祇知為先世之遺田並不知為私開之集地
現在聚族而居已二十口竟繩之以法
與明知故犯者既無區別亦人眾多誅之以法
各供地頭頭泣求恩施歷外各番情究詰王再
討乞無門男婦老幼二十人勢必盡成絕草莓

向俱無人私墾該民人熟番等均係本年正二
月間先戲來本社搭番墾種並未議租各番目等
知無招佃情弊私墾各犯聞知和史密而累上平伊查
實無招佃情弊私墾各犯聞知和史密而累上平伊查
各進逸並據署鹿港同知史密面稟上平伊開
禁內山親愿各社祇知埔裏一社有生番招引
熟番佃墾情事因防患將來是以通事試墾
其餘五社絕無私墾之人造票請試墾之後又
恐民番互偷越即商同北路協副將葉長春又
會撥兵勇丁役在北路之內木柵地方設卡稽
查詗固奉

旨不准措辭議將原番共勇勦撤回伊亦未歇再進六
社各等語是貓蘭眉裏二社私墾之犯其為倡
知兵勇勦後始行偷越無疑查私墾番地木干
嚴禁乃該民番等竟敢固撒回兵勇潛入私開
實屬大膽協同兵勇督帶該二社私插
將呂大陞協同有已屆成熟番地生番側目積
秋苗全行剗除開有已屆成熟番地生番側目積
理係收剗後復行給各番並將草莽斫淨仍飭嚴
知新來熟番徐蟹棋一犯倡墾史密嚴諭番衆
葉最春等將該眉裏社樹林內藏匿番史密
惡番目改勢幼延墳塚拋棄屍骸及焚燬番蔡
掘番目政勢幼延墳塚亦無異詞並向
槍奪牛物各情不諱質之改勢亦無異詞並以
徐蟹棋究出殉葬鐵器認明領回臣以

婦火小約共四五百人俱係外來熟番而社內
俱係漢民不知是何稽貸眉裏社內私墾番目
旋即呈其切結存案復查訊社內私墾之犯有若
干私墾始自何時是否各番目招引進社又
據通事傳稟貓蘭社內私墾者祇有二十餘人
限係漢民不知是何稽貸眉裏社內私墾番目
收租穀尚散養贍近來熟番增多每年不給租
徐蟹棋究出殉葬鐵器認明領回臣以
徐蟹棋究出殉葬鐵器極惡若不就地正法飭無以懲熟

番之氣又何能安生番之心道將徐棋巷請
王命在眉裏社處斬果示以為應一微百之計一面
出示諭喻如歙再有私墾凌逼遠番者與徐棋
棋同罪各社生番並埔裏社招佃之熟番同深
畏服而改勞更感激溕零叩謝不已此又在
六社內查出私墾分別辨理並將欺凌生番之
犯訪覆審辨之各實存原委也伏思我
國家開體拓土二百餘年隆教所歙東漸西被雖
遠邊版服無不盡入版圖幅員之廣皆為漢唐
以來所未有茲水沙連六社番地不過最爾一
隅武暴或開本屬無關得失將以生番之犁泉
此為保衛身家之圖若不俯順番情則生番日
益困窮熟番日益橫肆勢不至盡其生盡併
其地不止久之一呼朋引類日聚日而無賴之
徒因罪之犯亦得異日之所往趨若
難逃料縱熟番不難驅逐而利之所在眾趨若
捕而抗官得連逃之戴為員唱之謀其貽患殊
傳聞互分必致倚倚憑而藁與恐拒此
仍有二千人之多可見禁令雖嚴總難期週廷久
無鮮即謂驅逐之後屬無散或有踰
越而被返之熟番散至二千既無本社可歸又
無田廬可守餓寒交迫勢必致流而為匪臺灣

地狹人稠流匪本多往又不靖又何堪再益此二千
流匪也一經開墾則分饒畫界計設授耕生番
收其租息況各鼓腹則無憂熟番得以力田亦皆
養有具有恒產斯有恒心誰不相安樂利而
真樸作事之蠡蠡悲惡有二十三社之多其賦性之
亦不甚懸殊且三港之中統為生番又別無兇
番種類是皆欺生番足深處凌或謂番地本屬內夷
徒員罪之犯更屬無從拖足顧議查或謂番地
民情浮動械鬥堅恃槍畫見番出若再開墾番地
設防來內地匪徒竟與番類勾連辨必更費
手不知匪徒與番聲氣本不相洽湖查歷年
檔案秋有因官兵不歙派撥約調克兵協剿匪
徒之棄並無匪徒番類互相勾結搆同附和之
事即如乾隆五十三平首逆林爽文逆入六社
經埔裏社番泉協同官兵下丁人等將該逆生
擒獻而林爽文家屬並經水裏田頭兩社生
番緊纏綑送此番世隸化外開知法度現
類之明證又或謂生番所以不致口是必非
縱使蕩變無常不過三百餘大小男婦現
止千有餘丁不過三百餘社生番大小男婦現
雖困苦奔迫衣食充裕無所顧戀安見不始
順終悖不知漢奸詐偽百出每多首鼠兩端而
生番則不識不知絕無機巧斷不致口是心非

調兵征剿之舉往事足徵可以例推至六社之
外番社雖泉族丁均莫由深悉然出
社迎後幸觀之已有二十三社之多其賦性之
亦不畏懸殊且三港之中統為生番又別無兇
番種類是皆欺生番足深處凌或謂番地本屬內夷
現在閩省兩口通商夷情或不無巨測若六社
番地一開土地廣而財賦多恐外夷之垂涎更
甚不知夷情止在通商別無覬覦求更不貪
圖四上六社番地尚在彰化之後僻處山隅距
海口甚遠外夷斷無垂涎之理而番地所產菽
粟魚鹽之外間有產茶庶所皆味苦眾僅
外爽所珍惜即外夷之情銷於內地者又非臺
民所必需萬巧斷不致口是必非
謂外夷之垂涎專以六社番地之墾與不墾為
行止豈固未敢深信回憶臣東渡前後撫採眾
論之時實未能折束一是迴觀歷六社碑碣底
蘊不但閩省內地人言多係平食即臺地人言
亦半屬隔膜天下事反之後知之後見益信
臺灣隘道府之所詳非虛著鹿港同知史密
首先深入創議開墾碑係防微杜漸並遴選功
討好之心而在搢紳士庶馮荃等之言之恰中
事機也且番地膏腴實易佐見六社可墾之地
雖多至一萬二三千甲而平坦率十居八九絕
少石磧沙壓之處翻犂即成沃壤開墾匪難科

大亦易即創建工程材木固取之不盡灰石亦
用之不竭經費充盈興修自可迅速撫臺灣各
官稟稱初議試墾番地嘉彰兩縣紳富無不樂
從認捐之數已甚不貲及開臣奏
命親勘旋即中止如再議續捐尚不致觀望不前久
延時日是開闢創建均無須耗費
帑金亦無待數年後始能蕆事民番識雖極樁昧
非不知省事為為政之要諸事為便已之方令
以大有關係之事仰蒙
天語提撕再三
詰誠為公為私均可奏請中止特以六社番地開之
則易於成功禁之竟難於弭患愚深密計實不
敢藉

君父之責成甄恩嚴公而便已況一身之利當究不
可奪天下之是非臣渥受
高厚以臣愚懣之見似不若查照前奏仍援淡水噶
瑪蘭改土為流之例一體開墾設官撫治俾六
社生番均得優游
聖世附錄編氓以昭
盛治惟迷迷奉
訓示飭令凜慎從事民實未敢擅便是否仍乞
聖裁如蒙
俞允恭俟
命下再將試墾一切事宜會同福建撫臣安議條款

　　　　　　　　　　　　　臚敘奏
闔並將六社地輿繪具圖說恭呈
御覽後徐將審辦徐題棋一案另行具奏外所有道
盲廢勸水沙連六社番地體察各社番情及臣籌辦
民番私墾各緣田謹先繕摺據實奏伏乞
皇上聖鑒訓示謹
　　　　　　奏
　　大學士軍機　大臣會同該部
　　慈心行謀殊強期久遠喜辦函
　　謹具奏

道光二十七年八月　　十六　　日

《宮中檔》，道光二十七年八月十六日，閩浙總督劉韻珂奏摺

鄉土情・義民心

——清代臺灣義民的社會地位與社會作用

　　民變是清代臺灣社會常見的動亂現象。有清一代，臺灣社會吏治欠佳，軍紀敗壞，公權力薄弱，族群的衝突，人民與官府的矛盾，案件迭起，民變頻仍，義民組織就是受到民變事件的刺激而產生的一種自力救濟的應生團體。義民組織雖然不是臺灣社會特有的歷史現象，但是臺灣義民的活躍及其性質的複雜，長期以來，已經引起學術界的重視。

　　民國七十二年（1983），劉妮玲著《清代臺灣民變研究》，對民變事件中的義民問題，從社會的正面功能和負面功能進行探討，同時對義民首的出身，進行統計分析，藉此說明臺灣義民的社會地位與影響力[1]。民國七十八年（1989），莊英章撰〈新竹枋寮義民廟的建立及其社會文化意義〉一文指出義民崇拜是臺灣客家社區最具聲望的宗教祭祀團體，新竹枋寮義民廟，在新竹地區的拓墾扮演極重要的地位與角色[2]。民國八十三年（1994），謝宏武著《清代臺灣義民之研究》，利

1　劉妮玲著《清代臺灣民變研究》（臺北，國立臺灣師範大學歷史研究所，民國 72 年 9 月），頁 318。
2　莊英章撰〈新竹枋寮義民廟的建立及其社會文化意義〉，《中央研究院第二屆國際漢學會議論文集》（臺北，中央研究院，民國 78 年 6 月），頁 223。

用檔案資料探討臺灣義民的活動[3]。民國八十七年（1998），
江金瑞著《清代臺灣義民爺信仰與下淡水六堆移墾活動》，對
臺灣義民的事蹟，義民爺信仰的形成、分佈，六堆義民的社
會文化活動，進行論述和分析[4]。

　　義民社區的形成以及義民社區意識的濃厚，也是臺灣社
會的重要特徵。清初以來，閩粵聚族而居的宗族社會，由於
人口流動的頻繁，移墾社會的開發，其宗族組織，多已從血
緣紐帶衍化成以地緣為紐帶，形成依附式的地域化社會共同
體，繼續向前發展，衍化成以經濟利益為紐帶，於是形成各
種複雜的地域化社會共同體。在臺灣早期移墾社會裡，除祭
祀圈外，異姓結拜組織、會黨組織和義民組織，也都是受到
學術界重視的臺灣地域化社會共同體。異姓結拜在社會上是
屬於一種金蘭結義活動，從閩粵內地渡海來臺的移民，他們
離鄉背井，基於出外人患難相助的需要，多模擬血緣制的兄
弟平行關係，義結金蘭，彼此以兄弟相稱，形同手足，各異
姓結拜組織，都是泛家族主義普及化的一種虛擬宗族，臺灣
盛行的天地會等秘密組織，就是由異姓結拜團體發展而來的
地域化社會共同體，而義民組織則屬於保境安民的一種鄉團
組織，是相應於異姓結拜組織和會黨組織而產生的地域化社
會共同體。在地緣村落中，為維護共同的利益，發揮守望相
助的精神，逐漸產生了社區意識。

有為有守：義民的族群分佈及其社會地位

　　在臺灣早期移墾社會裡，凡是遵守法律、道德、倫理等

3　謝宏武著《清代臺灣義民之研究》，臺北，國立師範大學歷史研究
　　所，民國 83 年。
4　江金瑞著《清代臺灣義民爺信仰與下淡水六堆移墾活動》，臺中，
　　國立中興大學歷史研究所，民國 87 年 7 月。

種種規範，就被認為是一個社會成員應有的義務，因此，幫助政府以敉平叛亂勢力者，一般就被稱為義民[5]。福建巡撫張兆棟等人具摺時已指出，「臺灣民氣，素稱強固，大義深明，每值地方有事，均能共結鄉團，助順效力，以輔官兵之不逮[6]。」深明大義的民人，就被稱為義民。義民就是一種民間的社會力量，其反破壞力量往往大於社會侵蝕力量。

陳孔立著《清代臺灣移民社會研究》認為「義民」一詞是清朝當局對那些協助官府鎮壓起義（或暴動）的人的稱呼。「義」還是「不義」是站在清政府的立場來看的，其主要標準是能不能「從官殺賊」、「禁暴救亂」[7]。古往今來，義與不義相混，善與不善相兼，義與不義，難以定奪，義民也不是臺灣社會的特有歷史名詞。但是，義民一詞並不限於清朝當局的稱呼。臺灣各族群及會黨或起事者，都普遍使用義民的稱呼，「義民」字樣散見於會黨告示。林爽文起事以後，建元順天，他自稱順天大盟主。順天丁未年相當於乾隆五十二年（1787），是年七月初一日，林爽文張貼告示，在告示中將義民與官兵並列，有「為此示仰諸城內官兵、義民、各省諸邑人等知悉」等字樣[8]。義民成為家喻戶曉的通稱，確實是臺灣社會的顯著特徵，反映義民在臺灣社會的特殊地位。

義民是對抗民變的一種社會力量，《福建通志臺灣府》有

---

5 林富士著《孤魂與鬼雄的世界：北臺灣的厲鬼信仰》（臺北，臺北縣立文化中心，民國 84 年 6 月），頁 94。
6 《清宮月摺檔臺灣史料》（臺北，國立故宮博物院，民國 84 年 8 月），頁 3485。光緒九年十一月十九日，福建巡撫張兆棟等奏摺。
7 陳孔立著《清代臺灣移民社會研究》（廈門，廈門大學出版社，1990 年 10 月），頁 220。
8 《天地會（一）》（北京，中國第一歷史檔案館，1980 年 11 月），頁 155。順天丁未年十月初一日，告示。

一段記載，「義民之與營兵，二而一亦一而二者也。古者寓兵於農，法已久廢矣。一旦地方有警，而民間好義之士，仗戈持竿，為國家出力，與營兵分頭勦賊。其人地諳熟，且出於義憤，其被賊之擾害者，又視賊如仇，不待鼓舞，奮勇爭先[9]。」臺灣社會的義民，主要是為對抗民變中的亂民加諸當地社會的焚搶劫掠行為產生的，他們為求保護身家性命財產，挺身而出，組織群眾，與亂民相抗[10]。義民的產生，雖然含有結合保境安民、功名利祿、榮耀鄉里的複雜心理，但因義民的活動，具有正面的社會功用，對臺灣社會的發展，產生了重大的意義。

從朱一貴民變事件，可以反映民間異姓結拜組織和義民組織的互動關係。朱一貴是漳州移民異姓結拜集團的成員，康熙六十年（1721）四月十九日夜間，朱一貴以誅殺貪官污吏為名，正式聚眾起事。是日，朱一貴帶領李勇等一共 52 人在黃殿庄焚表拜把，各自分頭招人入夥。同年五月初一日，朱一貴等攻陷府城。由於粵籍客家庄的義民組織與漳州籍朱一貴為首拜把結盟的異姓結拜集團，勢不兩立。閩浙總督覺羅滿保具摺時已指出，南淡水義民分為十三大庄，六十四小庄，共一萬二千餘名，分設七營，排列淡水河岸，又以八庄倉穀，遣劉懷道等帶領鄉壯社番固守，義民首俱給以委牌，並製懷忠里匾額，以旌其里民，又在懷忠里適中地點建蓋忠義亭一所。由於客家庄義民社區意識的強烈，使朱一貴不能越雷池一步，而且也使朱一貴同時面對官兵與義民而陷入兩

---

9 《福建通志臺灣府》（南投，臺灣省文獻委員會，民國 82 年 9 月），頁 318。
10 劉妮玲著《清代臺灣民變研究》（臺北，國立師範大學歷史研究所，民國 72 年 9 月），頁 318。

面作戰。清軍參將林政已指出朱一貴夥黨與耕種粵民搆難，於六月十九日在濫濫庄地方被粵民殺敗，迨官軍繼至，乘勢追捕，擒殺頭目鄭廷瑞等人。客家庄義民為了守望相助，保境安民，奮勇堵禦朱一貴。由於義民與官兵形成聯合陣線，而成為朱一貴敗亡的致命打擊。閩浙總督覺羅滿保具摺時也肯定了義民的正面社會功能。康熙末年，南淡水懷忠里客家庄大小七十七庄，義民一萬二千餘名，形成了客家義民社區。在懷忠里適中地方西勢庄所建蓋的忠義亭，就成為義民社區凝聚共識的信仰中心，為了守望相助，凝聚共識，每當懷忠里有公事時，也以忠義亭為里民會議之所。懷忠里形成了典型的客家義民社區，由於義民社區自保意識的強烈，而產生強烈的排他性。朱一貴為首的異姓結拜集團遭受各社區義民的強烈反制，而加速其敗亡。

雍正十年（1732），鳳山縣吳福生所領導的起事案件，在性質上也是屬於民間金蘭結義的異姓結拜組織。吳福生原籍福建漳州府平和縣人，在臺灣生長。吳福生被捕後供認，「小的向因流蕩，與吳慎、林好、許籌們往來。今年正月間，林好來小的家裡，小的一時起意對林好說，如今北路番子做歹，府城官兵虛少，乘此時候，我們亦去做歹吧！那林好們依允，就去會楊秦，約定二月十八日同到小的家結拜兄弟，推小的做大哥，林好二哥，吳慎三哥，楊秦四哥，許籌五哥，又推小的做元帥。」吳福生起事，燒搶營汛，是以結拜兄弟的儀式聚眾謀反的，吳福生被推為大哥，其餘依齒序列。林好是二哥，他供出義結金蘭時，是到吳福生家刺血拜盟的，三哥吳慎供出在吳福生家吃酒結盟。民間舉行異姓結拜時，在神前歃血瀝酒，跪拜天地盟誓的傳統，主要作用是化異姓為同

姓，他們利用泛家族主義的精神，使許多本來沒有血緣聯繫的異姓人利用血緣紐帶的外觀作整合手段，經過結拜儀式，宰雞取血，用針刺指，滴血入酒同飲，結為兄弟，這種虛擬宗族倫常的異姓兄弟，主要是藉盟誓凝聚力量，強化橫向關係的維繫。在吳福生陣營裡，還有朱一貴起事案內的逸犯。吳福生起事後，沿途招人入夥，焚搶庄社，外委千總徐學聖、外委把總鄭光弘等先後陣亡。當官兵在牛相觸地方駐守時，有懷忠里義民千餘人執「大清」旗號前來相助，臺灣鎮總兵官王郡所帶兵丁隨後趕來應援，殺退吳福生夥黨。吳福生夥黨於鳳彈汛埤頭山中林內四處豎立「大明」字樣的旗幟，聲勢浩大，懷忠里義民李炳鳳、張日純、鍾南魁等數百人從山豬毛上淡水等處趕來相助，隨同官兵追入山內，吳福生夥黨敗退。由於粵籍客家庄，義民社區的設堆堵禦，以及客家義民的隨同官兵作戰，使吳福生等終於兵敗被捕。

　　天地會是由異姓結拜組織發展而來的一種秘密會黨，臺灣天地會是福建內地天地會的派生現象。林爽文所領導的天地會，主要是以福建漳州籍移民為核心的異姓結拜組織。

　　天地會豎旗起事後，年號天運，後來改稱順天。天地會起事以後到處焚搶，地方不靖，遭到義民強烈的抵抗。在義民社區裡，或豎大清旗或豎義民旗，義民設堆成隊後亦各造旗幟，以示區別。大學士福康安具摺時曾經指出，各村聚眾械鬥，多用旗幟號召，即使不肯助鬥的村庄，亦須豎「保庄旗」一面，方免蹂躪。隨同官兵打仗的義民隊伍，俱各造一旗，以示進退。天地會陣營裡，也分別旗幟顏色，作為五隊，義民與會黨，旗幟鮮明。

　　林爽文起事以後，南路鳳山縣天地會首領莊大田也起兵

響應，但是同樣也遭到客家庄義民的反制。閩浙總督常青具摺時指出，臺地民人因聞官兵渡臺，惟恐將來因亂民貽累，於是爭相自呈實係良民，請求賞給義民腰牌，以為識別。其中南路義民多達一百三、四十庄，鳳山縣竿林等庄及粵籍客家義民共一萬餘人到臺灣府城遞呈，常青都發給腰牌，令其回庄安業。大學士福康安具摺時也指出，山豬毛粵籍客家庄是在東港上游，共一百餘庄，分為港東、港西兩里。林爽文、莊大田起事以後，俸滿教授羅前蔭奉命前往港東、港西客家庄招集義民，義民響應官方的號召。其後，莊大田差遣黨羽涂達元、張載柏執旗到港東、港西客家庄招引客家移民加入天地會，但港東、港西兩里客家移民誓不附和，即將涂達元、張載柏兩人擒斬。乾隆五十一年（1786）十二月十九日，港東、港西兩里客家義民齊集忠義亭，供奉萬歲牌，同心堵禦，挑選丁壯八千餘名，分為中左右前後及前敵六堆，按照田畝公捐糧餉，由舉人曾中立總理其事。每堆每庄，各設總理事、副理事，分管義民，督剿會黨，攻破小篤家庄、阿里港等處，乾隆五十二年（1787）六月，副理事劉繩祖等帶領義民一千三百餘名，由羅漢內門山路赴援府城，即在城外箚營抵禦會黨。同年九月，調派義民協守東港。副理事共四名，除劉繩祖外，黃袞、涂超秀、周敦紀等三人，都是副理事。港東、港西兩里是典型的客家庄義民社區，在守望相助，保境安民的社區意識激勵下，誓不附和會黨，使會黨不能越雷池一步。義民打仗出力，保護府城，進剿會黨，屢立戰功。總理事曾中立帶領義民堵禦莊大田最為出力，除了總理六堆公捐糧餉外，也辦理運送米穀。

　　乾隆年間，軍機大臣審訊民變要犯廖東時，廖東對充當

義民的規定，作了如下的供述：

> 那當義民的人，是要到府裡報名，領得腰牌，才能做
> 得。我何嘗不想做義民，幫助拿賊，因我住的饅頭庄
> 地方，離府城有五、六十里，沿路賊匪眾多，不敢前
> 往府城報名。我又是本縣衙役，賊人見了官人，就要
> 殺害，所以害怕，總沒敢上府城。不料今年正月十八
> 日，因柴總兵在番社地方經過，我前往迎接，就有義
> 民王守、吳天保、王仕金們，原是天地會內人，因上
> 年我曾經奉官要拿過他們，不料他們做了義民，就賴
> 說我是賊黨，不由分辯，解到柴總兵營裡，轉解府監[11]。

廖東供詞中指出想要充當義民的人，須要到臺灣府裡報
名，領取腰牌，才算是真正的義民。王守等人原先是天地會
陣營裡的人，他們投出後，都充當了義民。

　　除了南路下淡水山豬毛客家庄義民社區外，彰化鹿仔港
的義民社區，也值得重視。據監生林文浚供稱：

> 年三十歲，泉州晉江縣人，在臺灣鹿仔港同林湊開米
> 店生理。十一月二十九日，有大里杙庄賊匪林爽文們
> 攻破彰化縣城，殺害文武官弁，又來攻搶鹿仔港。監
> 生與林湊忿恨，糾約泉州、廣東各庄民人起義攻賊，
> 署守備陳邦光也糾集鄉眾。泉州各庄是林湊、黃奠邦、
> 許伯達、歐立淑、施捷世、陳光蔭、陳大用、陳天爵、
> 蔣會祖、黃鑑、陳廷詔、許樂三、萬朝翁、施祥、施
> 欣、張植槐、張明義、王講、尤敬、施察、謝廷、吳
> 編、黃嚴淑、張光輝、王西、王權、洪乾、吉興、蕭
> 士旭、施語、林周、鄭士模，並監生一共三十三人為

11　《天地會（三）》，頁4，廖東供詞筆錄。

首。廣東庄是邱玉萬、曾桃、張六世們為首，共招募
鄉勇一萬多人。十二月十二日，前往彰化攻賊，那賊
人抵敵不過，各皆逃散。

由監生林文浚供詞可知鹿仔港義民社區，是以泉州籍移
民居多數，但也有粵籍客家庄的義民社區，邱丕萬、曾桃、
張六世等人都是客家庄義民社區的義首，客家義民在義民首
的領導下，與泉州籍義民合作，於乾隆五十一年（1786）十
二月十二日收復彰化縣城，擒獲會黨頭目高文麟等人。據書
辦蔡運世供稱：

> 小的年六十四歲，原籍晉江縣，來臺灣住居彰化縣牛
> 罵頭庄，在北路理番同知衙門充當書辦。上年十一月，
> 逆匪林爽文攻陷彰化城，殺害官民，分設偽官，眾人
> 忿恨。小的會同粵庄饒凌碧等，共集義民二千餘人在
> 庄防守。這陳秀成、鄭岱、紀春、饒九如都是義民。
> 十二月十五日，紀春探知匪偽將軍王芬在麻園庄，小
> 的同粵庄義民即圍住麻園庄，是鄭岱把王芬擒獲。

書辦蔡運世是福建泉州晉江人，饒凌碧是彰化縣牛罵頭
庄的粵籍客家庄義民首，他們合作防守牛罵頭庄。會黨將軍
王芬在麻園庄，也是蔡運世帶領泉州籍義民會同廣東籍客家
庄義民圍剿麻園庄會黨，擒獲王芬。說明鹿仔港、牛罵頭庄
義民社區的廣東籍客家族群和泉州籍族群在保境安民、守望
相助的社區意識的激勵之下，是可以合作的。

客家義民為了保境安民，抵抗會黨的焚搶客家庄，奮不
顧身，慷慨赴義，留下了許多可歌可泣的動人故事。其中竹
塹新埔枋寮山長眠的義民塚，主要是乾隆五十一年（1786）
十二月間天地會征北大將軍王作等攻陷竹塹城前後陣亡的義

民忠魂。後來，臺灣民間流傳著一則故事，大意說，有一位善心人士，他不忍義民屍骸曝露野外，於是僱用牛車將義民屍骸載運郊原安葬，行至枋寮山麓時，天色漸黑，牛隻突然停止前進，不聽驅策，車夫以為天意，於是將義民屍骸暫置枋寮山麓，欲俟天明動土安葬。次日清晨，車夫返回停屍處，發現滿山遍野的蟻群，一夜之間，銜土築墳，掩埋了殉難義民。鄉民驚訝，以為忠魂顯靈，遂於義民塚前適中地面建蓋褒忠亭，俗稱義民廟。廟中「褒忠」匾額，就是大學士福康安按照乾隆皇帝御書鉤摹的匾額。廣東籍客家庄在褒忠里、褒忠亭等具有正面社會價值的標語激蕩下，很容易產生義民社區意識。誠然，由於義民對保境安民，反制民變，維護社會治安都作出了重大貢獻，其義舉受到官府與百姓的肯定，壯烈成仁的義民，可以安息於義民塚，義民的忠魂，在臺灣神壇上也有一席之地，褒忠亭或義民廟，廣受民眾膜拜，義民爺也逐漸形成一種民間信仰。

義民的族群分佈，也反映臺灣義民的特色。長期以來，學者們認為站在統治者一方的義民，大多是粵籍的客家人。就南路鳳山縣港東、港西等里而言，粵庄義民佔了多數，但其他地區則不可一概而論。據監生林文浚供稱：

> 年三十歲，泉州晉江縣人。在臺灣鹿仔港同林湊開米店生理。十一月二十九日，有大里代庄賊匪林爽文們攻破彰化縣城，殺害文武官弁，又來攻搶鹿仔港。監生與林湊念恨，糾約泉州、廣東各庄民人起義攻賊，署守備陳邦光也糾集鄉眾。泉州各庄是林湊、黃奠邦、許伯達、歐立淑、施捷世、陳光蔭、陳大用、陳天爵、蔣會祖、黃鏗、陳廷詔、許樂三、萬朝翁、施祥、施

欣、張植槐、張明義、王講、尤敬、施察、謝廷、吳編、黃嚴淑、張光輝、王西、王權、洪乾、吉興、蕭士旭、施語、林周、鄭士模，並監生一共三十三人為首；廣東庄是邱丕萬、曾桃、張六世們為首，共招募鄉勇一萬多人。十二月十二日，前往彰化攻賊，那賊人抵敵不過，各皆逃散。當時擒獲賊黨高文麟、楊振國、楊軒、陳高四名，並奪得旗幟、馬匹、砲刀等物。今陳守備將高文麟等四名，差外委許瑪協同原任彰化縣李典史，押解來泉，監生隨同渡海來的。但賊人雖多，都是烏合之眾，只求遣發大兵勦除，就露恩了[12]。

　　林文浚和林湊等人都是義首，林文浚是監生出身，他和林湊開張米店生理。供詞中已指出就鹿仔港而言，義民的族群分佈，以泉州庄義民佔絕對多數，其中泉州籍義民首共三十三人，廣東庄客家義民較少，義民首只有邱丕萬等三人。泉州庄、廣東庄義民在義民首領導下於乾隆五十一年（1786）十二月十二日收復彰化縣城，天地會黨抵敵不過，其頭目高文麟等人被義民擒獲。

　　會黨頭目楊振國等人被解送北京後，經軍機大臣會同刑部嚴訊，分別錄取供詞。據楊振國供稱：

　　　　我於上年十一月二十九日，林爽文攻陷彰化縣城，將
　　　　監門打開，放我出監後，叫我踞守彰化縣城。至十二
　　　　月十二日，官兵帶同義民攻復彰化後，我即逃至鹿仔
　　　　港一帶躲藏。不料遇見義民數千人，內有晉江縣人施
　　　　禮、施日、施欣，係我素相認識，被他看見，將我拿

12　《天地會（一）》，頁256，林文浚供單。

住的[13]。

　　楊振國是福建漳州府漳浦縣人，林爽文攻陷彰化縣城
後，他加入會黨，替林爽文踞守彰化縣城。官兵、義民收復
彰化縣城後，楊振國被泉州籍義民首施欣等人拏住。鹿仔港
一帶的義民，多屬於泉州籍移民。據書辦蔡運世供稱：

> 小的年六十四歲，原籍晉江縣。來臺灣住居彰化縣牛
> 罵頭庄，在北路理番同知衙門充當書辦。上年十一月，
> 逆匪林爽文攻陷彰化縣城，殺害官民，分設偽官，眾
> 人忿恨。小的會同粵庄饒凌碧等，共集義民二千餘人
> 在庄防守。這陳秀成、鄭岱、紀春、饒九如都是義民。
> 十二月十五日，紀春探知匪偽將軍王芬在麻園庄，小
> 的同粵庄義民即圍住麻園庄，是鄭岱把王芬擒獲[14]。

　　由引文內容可知泉州籍義民和粵庄客家義民合作防守牛
罵頭庄，並至麻園庄圍攻會黨，擒獲會黨將軍王芬。除了泉
州庄、廣東義民外，還有漳州籍義民。乾隆五十三年（1788）
三月初一日，乾隆皇帝頒降諭旨云：

> 此次臺灣勦捕逆匪，該處義民隨同官軍打仗殺賊，甚
> 為出力，業經降旨將廣東、泉州等庄賞給褒忠、旌義
> 里名，用示獎勵。至漳州民人，雖與賊匪籍貫相同，
> 但其中隨同官兵打仗殺賊者，亦復不少。若不一體加
> 恩，轉似於伊等有所歧視，不足以示勸勵，所有漳州
> 民人各庄，著賞給思義村，俾民人等咸知顧名思義，
> 勉為國家良善，守法奉公，以副朕一視同仁之意。此

13　《天地會（一）》，頁 407，楊振國供詞筆錄。
14　《天地會（一）》，頁 351，蔡運世供單。

旨著將軍福康安等遍行曉諭，使咸知朕意，欽此[15]。

漳州籍移民隨同官兵進勦林爽文，屢獲戰功，漳州籍移民中充當義民者，為數不少。為了獎勵義民，廣東客家庄賞給褒忠里名稱，泉州庄賞給旌義里名稱，漳州庄賞給思義村。

林爽文等人所領導的天地會，主要是以福建漳州籍移民為基礎的異姓結拜組織。但當林爽文起事以後，也有不少泉州人加入天地會。當原籍泉州的林領、陳梅等人被解送京師時，經軍機大臣嚴訊。軍機大臣詰問林領、陳梅：「你們既是泉州人，向來泉州與漳州既不和睦，現在做賊的，又漳州的人多，你們就該幫同義民殺賊，為何反入了林爽文賊夥呢？」據陳梅供稱：「我雖係泉州人，原住在笨港算命起課度日。上年六月，林爽文來攻笨港，燒毀村庄，將我家屬收禁，我所以從了他們入夥。後來林爽文又封我做軍師[16]。」林領、陳梅等人雖然都是泉州人，但並未充當義民，反而加入了天地會。劉天賜是廣東潮州府饒平縣人，替林爽文在諸羅北勢尾庄收取百姓田租，每石抽取二斗。林爽文允諾封劉天賜為奮勇將軍。乾隆五十二年（1787）十一月，劉天賜兵敗逃入水沙連後被捕，解送京師，由軍機大臣嚴訊。軍機大臣詰問劉天賜：「廣東居住臺灣之人多有義民，幫同官兵殺賊，各村庄俱蒙旌獎。你亦係廣東民人，何獨甘心從賊？且賊封你奮勇將軍，必有與官兵抗拒之處，還不據實供來？」劉天賜供認：「我因被賊拿去，一時怕死，就順從了他。我實在只替賊人收取租田，並未與官兵打過仗。廣東義民俱幫同官兵出力，我獨順

15　《清宮諭旨檔臺灣史料（二）》，頁 1053。乾隆五十三年三月初一日，上諭。
16　《天地會（四）》，頁 399，陳梅供詞筆錄。

從了賊，且受他口許封爵，實屬該死[17]。」由陳梅、劉天賜等
人供詞可以了解泉州籍、廣東籍移民徙居臺灣者多有義民，
但其中也有甘心投入林爽文陣營之人，甚至受封將軍等職。
因此，以籍貫區分義民或會黨，並不十分客觀。

義民急公嚮義，義民首原為社會的領導階層，也是安定
社會秩序的主要力量，他們招募義民，多自備資斧，他們對
抗社會動亂的意願較為強烈，對抑制民變的能力較為充足，
資源較為豐富，義民首在清代臺灣社會扮演了重要的角色。
劉妮玲著《清代臺灣民變研究》一書將乾隆、嘉慶、道光、
同治四朝的四大案件之義民首出身列表統計，作為抽樣分析
的代表，其中林爽文案的義民首包括：舉人七人，貢生六人，
秀才十一人，監生七人，武生九人，平民三十九人，合計七
十九人，其中舉人、貢生、秀才、監生、武生，合計四十人，
約佔總人數的百分之五〇·六三[18]。林爽文、莊大田起事以後，
義民首充分表現化解危機的能力，其中義民首曾中立是文舉
人出身，他在南路堵禦莊大田最為出力，他也辦運米穀，清
軍平定莊大田之亂後，奉旨以同知實缺補用。黃奠邦是由武
舉人出身，林爽文起事後，黃奠邦即捐資招集義民，固守諸
羅縣城達五月有餘，福康安原奏以守備補用，後經兵部帶領
引見，乾隆皇帝見其人尚明白，試以文義，頗能諳曉，所以
改授同知。黃奠邦原籍屬於廣東，所以發往福建，交給福康
安，以內地同知酌量補用[19]。義民首曾大源是文舉人出身，世

---

17 《天地會（四）》，頁 432，劉天賜供詞筆錄。

18 劉妮玲著《清代臺灣民變研究》（臺北，國立臺灣師範大學歷史研
究所，民國 72 年 9 月），頁 321。

19 《清宮諭旨檔臺灣史料（二）》，頁 1396。乾隆五十四年正月二十
一日，內閣奉上諭。

居彰化，林爽文起事以後，曾大源不肯附和林爽文，避居泉州，後經閩浙總督常青帶赴鹿仔港招募義民，隨軍進勦會黨，購線杜敷擒拏林爽文家眷，又前往番社曉諭原住民。曾大源年齒雖輕，但因人尚明白，文理亦優，福康安請旨以內閣中書補用。淡水廳募友壽同春是浙江諸暨縣監生，當竹塹城失陷時，壽同春即親赴各庄招集義民，會同官兵恢復竹塹城。

　　嘉慶年間，海盜猖獗，海盜許和尚、陳番等都是蔡牽屬下股頭要犯，俱經義民躧緝拏獲，其中義民首黃化鯉是廩生，奉旨以教職選用。義民首林玉和是武生，奉旨賞給千總。潘振甲是舉人，韓必昌、陳廷璧是貢生，石時榮、郭邦傑是監生，盧必揚、黃化治、紀邦傑等人是生員。道光十三年（1833），因張丙聚眾起事案，將出力義民首姓名、出身、等第開列呈覽，為了便於說明，可根據清單列表如下：

張丙滋事案內出力義首分別等第簡表

姓　　名	職銜出身	請　獎　等　第	備　　註
林騰瑞	武生	以千總補用	已賞戴藍翎
陳廷祿	增生	賞戴藍翎以州同選用	
蘇策名	候選教諭	賞給六品職銜	
王源懋	廩生	賞戴藍翎以州同選用	
蘇克誠	廩生	以教職儘先選用	
林應得	生員	賞給六品職銜	
王匯川	監生	賞給六品職銜	
林振賢	義民	賞戴藍翎	
林欽瑞	義民	賞給六品職銜	
鄭嗣音	義民	賞給六品職銜	
黃本淵	訓導	以知縣儘先選用	長汀縣學訓導

姓　　　名	職　銜　出　身	請　獎　等　第	備　　　註
龐裕昆	布政司理問	以府經歷縣丞補用	
林廷璋	舉人	以直隸州州同選用	
王乃斌	副榜貢生	以直隸州州判選用	
林朝勳	武生	拔補右軍把總	
鄒定國	武生	拔補外委	
林西泰	恩貢生	以教職選用	
劉思勳	廩生	以教職選用	
蔡兆禧	廩生	以教職選用	
王得任	生員	以教職選用	
劉捷鰲	生員	以教職選用	
吳尚新	候選員外郎	歸部儘先選用	
蔡國琛	候選通判	歸部儘先選用	
汪金聲	候選縣丞	歸部儘先選用	
李垂紳	候選縣丞	歸部儘先選用	
吳春祿	同知職銜	賞給運同職銜	
劉高山	州同職銜	賞給五品頂戴	
楊建邦	州同職銜	賞給五品頂戴	
張連捷	武舉人	加賞守備職銜	已賞戴藍翎
李建邦	武舉人	以千總補用	已賞戴藍翎
王得蟠	武生	以千總儘先補用	
王朝魁	武生	以把總拔補	
王興	義民	賞戴藍翎	
黃化鯉	縣學訓導	賞戴藍翎	
吳廷箆	州同職銜	賞戴藍翎	

姓　　名	職 銜 出 身	請　獎　等　第	備　　註
羅登榜	鹽運司經歷	賞戴藍翎	
陳以寬	貢生	賞戴藍翎	
許錫勳	廩生	賞戴藍翎	
許朝錦	監生	賞戴藍翎	
吳尚志	監生	賞戴藍翎	
洪賢德	義民	賞戴藍翎	
林晉水	義民	賞戴藍翎	
劉思中	義民	賞戴藍翎	
林淇泉	義民	賞戴藍翎	
王飛龍	義民	賞戴藍翎	
劉伊仲	副貢生	賞給六品職銜	
吳尚雯	優貢生	賞給六品職銜	
楊文顯	增貢生	賞給六品職銜	
許瑞華	貢生	賞給六品職銜	
陳克勸	貢生	賞給六品職銜	
陳昌謨	生員	賞給六品職銜	
蔡迪吉	監生	賞給六品職銜	
楊玉思	捐職從九品	賞給六品職銜	
陳煥文	義民	賞給六品職銜	
杜斐然	義民	賞給六品職銜	
洪承恩	義民	賞給七品職銜	
林啓	義民	賞給七品職銜	
曾肇基	監生	賞給八品職銜	
鄭世雄	捐職從九品	賞給八品職銜	
沈珅	義民	賞給從九品職銜	

姓　　名	職銜出身	請　獎　等　第	備　　註
蘇廷儀	廩生	賞給副貢生	
林祥雲	貢生	賞給五品職銜	捐番銀 17500 圓
林平侯	原任廣西同知	賞加知府銜	捐番銀 5000 圓
吳光贊	義民	交部議敘	捐番銀 2000 圓
曾青華	監生	交部議敘	捐番銀 1250 圓
王必忠	義民	交部議敘	捐番銀 1000 圓
吳朝陽	義民	交部議敘	捐番銀 1000 圓
何光彩	武生	交部議敘	捐番銀 700 圓
鄭用錫	進士	交部議敘	捐番銀 500 圓
吳化成	義民	交部議敘	捐番銀 500 圓
郭求仙	義民	交部議敘	捐番銀 500 圓
吳國華	武舉人	交部議敘	捐番銀 450 圓

資料來源：《軍機處檔‧月摺包》（臺北，國立故宮博物院），第
　　　　　2743 箱，72 包，66517 號。道光十三年五月二十一日，
　　　　　張丙滋事案內出力義首分別等第清單。

　　簡表所列義民首大致可以分為官員、科舉人員和平民三
類，共計七十二人。官員中蘇策名是候選教諭，黃化鯉是縣
學訓導，黃本淵是訓導，龐裕昆是布政司理問，羅登榜是鹽
運司經歷，林平侯原任廣西同知，吳尚新是候選員外郎，蔡
國琛是候選通判，汪金聲、李垂紳是候選縣丞，吳春祿是同
知，劉高山、楊建邦、吳廷篪是州同職銜，楊玉思、鄭世雄
是捐職從九品，合計十六人，約佔總人數的百分之二十二。
科舉人員中義首鄭用錫是進士。舉人包括文舉和武舉，林廷
璋是舉人，張連捷、李建邦、吳國華是武舉。王匯川、許朝
錦、吳尚志、蔡迪吉、曾肇基、曾青華是監生。貢生包括副

榜貢生即副貢、恩貢、優貢、增貢等，陳以寬、許瑞華、陳克勤、林祥雲是貢生，王乃斌、劉伊仲是副貢，林西泰是恩貢，吳尚雯是優貢，楊文顯是增貢。生員包括文生、武生、增生、廩生等，林應得、王得任、劉捷鰲、陳昌謨是生員，林朝勳、鄒定國、林騰瑞、王得蟠、王朝魁、何光彩是武生，陳廷祿是增生，王源懋、蘇克誠、劉思勳、蔡兆禧、許錫勳、趙廷儀是廩生，合計三十七人，約佔總人數的百分之五十一。義民就是平民，林振賢等十九人，都是平民，約佔總人數的百分之二十七。由此項統計可知義民首中科舉人員所佔比重較高，科舉出身的人員可以說是臺灣社會的菁英，有其社會影響力。科舉出身的義民首多屬於地方上的紳商富戶，也是社會的領導階層，在民變期間，對於抑制動亂，安定社會秩序，扮演了重要的社會角色。

吾土吾民：義民社區的形成及其社會作用

　　清朝初年以來的社會結構，已經呈現出多層次的複雜的多元關係。經過社會學家、人類學家和歷史學家的探索，清代地方社會構成法則的多樣性和複雜性，逐漸為學術界所認識。依據不同的認同、整合和分類原則所構成的地域化社會共同體，大致被歸納為三類：一類是宗族；一類是屬於市場體系的基本市集區；一類是所謂祭祀圈。這些地域化社會共同體，或以固有的血緣和地緣關係，或以共同的利益關係，或依據共同的文化傳統，而存在著不同層次、不同形式的地域化社會共同體。各種社會共同體內部存在著共同的利益，並在認同和自我意識方面具有共同感，也存在著或鬆或緊的組織形式，以及或強或弱的社會功能。大致而言，以血緣關係為紐帶的宗族，屬於繼承式宗族；以地緣關係為紐帶的宗

族，屬於依附式宗族；以經利益為紐帶的宗族，屬於合同式宗族[20]。

　　清朝前期，閩粵聚族而居的社區，其宗族組織，由於人口的流動，移墾社會的開發，多已從血緣紐帶衍化成以地緣為紐帶，形成依附式的地域化社會共同體，繼續向前發展，衍化成以經濟利益為紐帶，形成各種複雜的地域化社會共同體。在臺灣早期移墾社會裡，除祭祀圈外，異姓結拜組織也受到學術界的重視。臺灣異姓結拜在性質上是屬於一種金蘭結義活動，從閩粵內地渡海來臺的移民，他們離鄉背井，基於互助的需要，多模擬宗族血緣制的兄弟平行關係，義結金蘭，彼此以兄弟相稱，形同手足，各異姓結拜組織，都是泛家族主義普及化的一種虛擬宗族，臺灣民間盛行的異姓結拜組織，就是引人矚目的一種地域化社會共同體。康熙末年，臺灣朱一貴就是以異姓結拜的形式聚眾起事的。

　　朱一貴是福建漳州府長泰縣人，他渡海來臺後，寄居羅漢內門。康熙五十三年（1714），朱一貴在臺灣道衙門充當夜不收。他告退以後，在大目丁地方向民人鄭九賽租種田地度日。康熙五十九年（1720），臺灣府知府王珍攝理鳳山縣事務，令其次子徵糧，每石要折銀七錢二分。監禁謝神唱戲的百姓，逮捕砍竹的二、三百人，將給錢的放了，不給錢的責打四十板。民間耕牛每隻給銀三錢打印子，方許使用。每座糖磨舖索銀七兩二錢，方許開張。米隆砍藤人俱勒派抽分。官府苛捐雜稅，騷擾民間，百姓怨恨，朱一貴遂以誅殺貪官污吏為名，聚眾起事。中央研究院歷史語言研究所出版《明清史料》

20　《清代全史》，第五卷（瀋陽，遼寧人民出版社，1991 年 10 月），頁 432。

中含有朱一貴原供，國立故宮博物院典藏乾隆朝《臺灣檔》中含有朱一貴供詞摘錄，兩種供詞，雖然詳略不同，但都有王珍次子指稱百姓無故拜把，拏人監禁的內容[21]。所謂「拜把」，就是民間金蘭結義的異姓結拜。朱一貴正式起兵日期是在康熙六十年（1721）四月十九日夜間。是日，朱一貴帶領李勇、吳外、鄭定瑞等到黃殿庄上，一共五十二人，焚表拜把，各自分頭招人入夥。同年五月初一日，朱一貴與粵庄杜君英會師，攻陷臺灣府治，清軍總兵官歐陽凱等陣亡。朱一貴與杜君英同開府庫，分掠金銀。朱一貴屬下李勇向眾人宣稱朱一貴姓朱，是明朝後代，稱為義王，國號大明，年號永和。臺灣南北兩路，紛紛響應，這是康熙年間臺灣最大規模的一次反清運動。

　　朱一貴雖然在數日之內攻佔府治，全臺淪陷，但因朱一貴與杜君英的內訌，力量分散。府治並無磚石城垣，難以據守。尤其是遭到義民的反制，而加速朱一貴的失敗。《平臺紀略》有一段記載說：

> 方朱一貴作亂時，有下淡水客庄民人侯觀德、李直三等建大清義民旗，奉皇帝萬歲牌，聯絡鄉壯拒賊。一貴遣陳福壽、劉國基、薛菊、王忠、劉育等領賊眾數萬攻其庄。六月十有九日己酉，侯觀德等逆戰於淡水溪，敗之。陣斬劉育，殺賊兵及迫入水死者萬計，屍骸狼藉沙間[22]。

21　《明清史料（一）》（臺北，維新書局，民國63年1月），戊編，第一本，頁21，朱一貴供詞；《臺灣檔》，見《清宮諭旨檔臺灣史料》（臺北，國立故宮博物院，民國85年10月），頁292。乾隆五十一年十一月二十五日，略節清單。

22　《平臺紀略》，見《欽定四庫全書》（臺北，臺灣商務印書館），第

　　由於早期閩粵移民的地緣組合，社區意識的強烈，分類
械鬥的頻繁，使義民組織與異姓結拜集團，都帶有濃厚的分
類意識。粵籍客庄的義民組織與閩籍朱一貴拜把結盟的異姓
結拜集團，勢不兩立，使朱一貴同時面對官兵與義民而陷入
兩面作戰。清軍參將林政指出南路朱一貴夥黨與耕種粵民搆
難，於六月十九日在濫濫庄地方被粵民殺敗，迨官軍繼至，
乘勢追捕，擒殺頭目鄭廷瑞等人，餘夥逃散[23]。朱一貴走上窮
途末路的命運，也見於臺灣民間故事的記載。傳說朱一貴退
出府治後，便連夜逃到諸羅縣溝尾庄，被村民誘擒。因為朱
一貴是鴨母王，民間相信母鴨進了溝尾，就是走投無路。《平
臺紀略》記載朱一貴被誘擒的經過很詳盡，節錄一段內容如
下：

> 閏六月五日甲子，一貴率千人至溝尾庄索飯食，楊旭
> 等椎牛餉之，許號召六庄鄉壯相助。一貴往月眉潭，
> 乏食。乙丑夜，其黨散去六百餘人。丙寅，楊雄紿一
> 貴復回溝尾庄。薄暮霖雨，旭備館舍，將一貴等分宿
> 民家，傳集六庄鄉壯，佯為守護，潛以水灌賊砲。夜
> 五鼓，大譁，稱官兵至，金鼓火砲齊鳴，諸賊倉皇驚
> 起，不知所措，楊雄、楊旭、楊石、王仁和等送擒朱
> 一貴、王金全、翁飛虎、張阿山等四人，散其餘眾，
> 吳外、陳印各率黨逸出。旭縛一貴等置牛車赴八掌溪
> 交遊擊林秀，王仁和馳報藍廷珍，廷珍令解赴施世驃
> 軍前[24]。

---

　369 冊，頁 573。

23　《大清聖祖仁皇帝實錄》，卷二九三，頁 21。康熙六十年七月甲
　　寅條。引文中「鄭廷瑞」，當即鄭定瑞。

24　《平臺紀略》，見《欽定四庫全書》，第 369 冊，頁 572。

　　由引文內容可知諸羅縣溝尾庄的鄉壯，就是當地守望相助，保境安民的義民。由於受到義民強烈的反制，使鴨母王朱一貴到溝尾庄時已經步上窮途末路的命運，他的帝王夢也終於成了泡影。由於義民與官兵形成聯合陣線，而成為朱一貴失敗的致命打擊。閩浙總督覺羅滿保具題時也肯定了義民的正面社會功能，節錄一段內容如下：

　　查六十年四月二十四日，賊犯杜君英等在南淡水招夥豎旗，義民李直三等密謀起義。五月初一日，府治失陷，各義民隨糾集十三大庄、六十四小庄，共一萬二千餘名，分設七營，排列淡水河岸，又以八庄倉谷，遣劉懷道等帶領鄉庄社番固守。六月十二日，朱一貴遣賊目賊人二萬餘隔河結營。十八日，從西港口偷渡。十九日，鍾沐華等三面合攻，大敗賊眾。臣隨將為首給以委牌，製懷忠里匾額，旌其里民。此南路下淡水義民效力之實績。當大兵攻進鹿耳門，克復安平鎮，即有西港尾生員郭步青、方大成，義民吳光等三十三人，招鄉壯一千三百餘名引兵登岸，並留男婦老幼為質，在蘇厝甲打仗出力，克復府治。又有安平鎮義民顏平等，亦帶領鄉壯八百餘人，在鯤身隨大兵殺賊。臣隨表西港尾為向忠里，安平鎮為効忠里，俱給以匾額，將為首給以委牌，此中路義民効力之實績。賊首朱一貴戰敗逃往北路，有溝尾庄義民楊旭等，糾合七庄鄉壯六百餘人，計擒朱一貴、李勇、翁飛虎、張阿三、吳外、陳印。臣隨將為首各人給以委牌，製興忠里匾額懸掛里門，此北路溝尾庄義民效力之功績[25]。

25　《清代臺灣檔案史料全編》（北京，學苑出版社，1999 年 7 月），

　　懷忠里、向忠里、効忠里都是義民社區，在懷忠里內西勢庄還建蓋忠義亭，每當里中有事即以忠義亭為會議之所[26]。朱一貴等異姓結拜集團遭受義民的強烈反對，使清軍坐收漁利，剋日奏功。

　　雍正十年（1732），鳳山縣吳福生所領導的起事案件，在性質上也是屬於民間金蘭結義的異姓結拜組織。吳福生原籍福建漳州府平和縣人，在臺灣生長，向因游蕩，被練總稟報「交結匪類」[27]，吳福生即起意乘臺灣北路番漢衝突擴大後聚眾起事，於是糾人結拜弟兄。吳福生失敗被捕後，供出起事經過，節錄一段供詞如下：

> 小的向因流蕩，與吳慎、林好、許籌們往來。今年正月間，林好来小的家裡，小的一時起意對林好說，如今北路番子做歹，府城官兵虛少，乘此時候，我們亦去做歹吧！那林好們依允，就去會楊秦，約定二月十八日同到小的家結拜兄弟，推小的做大哥，林好二哥，吳慎三哥，楊秦四哥，許籌五哥，又推小的做元帥。小的見楊秦識字，與他為副元帥，林好、許籌、吳慎俱是國公。林好請謝倡做軍師，買紬與他做扎付，是黃青白三色，分中左右三營，小的是中營，林好、吳慎是左營，楊秦、許籌是右營。小的旗是白布三角的，上寫「大明得勝」字樣。林好一桿是蚊帳布做的，沒有字。吳慎一桿是紅高照鑲黃邊的，楊秦、許籌各一

第四冊，頁 743。

26　《臺灣慣習記事》，中譯本，第四卷上，第二號，頁 90。

27　《宮中檔雍正朝奏摺》，第 19 輯（臺北，國立故宮博物院，民國 68 年 5 月），頁 852。雍正十年閏五月初十日，巡視臺灣陝西道監察御史覺羅柏修奏摺。

桿，寫將軍楊、許字樣。謝倡做了三十張扎付，各人
挈去分散，每張有六、七寸長，寫大明字號，圖書是
謝倡用木頭刻的。小的五人為首，沒有扎付，那燒崗
山日子，謝倡原擇是三月二十八日起事，因招人不齊，
到二十九日夜見有林好們各人來，小的就同林好、吳
慎、許籌、蔡國、莊玉、李卻、謝亮、李誠、陳宗、
論仔、顏孝、盧夏、林祿、陳驥、楊佛恩、麟哥、陳
而、吳宋、胡應珍、陳隆、林連、吳轉、吳光、蔡福、
顏景、陳外、李養二十八人，各執竹篙鎗同到崗山營
盤放火吶喊，要搶軍器。那兵有受傷的，小的夥裡亦
有受傷。三十早燒舊社，午後燒猴洞，沿途招人，到
初二早燒石井汛[28]。

　　吳福生供詞中起事燒搶營汛是以結拜兄弟的儀式聚眾起
事的，吳福生被推為大哥，其餘依齒序列，林好是二哥、吳
慎是三哥、楊秦是四哥、許籌是五哥。林好也供出義結金蘭
時，是到吳福生家刺血拜盟的。吳慎供出在吳福生家吃酒結
盟。民間異姓結拜時，在神前歃血瀝酒，跪拜天地盟誓的傳
統，主要為化異姓為同姓，他們利用泛家族主義的精神，使
許多本來沒有血緣聯繫的異姓人利用家族血緣紐帶的外觀作
為整合手段，經過結拜儀式，宰雞取血，用針刺指，滴血入
酒同飲，結為弟兄，這種異姓虛擬宗族主要是藉盟誓凝聚力
量，強化橫向關係的維繫。在吳福生陣營裡，還有朱一貴起
事案內的逸犯，例如原籍漳浦縣的商大慨，於朱一貴失敗後
逃走，吳福生起事後經烏眼賽即黃賽糾邀入夥。據原籍晉江
縣的洪旭供稱，烏眼賽於康熙六十年（1721）還做過朱一貴

28　《明清史料》，戊編，第一本，頁33，吳福生等供詞。

的將軍。張鴻也是朱一貴案內的逸犯，吳福生起事後充當奸細，入城打探官兵人數。吳福生起事後沿途招人入夥，焚搶庄社，外委千總徐學聖、外委把總鄭光弘等先後陣亡，當官兵在牛相觸地方駐守時，有懷忠里義民千餘人執大清旗號前來相助，總兵官王郡所帶兵丁隨後亦來應援，殺退吳福生夥黨[29]。吳福生夥黨於鳳彈汛埤頭山中林內四處豎立大明字樣的旗幟，聲勢浩大，懷忠里義民李炳鳳、張日純、鍾南魁等數百人從山豬毛上淡水等處趕來相助，隨同官兵追入山內，吳福生夥黨敗退。各粵籍客庄，俱設堆堵禦，使吳福生夥黨遭到義民的堅強抵抗，吳福生等人終因兵敗被捕。

潛移默化：義民與生界原住民的招撫

　　清代臺灣移墾社會的形成及族群的分佈，都與臺灣的自然地理環境有密切關係。福建督撫將臺灣族群分為閩人、粵人、熟番、化番、生番五類，閩人以漳、泉人為多，興化次之，福州較少，他們分佈於西面瀕海平地；粵人主要為廣東惠、潮、嘉應各州之人，稱為客民，分佈於西面近山處；其向西一帶山腳服役納課者為熟番；至於前山後山中脊內山散居者為生番，而生番中兇悍者則稱兇番[30]。內山生番可以稱之為內山生界原住民。由於閩粵移民侵墾生界原住民田地，抽藤釣鹿，以致常被生界原住民殺害，雍正年間，番漢衝突，尤為嚴重，案件層出不窮，為了便於說明，以國立故宮博物

29　《宮中檔雍正朝奏摺》，第 19 輯，頁 610。雍正十年四月初八日，巡視臺灣陝西道監察御史覺羅柏修等奏摺。

30　《宮中檔雍正朝奏摺》，第 6 輯（臺北，國立故宮博物院，民國 67 年 11 月），頁 527。雍正四年九月初二日，閩浙總督高其倬奏摺；《月摺檔》（臺北，國立故宮博物院），光緒七年二月初三日，福建巡撫勒方錡奏片抄件。

院典藏雍正朝《宮中檔》硃批奏摺的內容，將雍正十年（1732）
臺灣番漢衝突案件列表於下。

雍正十年臺灣番漢衝突案件分佈表

年　月　日	衝突地點	廳　縣	案　情　摘　要
5月11日	桃仔園、新庄	淡水廳	龜崙社熟番焚燒社丁郭生房屋，射殺郭生等五人，又焚燒桃仔園庄、新庄等處民房，截搶公文。
閏5月初2日	彰化縣署	彰化縣	南大肚等社兇番圍燒彰化縣城臺灣道典史等衙署。
閏5月初8日	貓霧捒庄	彰化縣	大甲西社兇番大肆焚殺貓霧捒各庄。
閏5月12日	快官庄	彰化縣	十一日，大甲西社兇番直抵彰化縣治東北西三面，大肆焚殺，十二日，又焚殺快官庄。
閏5月17日	中港	淡水廳	十七日晚沙轆等兇番數百名搶奪中港商船二隻，殺死船員七名。
閏5月21日	南日庄	淡水廳	沙轆等社兇番燒燬南日庄營盤。
6月11日	快官庄	彰化縣	北路兇番殺傷柴坑仔、快官庄居民。

資料來源：《宮中檔雍正朝奏摺》，臺北，國立故宮博物院。

　　表中所列番漢衝突案件共計七件，集中於雍正十年
（1732）五、六月間，主要分佈於彰化和淡水廳。閩粵內地
移民渡臺後，與各社原住民，原以土牛為界，其逼近生界原
住民各隘口，則設有隘寮，由地方官派撥熟番常川看守。但
因漢人佔墾荒地，入山開渠，砍伐竹木，採收作物，而屢遭
生界原住民殺害。由於彰化地方遼闊，到處都有民庄和番社，
清朝雖在彰化多設營兵，但仍不足以彈壓地方，招募義民就
成為消弭番害，保護民庄的重要途徑。
　　雍正十年（1732）五月間，地方官招撫彰化縣大甲西等
社原住民，雖已就緒，但因臺灣道倪象愷表親率領壯役李華

等殺死大肚、沙轆等社軍前効力良番五名，捏稱兇番首級，冒功邀賞，以致大甲、沙轆等社番眾不服。同年閏五月初一日，有大肚社男婦原住民叩見鎮道，請求根究臺灣道民壯殺死効力良番情由。因不得要領，閏五月初二日，有南大肚、水裡、沙轆、牛罵等社原住民數百名，直抵彰化縣城，圍燒臺道駐箚房屋及彰化縣知縣、典史衙署計五百餘間，殺死兵丁、義民、壯役共六十餘名[31]。署福建臺灣鎮總兵官呂瑞麟即令遊擊林黃彩帶兵堵禦。是日未刻，因見壙埔有原住民數十人，呂瑞麟令兵丁施放鎗砲，向前追捕，原住民埋伏草裡，突出襲擊，把總張養、外委劉祥、功加宋榮等被殺，兵丁等共損傷三十二名。閏五月初三日，鹿仔港汛把總陳文、外委陳自達帶兵救援，兵丁至縣城外的外埔地方，被原住民擁至包圍，守備王璋率兵往救。此時適有義民二、三百人從南邊馳至，奮力夾攻，始擊退原住民，義民及庄民千餘人駐守縣治城池倉庫。閏五月初五日，彰化縣知縣陳同善從南社驗屍返回縣城，至西門外，被兇番圍住，幸有義民等保護入城，知縣陳同善押車家人遇害，兵丁、義民、民壯都有傷亡[32]。義民的奮勇表現，深受雍正皇帝的肯定，他批諭時指出，「似此義民丁壯，當越格獎賞之。」福建觀風整俗使劉師恕具摺時，對義民的奮力救援，也有一段敘述：

> 閏五月初二日，上港及牛罵、沙轆等社頑番來攻彰化縣治，東西南三門放火殺人，隨會同調集兵壯協力固

---

31 《宮中檔雍正朝奏摺》，第 20 輯（民國 68 年 6 月），頁 205。雍正十年七月初三日，巡視臺灣陝西道監察御史覺羅柏修奏摺。原摺記載被殺兵丁、義民、壯役六十餘名，《臺灣原住民史料彙編》，第 7 輯（南投，臺灣省文獻委員會，民國 87 年 10 月），頁 159 作「六千餘名」誤。

32 《宮中檔雍正朝奏摺》，第 19 輯（民國 68 年 5 月），頁 850。雍正十年閏五月初十日，巡視臺灣陝西道監察御史覺羅柏修等奏摺。

守，自午至酉，砲火打殺兇番無數，方始退去。初三日，鹿仔港援兵來至西門，被兇番圍困，有難民、義民數百沖殺過渡，與官兵夾擊，番始退去。是時，彰化縣知縣陳同善往南社相驗，聞信奔回。初五日，將到縣治，復被兇番攔截，營兵義民奮力救護，方得回署，前後損傷兵丁、民壯、義民數十名[33]。

由於兇番人數眾多，幸賴義民與兵丁等合力堵禦，彰化縣番亂不致擴大。但是，義民傷亡亦重。閏五月初八日，兇番突至貓霧捒地方，大肆焚殺。初十日，總兵官呂瑞麟調撥遊擊林榮茂帶兵勦捕，施放鎗砲，但兇番千餘人接戰，義民劉魁才率眾征戰，被兇番埋伏殺死[34]。據福建陸路提督王郡奏報，王郡進勦兇番時所統帶臺澎及內地水陸調來將弁官兵計八千人，南路義民二百五十人，合計八千二百五十人，義民雖然僅佔征勦總人數的百分之三，但由於義民熟悉路徑，奮勇作戰，而成為征番平亂的重要力量。

乾隆年間，番漢衝突案件，雖然屢見不鮮，但在清軍進勦林爽文、莊大田期間，各番社頗稱安靜。淡水廳義民首王松等人招致屋鰲、獅子等社生界原住民，山豬毛義民首曾中立等招集傀儡山生界原住民一千名，聽候調遣[35]。清軍平定林爽文、莊大田亂事後，臺灣內山生界原住民大小頭目由義民首葉培英等帶領入京覲見乾隆皇帝，包括：屋鰲總社大頭目

---

33 《宮中檔雍正朝奏摺》，第 20 輯（民國 68 年 6 月），頁 64。雍正十年六月十一日，觀風整俗使劉師恕奏摺。

34 《宮中檔雍正朝奏摺》，第 20 輯，頁 205。雍正十年七月初三日，巡視臺灣陝西道監察御史覺羅柏修等奏摺。

35 《清宮諭旨檔臺灣史料（二）》，頁 1041。乾隆五十三年二月二十七日，上諭。

華篤哇哨一名，小頭目懷足由干、也士烏踏、華篤由東、華篤雪、哈貴乃沐、大鹿等六名；阿里山總社大頭目阿吧哩一名，小頭目凹士弄、磨澳、宇振、劉吁吶、阿艾、舞屢、磨踏男、阿米等八名；大武壠總社大頭目樂吧紅一名，小頭目邁仔、斗界、邁武籠沙連、節里目、汗領岸阿眉等五名；傀儡山總社大頭目加六賽一名，小頭目社林媽林、均力力、匏仔里焉、社杞老、扶覽旦、阿西落、巴里伯立等七名，此外還有各社通事社丁等人。國立故宮博物院典藏《臺灣檔》詳載擬賞物件清單，其中總社大頭目四名，每名賞給：六品頂騷鼠帽一頂，官用緞面灰鼠皮補褂一件，羊皮蟒袍一件，紬襖一件，緞靴一雙，布襪一雙，絲線帶手巾一分；各社小頭目二十六名，每名賞給：七品頂騷鼠帽一頂，官用緞面灰鼠皮補掛一件，羊皮蟒袍一件，紬襖一件，緞靴一雙；帶領原住民義民首二名，每名賞給：騷鼠帽藍翎六品頂一頂，官用緞面灰鼠皮補褂一件，羊皮蟒袍一件，紬襖一件，緞靴一雙，布襪一雙，絲線帶手巾一分，此外通事、社丁亦蒙賞賜衣帽等物。

臺灣原住民大小頭目覲見乾隆皇帝期間，乾隆皇帝分別在京師西藏小金殿、重華宮、紫光閣等地筵宴，並賞賜物件。其中西藏小金殿筵宴時所賞物件，總社大頭目四名，每名各賞給：磁器四件，紅布六疋；各社小頭目二十六名，每名各賞給：磁器二件，紅布四疋；帶領原住民義民首二名，每名各賞給：官紬二疋，花大荷包一對，小荷包一對。重華宮筵宴時所賞物件，總社大頭目四名，每名各賞給：玻璃器二件，火鏈一把，茶葉四瓶，螺鈿匣二件，回子花布二疋；各社小頭目二十六名，每名各賞給：玻璃器一件，火鏈一把，茶葉

二瓶，螺鈿匣一件，回子花布一疋；帶領原住民義民首二名，每名各賞給：鼻煙壺一個，鼻煙一瓶，火鏈一把，花大荷包一對，小荷包一對。紫光閣筵宴時所賞物件，總社大頭目四名，每名各賞給：紅氈大褂一件，紅花氆氌一疋，彩色布六疋，印花布六疋；各社小頭目二十六名，每名各賞給：紅花氆氌一疋，彩色布四疋，印花布二疋；帶領原住民義民首二名，每名各賞給：小卷八絲緞一疋，小卷五絲緞一疋。是年入京觀見各社大小頭目、義民、通事、社丁等共四十四名，俱賞給食物，包括：鹿四隻，豬四口，羊八隻，鴨子四隻，野雞四十隻，魚四十尾，掛麵六十把，小棗二十觔，哈密瓜乾二十觔，磚茶九十包，鹽一千觔，糖一百觔，煙一百觔[36]。乾隆皇帝召見臺灣原住民各社大小頭目，筵宴賞賜，對綏撫內山生界原住民，具有重大意義，各社大小頭目入京觀見，義民首葉培英等人扮演了重要角色。

鄉土情深：義民組織與會黨的互動

　　會黨是由民間異姓結拜團體發展而來的多元性的社會共同體，其起源，與宗族社會的變遷有密切的關係，其發展，則與閩粵等省人口流動的頻繁有密切的關係。早期移殖到臺灣的閩粵內地漢人，不僅同鄉觀念很濃厚，其模擬宗族關係的異姓結拜活動，固然非常盛行，而各種會黨的倡立，也是十分常見的社會共同體。關於天地會的起源，最早只能追溯到乾隆二十六年（1761），臺灣天地會是福建內地天地會的派生現象，為了患難相救，林爽文便於乾隆四十九年（1784）加入了天地會。乾隆五十一年（1786）八月十五日，林爽文

36　《清宮諭旨檔臺灣史料（二）》，頁1363。乾隆五十三年十二月二十六日，軍機大臣奏稿。

與林泮、林領、林水返、張回、何有志、王芬、陳奉先、林理生等，因平日意氣相投，於是在大里杙山內車輪埔歃血瀝酒，結拜天地會，互相約誓，有事相助，患難相救。同年十月間，彰化縣知縣俞峻抵任，因聞大里杙天地會恃險抗官，主張嚴辦急治，差役藉端索詐，兵丁肆虐，林泮等人的房屋俱被焚燬，林爽文等人遂糾集天地會成員抗官拒捕，臺灣天地會也因此走上叛亂一途。

　　林爽文之役自乾隆五十一年（1786）十一月二十七日天地會黨攻陷大墩正式豎旗起事至乾隆五十三年（1788）二月初五日莊大田等被捕，前後歷時一年又三個月，其間大致可以劃分為三個階段：自乾隆五十一年十一月至五十二年二月，計三個月，屬於第一個階段，天地會黨連陷彰化、淡水、諸羅、鳳山等廳縣，清軍居於劣勢，節節失利；自乾隆五十二年三月至同年十月，計七個月，屬於第二個階段，閩浙總督常青等先後東渡臺灣，統率清軍赴援，但是會黨日聚日眾，漸知攻守，莊大田與林爽文南北呼應，聲勢日壯，柴大紀困守諸羅，常青株守府城，一籌莫展；自乾隆五十二年十一月至五十三年二月，計四個月，屬於第三個階段，會黨鎗礮不足，彈藥缺乏，福康安等帶領勁旅東渡，軍威日振，在官兵與義民的合力進勦下，天地會起事，遂告失敗。

　　林爽文、莊大田起事以後，到處裹脅焚搶，泉州庄、廣東庄多遭破壞，泉州庄、廣東庄居民為了發揮守望相助的精神，於是多充當義民，拒絕接受天地會的領導，義民組織遂成為抑制天地會的民間武裝力量，其主要作用就是抵制民變，反制會黨，或保護村民，或隨官兵平亂。從清軍將領或文職大員的奏摺中，可以了解義民組織對會黨活動起了極大

的反制作用。據閩浙總督李侍堯具摺指出,「查山豬毛各粵庄
義民最為勇猛,賊人屢攻,俱為所敗。其隨同瑚圖里等到府
及留在軍前助勦之處,或出自情願。即如瑚圖里等於六月二
十二日到府,旋據同知吳元琪稟稱:七月初三、四等日,逆
匪莊大田遣許光來等往攻山豬毛粵庄,被粵民殺退。而七月
十四日常青等往勦南潭時,所留軍前之粵民,最為出力[37]。」
義民隨官兵出征,作戰勇猛,使會黨遭到重大的打擊。莊大
田是南路天地會首領,稱洪號輔國大元帥,他在鳳山篤家港
共有房子十餘間。乾隆五十一年(1786)十二月二十五日,
莊大田率眾攻打臺灣府城,久攻未下。莊大田因聽聞都司帶
領廣東義民要到篤家港燒庄,就撤回鳳山保護庄子,與粵庄
義民打了幾仗,後來,莊大田的房子都被義民燒了[38]。據北路
天地會頭目何有志供稱,「初起事時,本是陳奉先、王芬、劉
升、林理生起意謀反,先攻大墩,又陷彰化縣。那時,眾人
邀林爽文出來做大哥,王芬、林理生已被鹿仔港義民殺了,
陳奉先投誠後,招人出去做義民,被我們殺了[39]。」

　　淡水廳幕友壽同春是浙江諸暨縣監生,林爽文起事時,
他已七十餘歲,在臺灣作幕年久,熟悉民情地勢。當竹塹失
陷時,同知程峻先已被害,壽同春親赴各庄招集義民,於乾
隆五十一年(1786)十二月內同官兵恢復竹塹城,擒獲會黨
頭目王作等四名。乾隆五十二年(1787)十月,官兵渡大甲

37　《清代臺灣檔案史料全編》,第 7 冊,頁 1335。乾隆五十二年八
　　月初六日,李侍堯奏摺錄副。

38　《軍機處檔・月摺包》(臺北,國立故宮博物院),第 2778 箱,162
　　包,38813 號,莊大田供詞。

39　《臺灣檔》,乾隆五十二年七月二十四日,諭旨。見《清代臺灣檔
　　案史料全編》,第 7 冊,頁 1295。

溪進勦天地會根據地，壽同春即帶領義民駐箚烏牛欄。十二
月初十日出哨，進逼三十張犁地方，會黨設伏衝突，義民潰
散，壽同春被擒至大里杙，罵敵不屈，被會黨支解[40]。同年十
二月二十四日，據署北路淡水營都司守備易連稟稱，天地會
起事以後，彰化、竹塹各處被佔領，易連等以營兵稀少，先
行張貼告示招募泉州、廣東、興化、永定義民七千餘人，舖
戶捐備口糧器械，實力防禦。十二月初十日巳刻，有八芝蘭
股首賴水、郭穩等豎立大旗，招集會黨千餘人，差遣同夥貢
生吳志超等到艋舺，聲稱帶兵前往接應，要借道經過，經防
禦義民告知易連。易連以吳志超身為貢生，挺身借道，膽大
惡極，即將吳志超等人拏解營中，押赴教場，斬首梟示。是
日，新庄頭目林小文，下庄仔、中港厝頭目黃祖成，擺接庄
頭目賴樹，滬尾、八里坌、長道坑等庄頭目何馬等各招會黨
千餘人，俱豎立大旗，佔踞民房店舖，男婦老幼，俱被焚殺，
新庄衙門，亦被拆燬。是月十三日，守備董得魁、把總蘇升
等帶領義民五百名，由艋舺渡河，直攻下庄。李因等督率義
民五百名，由武勝灣進攻中港厝。監生黃朝陽、林講、徐修
等督率義民六百名，由中港厝分路進攻海山頭。粵庄義民邱
龍四、林貴陽等埋伏彭厝庄，四面攻殺，大獲全勝。滬尾庄
蔡才等率領義民三百名，和尚洲庄楊景等率領義民六百名，
大坪頂庄黃英等率領義民四百名，進攻滬尾、八里坌、長道
坑等處，俱獲全勝，並守禦港口。十二月十四日，和尚洲庄
鄭享等率領義民五百名，由北投、琪里岸進勦。黃辛元等率
領義民六百名，由上埤頭進勦，於八芝蘭與會黨對敵，會黨

---

40 《宮中檔乾隆朝奏摺》，第 68 輯（臺北，國立故宮博物院，民國
   76 年 12 月），頁 204。乾隆五十三年五月初九日，福康安等奏摺。

敗走，義民血戰，陣亡百餘人。十二月十五日巳刻，各處義民分頭攻打擺接。陳必強等督率義民六百名，由溪州登岸，直攻芎蕉腳。千總張正耀等率領義民八百名，由加臘仔過溪攻打南勢角。林賀等率領義民五百名，由大坪林攻打暗坑仔，四面會合，擊斃會黨百餘人，義民被殺五十餘人。石頭街庄廣東義民徐勤佳等督率義民七百名，三角涌庄陳海等督率義民六百名，合攻柏仔林，所至克敵[41]。

　　林爽文攻陷彰化縣城後，署鹿仔港守備事千總陳邦光即率同鹿仔港泉、粵義民等在鹿仔港會齊，並力前進，以期收復縣城。乾隆五十一年（1786）十二月十二日午刻，陳邦光率同各義民從鹿仔港抵達彰化縣城，會黨即出西門外駐箚，各執器械，鎗礮並施。陳邦光令義民分為兩隊，上前攻殺，會黨退走，義民擒獲執旗副元帥楊振國、協鎮高文麟、先鋒陳高、辦理水師軍務楊軒等四名，押送泉州，聽候勘訊。十二月十八日，據大突庄義民報稱，咳哈等庄會黨謀攻鹿港，陳邦光即傳令泉、粵義民乘夜以行，至大突、二林地方預先埋伏。適遇會黨衝鋒而來，隨令義民百餘人誘敵，引至埋伏處所，兩頭夾攻，殺敵百餘名，焚燬咳哈、滴仔、內灣、二八水等會黨村庄。十二月十九日早，據牛罵頭民報稱，大肚等庄會黨焚劫泉、粵各庄，陳邦光即密約牛罵頭等庄義民，於十二月二十日辰刻由沙轆進攻水裡、大肚、茄投等會黨根據地。十二月二十三日，天地會頭目陳泮、吳領等燒燬泉、粵民庄，陳邦先即率領義民前往追捕，會黨退歸南、北投而

41　《清代臺灣檔案史料全編》，第一冊，頁816。乾隆五十一年十二月二十四日，常青奏摺錄副。

去[42]。

在天地會起事後期，會黨頭目股首多被義民擒拏。當莊大田退守柴城時，福康安等督率官兵義民圍拏，並具摺奏聞，節錄一段內容如下：

> 追至柴城，賊匪人數眾多，惟恐牛兵攻撲過急，賊目莊大田或臨陣被殺，匪夥等或乘間竄逸，轉不能悉數成擒，因派令穆克登阿帶領屯練降番為一隊，許世亨、岱德帶領貴州官兵為一隊，梁朝桂、張朝龍帶領廣東官兵為一隊，恒瑞、王宣帶領廣西官兵為一隊，山豬毛義民副理事劉繩祖帶領粵庄義民為一隊，都司莊錫舍、義民首黃奠邦、鄭天球、張元勳、藍應舉各帶所管義民共為一隊，自山梁挨次排下，直抵海岸，烏什哈達所帶水師兵丁適值順風，連檣齊至，將船隻沿海密佈，四面合圍，水陸並進，海蘭察、鄂輝帶同六十七、袁國璜及巴圖魯、侍衛、奮勇各兵往來勦殺。臣福康安照料督催，令各隊層層圍逼，自辰刻直至午刻，殺賊二千餘名。賊匪情急，相率投海，被水師兵丁放鎗擊斃及泅水擒殺者屍浮海面，不計其數，賊目等拼死衝突，不能逸出重圍，俱在樹林山溝內伏匿，隨督令官兵義民等分投搜捕將莊大田及有名頭目莊大、許光來、簡天德、許尚等四十餘名，全數擒獲[43]。

臺灣義民在平定林爽文及莊大田之役的清軍陣營裡扮演了重要的角色，義民與官兵形成聯合陣線，併肩作戰，奮勇

---

42 《清代臺灣檔案史料全編》，第一冊，頁 820。乾隆五十一年十二月二十八日，常青奏摺錄副。

43 《軍機處檔‧月摺包》，第 2778 箱，161 包，38786 號，乾隆五十三年二月二十七日，福康安等奏摺錄副。

直前，對會黨造成了致命的打擊。莊大田等人主要就是由山豬毛義民鄭福等十一人共同圍挐的，義民首高振則挐獲林躍興等要犯。蔣挺原籍漳州府南靖縣人，曾充諸羅縣衙役，加入天地會後，奉命在牛稠山駐箚。蔣挺被捕後供出，「我使的是一條七尺長的木棍，騎的是青馬。」「我在笨港地方與義民打過兩次仗，都被義民打敗[44]。」義民組織就是抑制會黨起事的地方武裝力量。

　　陳周全原籍泉州府同安縣，自幼在臺灣生長。乾隆五十七年（1792），陳周全返回原籍後，曾經加入陳蘇老等人倡立的虌蟶會。陳蘇老被捕後，陳周全逃回臺灣鳳山，賣糖度日。乾隆六十年（1795）二月間，臺灣因青黃不接，米價昂貴，彰化饑民因而有搶米事件，陳周全乘機結拜天地會，聚眾起事。陳周全為大盟主，告示中使用「天運」年號。同年三月間，連陷鹿仔港、彰化縣城等地，但因遭受義民的反對，不久即兵敗被擒。同年四月十一日所頒諭旨已指出，「該處漳、泉、廣東各村庄俱起義民，賊匪多被搶獲，餘黨紛紛竄散，陳周全等於三月十五日攻擾民庄，有義民首楊仲舍、許暢舍、施邁舍、金舖觀等招集義民二千餘名，假意投入賊夥，與賊飲酒，出其不意，殺死賊匪百餘人，將賊首陳周全拿獲，裝入木籠[45]。」義民擊敗會黨，奪回鹿仔港，誘擒陳周全，義民確實有不世之功。

　　咸豐年間（1851-1861），臺灣小刀會頗為活躍，主要是廈門內來小刀會的活動，其滋擾地區包括澎湖及臺灣沿海，

44　《天地會（四）》（北京，中國第一歷史檔案館，1980 年 11 月），
　　頁 341。乾隆五十三年二月初三日，蔣挺供詞。
45　《清宮諭旨檔臺灣史料（二）》（臺北，國立故宮博物院，民國 85
　　年 10 月），頁 1645。乾隆六十年四月十一日，上諭。

從鳳山、雞籠到蘇澳等沿海各口岸。咸豐四年（1854），淡水同知丁曰健與義首藍翎六品銜范義亭等勦辦小刀會，克復雞籠[46]。同年七月間，小刀會船隻竄擾蘇澳，噶瑪蘭調署通判楊承澤、署都司黃遇春及義民首總理魏雙任等商議，就計引誘，將進口大船擊燬一隻。同年九月初七日，因小刀會盤踞獅毬嶺，官兵、義民分為五路進勦：副將曾玉明親統大隊督帶義首林文察等由大路仰攻獅毬嶺；臺灣道丁曰健督同廩生潘永清等各帶壯勇由大武崙進攻；義首范義廷等帶領壯勇由間道抄至海埔殺入，以斷小刀會後路；把總沈登龍、義首許乃斌等各帶兵勇由暖暖合勦，各路兵勇攻破石圍，義首林文察等首先擊斃小刀會執旗頭目二名，義首范義廷等擊斃執旗頭目一名，兵勇、義民大獲全勝，義民奮勇作戰，無役不與，平亂有功。

　　戴潮春，字萬生，原籍福建漳州府龍溪縣，來臺後寄居彰化縣四張犁庄。關於戴潮春所領導的會黨名目，諸書記載，並不一致，或作八卦會，或作天地會。同治元年（1862）二月間，戴潮春率領會黨攻陷彰化縣城，佔踞斗六門。現藏《月摺檔》閩浙總督慶端等具奏時指出戴潮春倡立添弟會，入會者俱授以八卦隱語及八卦腰憑[47]，會外之人或因此稱添弟會為八卦會。戴潮春起事後，出示安民，下令蓄髮，他自稱大元帥，又稱東王。戴潮春起事之初，聲勢浩大，四路響應，但各庄義民也發揮守望相助的精神。臺灣道兼理學政丁曰健具摺指出咸豐四年（1854）間勦辦小刀會時所用得力的總理義

46　《月摺檔》（臺北，國立故宮博物院），同治二年十一月二十二日，丁曰健奏摺抄件。

47　《月摺檔》，同治元年四月二十四日，閩浙總督慶端奏摺抄件。

首大半尚在，例如藍翎六品銜范義廷等戰功卓著，於全臺民
情地利俱極熟識，因此先令義首范義廷另募熟諳路徑的義勇
冒充添弟會黨來援同夥逕入戴潮春根據地葭投地方，與各路
官兵內外夾攻。署理總兵官曾玉明統兵至鹿仔港紮營，鄉民
設局助餉抽釐，庄丁合八庄義民幫同官兵攻勦添弟會，屢破
敵壘。陳于邦是總理團練武生，多次帶領義勇進勦會黨。總
理林淵源催募義勇，會同官兵擊敗滾水坪庄會黨。義首陳康
泰帶領義勇守城，屢次擊退會黨。義首羅冠英統帶練丁千名，
幫同官兵迭次擊斃會黨多名，並與義首廖廷鳳等進勦犁頭店
一帶。攻克四張犁添弟會根據地。義首陳澄清自備資斧，固
守塗庫街地方，並隨官兵助勦，戰無不克，嘉義縣城得以保
護無虞。義首何國棟管帶精銳勇隊助勦，並措資添募壯丁隨
同官兵作戰，屢獲勝仗。義首李成龍分帶義勇等七百餘名由
鹽水港進勦，義首鄭捷英帶領義民鄭阿嬰等夜入蕉坑，出其
不意，掩捕股首劉阿妹等。義首陳捷三、王啓文等先後攻破
竹仔腳、龜殼花、阿麻厝等大小會黨村庄二十餘處。義民奮
勇進勦，傷亡慘重，但因各庄義民並起，人數眾多，戴潮春
終於兵敗被擒。義民組織是保境安民抑制民變的民間武裝力
量，當社會發生動亂以後，義民組織對於抑制亂民破壞社會
秩序，維持臺灣社會的穩定，確實具有正面的社會功能。

嘉忠懷義：分類械鬥與義民社會責任的體現

　　乾隆後期，臺灣義民扮演了各種角色，福康安等具摺時
已指出諸羅縣義民首黃奠邦、鄭天球、王得祿，元長庄義民
首張源懃等隨同官兵打仗，搜拏會黨；購線招出會黨頭目；
離間會黨；差遣義民假扮會黨衣著髮式，四出偵探敵情，纖
細皆知，可以預為籌畫。淡水廳義民首王松等熟諳內山路徑，

深悉番情，前往招致屋鰲、獅子等社生番，當林爽文兵敗逃入內山以後，王松等即導引官兵入山追勦[48]。南路天地會洪號輔國大元帥莊大田率眾攻打臺灣郡城時，有年逾七旬的義首郭友和等四人首先招集義民固守郡城，始終不懈。諸羅縣武舉黃奠邦等督率義民在城守禦，眾志成城。乾隆皇帝指出，「提督柴大紀，統兵勦捕，收復諸羅後，賊匪屢經攻擾，城內義民，幫同官兵，奮力守禦，保護無虞。該處民人，急公嚮義，眾志成城，應錫嘉名，以旌斯邑[49]。」乾隆五十二年（1787）十一月初二日，軍機大臣遵旨更定諸羅縣名，擬寫嘉忠、懷義、靖海、安順四名，進呈御覽，並奏請硃筆點出其中一名，以便寫入諭旨。乾隆皇帝就嘉忠與懷義二名中各取一字，即取嘉忠的嘉與懷義的義，而定名為「嘉義」，即取嘉獎義民之意[50]。次日，正式頒諭，將諸羅縣改為嘉義縣。福康安奉到諭旨後，即傳集義民首黃奠邦等面為宣諭，俾闔縣良民倍加勸勵。據稱，黃奠邦等人「感激涕零，詞色真切」，嘉義縣名，遂沿用至今。

在天地會起事期間，臺灣南北兩路義民首多踴躍捐輸，例如張源懃倡約族眾，捐資招集義民，共捐過銀三萬餘兩[51]。由於官兵各駐一方，道路梗塞，錢糧火藥等軍需補給，多賴義民運送。例如義民首曾中立等辦運米穀，頗為出力。諸羅

---

48 《軍機處檔‧月摺包》，第 2778 箱，161 包，38773 號，乾隆五十三年正月初八日，福康安奏摺錄副。

49 《大清高宗純皇帝實錄》，卷 1292，頁 9。乾隆五十二年十一月丙寅，上諭。

50 《臺灣檔》（臺北，國立故宮博物院），乾隆五十二年十一月初二日，更定諸羅縣擬寫縣名清單。

51 《宮中檔乾隆朝奏摺》，第 68 輯（臺北，國立故宮博物院，民國76 年 12 月），頁 206。乾隆五十三年五月初九日，福康安等奏摺。

縣運送糧餉的義民多達三千名[52]，其中義民游永盛、阮阿生等都往來運送番銀。總兵官柴大紀困守諸羅期間，該處糧餉雖覺匱乏，但因有義民捐助接濟，而能支持[53]。

　　張丙是竹仔林人，平日在店仔口賣魚。詹通是店仔口人，賣檳榔度日。陳辦是崙仔庄人，耕種過活。陳連是鎮平庄人，開乾果店生理，俱籍隸嘉義。張丙與詹通、陳連、陳辦等交結往來。道光十二年（1832）五月間，因各庄米貴，公禁搬運。有鄰庄陳壬癸到店仔口買米，恐人攔阻，陳壬癸隨托生員吳贊包送出庄。吳贊族人吳房邀同詹通、吳扁等阻搶，吳贊控縣。因張丙同詹通交好，懷疑是張丙主使，一併牽控，知縣邵用之先將吳房拏解，復出賞格購拏。張丙等因心疑知縣得錢，恨知縣邵用之不公，適閏九月間陳辦因糾搶粵人芋頭起釁，被張阿凜糾眾焚搶，並搶去陳辦族叔陳寔牛隻，陳辦、陳連回收攻粵庄。升任總兵劉廷斌帶兵趕散，官兵新勢湖庄拏獲割禾庄民五人，殺死二人，又要調兵勦辦。張丙等更懷不平，十月初一日，乘官兵都在北路，張丙、詹通即同王奉等在鹽水港，先搶鹽當，並殺佳里興巡檢衙門教讀兵役[54]，在店仔口殺了知縣，在大排竹殺了知府、縣丞，藉口貪官污吏妄殺無辜，所以聚眾起事。推張丙為大哥，張丙自稱開國大元帥，他封詹通為總先鋒，大股首有二十七股，小股首有十四股，共四十一股，刻「天運」木質印信，並用奉天大

52　《清宮諭旨檔臺灣史料（一）》（臺北，國立故宮博物院，民國86年10月），頁539。乾隆五十二年十月二十三日，內閣奉上諭。

53　《清宮諭旨檔臺灣史料（一）》，頁700。乾隆五十二年十一月初八日，寄信上諭。

54　《軍機處檔・月摺包》，第2760箱，59包，64109號，道光十三年六月二十六日，長齡等奏摺。

明主年號[55]。張丙等起事後，地方文武即招募義民，以保護庄民。閩浙總督程祖洛等具摺指出，「臺地素多游手，若不設法收安，必致相率從賊，即被害之人，流離瑣尾，無所依歸，亦難保不流而為匪，相從擄掠，以助賊勢。現在臺灣府城據報收集義勇已二萬人，其中未必盡皆可用，但當事勢緊迫之時，但期賊少民多，若義民少一人，即賊匪多一人，是以臣等於臺灣彰化等縣稟請招集鄉勇，俱經即時批准[56]。」義民多一人，張丙聲勢就相對減弱，有助於地方的安定。據張丙等人供稱，「我們在茅港尾等處打仗，見遍地都是義民旗號，我們害怕，屢次敗陣[57]。」內閣奉上諭亦指出，「此次嘉義逆匪滋事，府縣被戕，人心惶惑，賊匪乘虛襲城，各紳耆等咸知大義，登城協守，即婦女幼孩亦能拾磚擊賊，或首舉義旗，招集鄉勇，或倡義捐助賞需，協濟兵勇飯食，奪砲焚巢。臺灣紳士或管帶義勇，或內渡請兵，或訪獲奸細，鳳山、彰化兩縣紳民，或協力守禦於內，或聯莊清鄉於外，節次擊賊有功，均堪嘉尚[58]。」義民除了屢獲戰功外，在倡義捐助賞需，協濟兵勇飯食等方面，都是急公嚮義，樂於捐助，例如城東大目根保山仔頂等庄義首林應得、鄭嗣音、羅安然等人都自備資斧，招集義民守禦。其中義民吳光贊捐助番銀二千圓，王必忠、吳朝陽各捐番銀七百圓，義民吳化成、郭求仙各捐

55　《清宮諭旨檔臺灣史料（五）》，頁3851。道光十三年六月二十日，張丙供詞。

56　《軍機處檔・月摺包》，第2743箱，72包，66579號，道光十二年十一月二十一日，閩浙總督程祖洛奏摺錄副。

57　《清宮諭旨檔臺灣史料（五）》，頁3861。張丙等供詞。

58　《清宮諭旨檔臺灣史料（五）》，頁3912。道光十三年六月二十九日，內閣奉上諭。

番銀五百圓。張丙等人被義民擒獲後，即由義民首自備資斧，押解入京。國立故宮博物院典藏方本《上諭檔》記載：

> 州同職銜吳廷篪：臺灣縣人，道光四年，出米三百石，運赴天津。上年張丙等滋事，捐募義勇守城，管帶義勇五百名巡防，拏獲凌遲股首一名，斬決賊首一名，又大股首偽元帥一名。現自備資斧，押解張丙等到京；
> 鹽運司經歷職銜羅登榜：臺灣縣人，上年張丙滋事，惟募義勇，保守城池，生擒股首劉邦頂一名及鎮東三元師銅印一顆，並勸諭紳士借用番銀二萬餘圓，自措洋錢六千元，以應兵餉，自備資斧，押解逆犯到京[59]。

義民首吳廷篪、羅登榜急公好義，自備資斧，從臺灣押解張丙等人入京。張丙起事後，羅登榜勸諭紳士借用番銀二萬餘圓，又自措洋錢六千元，以應兵餉。

道光二十四年（1844）八月初間，彰化縣民人孫返因挑菁仔前往葫蘆墩街售賣。葫蘆墩泉人陳結怒責孫返不應越界售賣，互相詈罵。陳結將孫返擄禁，孫返堂叔孫漢邀同陳照向陳結討還孫返，反被殺斃，以致漳人林番不服，糾集漳人攻打泉人村庄，放火焚搶。陳結隨後又聚眾搶掠焚殺，彼此報復，漳人洪會捏造漳泉分類謠言，嘉義漳泉移民亦乘機分類械鬥，規模擴大[60]。在漳泉分類械鬥期間，義首義民都扮演了重要的角色。國立故宮博物院典藏《軍機處檔‧月摺包》內含有漳泉分類械鬥義首等清單，可據清單將各義首義民事跡列表於下：

59　《清宮諭旨檔臺灣史料（五）》，頁3904。押解張丙義首清單。
60　《軍機處檔‧月摺包》，第2747箱，138包，77774號，道光二十六年十月二十四日，福建臺灣鎮總兵官武攀鳳奏摺錄副。

道光二十四年（1844）臺灣漳泉分類械鬥義首事蹟簡表

姓　名	原　銜	事　蹟　摘　要	請　獎
劉捷鰲	侯官縣學訓導	粵籍鄉紳，約束粵庄民人，不准附和閩人械鬥。自備資斧，團練壯勇，防守粵庄，不使閩籍匪徒入庄煽惑，協獲首夥要犯。	以縣丞歸部選用。
沈樹勳	補用縣丞	捐資練勇，隨同營縣彈壓地方，護送難民，首先拏獲斬梟匪犯。	以縣丞儘先補用。
姚涵	候選從九品	措資來臺，隨同地方文武查緝匪徒，首先拏獲斬梟匪犯。	以應陞之缺陞用。
劉熙唐	捐職從九品	自備資斧，僱募練勇，訪緝匪徒，安撫難民，首先拏獲斬梟匪犯。	以雙月從九品歸部選用。
王鶴康	捐職從九品	備資僱勇，隨同彈壓地方，首獲斬梟匪犯。	交部議敘。
余國華	捐職從九品	備資僱勇，隨同彈壓地方，首獲斬梟匪犯。	六品頂戴。
雷以鎮	候選未入流	備資僱勇，隨同彈壓地方，首獲斬犯	歸部選用。
張明達	候選未入流	備資僱勇，護送難民，協獲斬犯。	歸部選用。
晉秉讓	（民人）	捐資僱勇，隨同淡水同知曹謹防堵要隘，安撫難民，協獲首要匪犯。	七品頂戴。
鄭膺德	（民人）	捐資僱勇，隨同淡水同知曹謹防堵要隘，安撫難民，協獲首要匪犯。	七品頂戴。
俞紹棠	（民人）	捐資僱勇，隨同淡水同知曹謹防堵要隘，安撫難民，協獲首要匪犯。	七品頂戴。
陳萬	（民人）	隨同淡水同知曹謹團練鄉勇，晝夜防堵，協獲要犯。	九品頂戴。
楊清河	（民人）	隨同淡水同知曹謹團練鄉勇，晝夜防堵，協獲要犯。	九品頂戴。

姓　名	原　　銜	事　蹟　摘　要	請　獎
張強	（民人）	隨同淡水同知曹謹團練鄉勇，晝夜防堵，協獲要犯。	九品頂戴。
吳仁燦	增生	自備資斧，僱募練勇，首獲斬梟匪犯，協獲多名。	布政司理問職銜。
林克家	廩生	招集壯丁隨同臺灣縣知縣胡國榮實力防堵，協獲斬犯多名。	六品頂戴。
陳席珪	（民人）	招集壯丁隨同臺灣縣知縣胡國榮實力防堵，協獲斬犯多名。	八品頂戴。
鍾成邦	（民人）	督帶壯丁，彈壓各庄，匪徒不敢乘間搶割田稻，又開通水圳，勸諭漳泉同歸和好，俾兩籍均得及時灌溉播種。	八品頂戴。
蕭聯元	武生	督帶壯丁，彈壓各庄，匪徒不敢乘間搶割田稻，又開通水圳，勸諭漳泉同歸和好，俾兩籍均得及時灌溉播種。	八品頂戴。
林玉琨	生員	職庄固守，防堵要隘，率領壯丁實力堵拏，擒獲嘉彰滋事首夥要犯多名。	七品頂戴。
黃元科	從九品職銜	僱募練勇，彈壓地方，拏獲斬梟匪犯多名，捐輸撫卹洋銀二千五百五十圓。	歸部選用。
李作賓	候選從九品	捐資僱勇，彈壓地方，首獲斬梟匪犯，捐輸撫卹洋銀四百三十圓。	歸部選用。
高廷標	候選從九品	隨同委員稽查戶口，捐輸撫卹洋銀七百一十圓。	捐班補用。
陳希白	生員	隨同委員撫卹難民，散放銀錢，捐洋銀三百九十圓。	經歷職銜。
陳世輝	監生	隨同委員撫卹難民，散放銀錢，捐洋銀三百九十圓。	經歷職銜。

姓　名	原　銜	事　蹟　摘　要	請　獎
湯纘廷	（民人）	捐輸撫卹洋銀五百二十圓。	理問職銜。
張熙德		捐輸撫卹洋銀五百二十圓。	經歷職銜。
李金聯	俊秀	捐洋銀五百二十圓。	
劉尚周	（民人）	捐洋銀五百二十圓。	理問職銜。
蕭捷授	（民人）	捐洋銀五百二十圓。	經歷職銜。
陳超然	（民人）	捐洋銀五百二十圓。	經歷職銜。

資料來源：《軍機處檔‧月摺包》（臺北，國立故宮博物院），第
2749 箱，138 包，77771 號，77772 號。漳泉分類械鬥
案獲犯出力捐輸撫卹紳衿義首等清單。

　　表中所例義首義民都自備資斧，招募義勇，以保護地方。
踴躍捐輸，有錢出錢，不落人後。例如義首黃元科捐輸洋銀
二千五百五十圓，李作賓捐輸洋銀四百三十圓，高廷標捐輸
洋銀七百一十圓，陳希白捐輸洋銀三百九十圓，陳世輝捐輸
洋銀三百九十圓，湯纘廷、張熙德、李金聯、劉尚周、蕭捷
授、陳超然各捐洋銀五百二十圓。劉捷鰲是廣東鄉紳，他在
漳泉分類械鬥期間，約束客家庄移民，不許附和閩人，不准
捲入漳泉分類械鬥；又自備資斧，招募義勇，以防守客家村
庄。林玉琨等聯庄固守，防堵要隘。沈樹勳等隨同兵役彈壓
地方，護送難民。劉熙唐等防堵要隘，安撫難民，散放銀錢。
鍾成邦等督帶壯丁，彈壓各庄，使閩籍亂民不敢乘間搶割田
稻，又開通水圳，勸諭漳泉民人同歸和好，以便漳泉兩籍移
民均得早日歸庄，及時灌溉播種，都是值得肯定的義舉，有
助於社會秩序的恢復。

　　咸豐年間，彰化縣境內有泉人開溝，遭漳人阻止，引發
分類械鬥。數日之間，蔓延至淡水廳，又引發閩粵分類械鬥，
攻庄擄殺，所至焚掠。其間端賴義首義民等設法勸捐，安撫
難民。此外又有福建廈門小刀會竄擾臺灣沿海，義首林文察、

王朝經、陳朝魁、姚檉等都自備資斧，帶勇隨軍勦捕。義首陳得松、義首楊明修分馳彈壓，保護難民歸庄[61]。同治初年，戴潮春領導添弟會起事，圍攻彰化縣城，鹿仔港義首蔡德芬等人與郊商鋪戶等採辦軍食藥彈等項，由義民三百名帶運入城，以濟軍食[62]。嘉義縣城被圍期間，也是由義首江清輝、施九挺、林有才、陳大義等捐資募勇，共舉義旗，而解城圍。由於義民首的踴躍捐助，以及民間武力的提供，對抑制社會動亂，維持社會秩序的安定，都產生了正面的作用。

在臺灣早期移墾社會或移民社會裡，族群的矛盾與衝突，是一種不容易避免的現象。有清一代，臺灣分類械鬥的案件，層出不窮，民變頻繁，其中會黨起事，可以說是因地方官處理分類械鬥案件釀成的大規模群眾運動。長期以來，學者列舉內證、外證，以論證朱一貴假借天地會起兵的說法，只是一種臆測，並不符合歷史事實。從朱一貴供詞中拜把結盟的記載，可以說明朱一貴等首夥領導人物，只是一種異姓結拜組織，由於以漳州籍移民為核心的異姓結拜組織起事以後造成的嚴重破壞，而激發山豬毛粵庄移民的群起反制。臺灣天地會是閩粵內地天地會的派生現象，關於林爽文等人領導天地會起事的性質，學者的看法，並不一致，大陸學者多從階級矛盾及階級鬥爭的角度去探索，他們認為臺灣民變都是在社會階級矛盾的基礎上發生的。陳孔立撰〈林爽文起義的性質〉一文指出，「通過對林爽文起義若干關鍵問題的考察，可以看出這次起義的性質是農民階級反對地主階級的階

---

61 《月摺檔》，咸豐八年六月初六日，福建臺灣鎮總兵官邵連科奏摺抄件。

62 《月摺檔》（臺北，國立故宮博物院），同治三年六月初三日，臺灣鎮總兵官曾玉明抄件。

級鬥爭[63]。」其實，在天地會陣營中也有地主參加起事，義民隊伍中大部分就是農民，地主階級與農民階級的陣線並不分明。大里杙林爽文族人多為地主，莊大田寄居諸羅縣臺斗坑時，就有田二十餘畝，後來遷居篤家港後，在下淡水阿里港有田四十餘畝，另有甘蔗園，莊大田就是地主。從林爽文起事後發佈的告示中可以看出，天地會起事，並未提及土地問題，從階級矛盾的意識形態，把林爽文之役看作是一次農民階級反對地主階級的典型的臺灣農民起義，也不符合歷史事實。

義民一詞，含有相當社會正義行為的成分，義民與亂民之間，並非既得利益階級與非既得利益階級之間的對立與衝突。義民組織是臺灣抑制民變的民間武裝力量，其主要作用就是保境安民，抵制起事者，反制會黨，或保衛鄉里，或隨軍出征，充分體現了社會責任。大陸學者多認為林爽文起事之類的歷史事件是反清復明的民族革命或農民起義，而把協助官府恢復社會秩序的良民，認為是「不義之民」。陳孔立著《清代臺灣移民社會研究》一書認為「義民」一詞是清朝當局對那些協助官府鎮壓起義的人的稱呼，「義」還是「不義」是站在清政府的立場來看的，其主要標準是能不能從官殺賊，禁暴救亂。原書指出農民起義者絕不會把自己的行動視為叛逆，相反的，他們認為自己是起義，是真正的義舉。因此，他們也絕不可能把參加鎮壓他們的人視為「義民」。在臺灣，起義者往往稱粵籍義民為客仔、客民，雖然有時也用「義民」的稱呼，不過那多是出現在被審訊者的口供上。陳孔立

---

63 陳孔立撰〈林爽文起義的性質〉，《清代臺灣移民社會研究》，頁152。

認為「義民不義」問題在歷史上早已存在，而不是由於「現代的意識」所引發的新問題[64]。「義」還是「不義」，固然有爭議，但所謂「義民不義」等語，並不客觀。「義民」字樣是臺灣社會各族群的通稱，並不限於官府的稱呼，天地會的告示，並非官方文書，是天地會內部張貼的起事文件，未經官府修改，「義民」字樣在天地會告示中隨處可見。臺灣早期泉州、漳州、廣東各籍移民的地緣組合，使各族群的地緣意識十分濃厚，但在平時各族群之間大致相安無事，然而由於異姓結拜組織或會黨團體勢力的過度膨脹，終於釀成民變事件，由於亂民的燒殺擄掠，對社會造成嚴重的侵蝕作用，義民就成為維護社會正義的反破壞力量。由於義民對抑制亂民破壞社會秩序，維護社會的穩定，具有正面的社會功能，義民的義舉，遂獲得社會的肯定。林爽文、莊大田等人起事以後，廣東庄客民固然同心嚮義，紛紛充當義民，發揮了守望相助的精神。但是，義民並非廣東籍移民的專利，泉州籍的義民及義民首的人數，都高於客家庄，漳州籍移民充當義民者，亦不乏其人。康熙年間以來，山豬毛廣東庄久經官給懷忠里、効忠里匾額。乾隆年間，臺灣廣東庄又經賞給褒忠里，泉州庄賞給旌義里，漳州庄也賞給思義村。此外，如淡水廳義民首壽同春是浙江諸暨縣監生[65]，李喬基在岸裡社所招募的義民隊伍中就含有頗多的原住民義番。因此，以廣東庄與漳州庄區分義民或會黨是不客觀的。

　　以朱一貴為首的異姓結拜組織，以林爽文等人為首的天

64　陳孔立著《清代臺灣移民社會研究》，頁221。
65　《宮中檔乾隆朝奏摺》，第68輯，頁204。乾隆五十三年五月初九日，福康安等奏摺。

地會，都是一種自力救濟性質的原生團體，朱一貴、林爽文起事以後的義民組織，則是受到群眾運動的刺激而產生的一種自力救濟性質的應生團體，當原生團體的活動趨於激烈時，其應生團體亦趨於活躍，並得到官方的獎勵，官兵與義民形成聯合陣線，官府認為多一千義民，就少一千亂民。當原生團體被消滅時，其應生團體的活動即趨於衰歇，同時遭受官府的壓抑。當清軍平定朱一貴、林爽文之亂後，官府立即解散義民組織，將義民散遣歸耕。義民所用器械，舉凡弓箭、腰刀、撻刀、半截刀、標鎗、長矛之類，必須逐件繳銷，發交地方官改鑄農器。義民隨同官兵打仗時，每隊各製造一旗，以示進退，義民解散後，義民所造旗幟，亦奉命銷燬，倘有私造義民旗幟，即照私造軍器一體治罪。這種政策，一方面可以說明官府獎勵義民是不得已而用之的權宜措施，解散義民之目的是防範地方主義的抬頭；一方面也可以說明義民組織與會黨或民變勢力的消長，如一體之兩面，確實是息息相關的，互為因果的。

在早期移墾社會裡，游民眾多，單丁獨漢即所謂羅漢腳等等，不僅成為會黨或民變團體的群眾基礎，就是在義民隊伍中也容納了眾多的游民，益以濃厚的分類意識，而使義民的反制行動，也對社會造成了負面的作用。《彰化縣志》對義民有一段描述說：

> 臺地五方雜處，游手之徒，不分良善。負販食力之輩，一旦地方有變，無他營生，其相率而成為賊者此民，其向義而從軍者亦此民。故欲散賊黨以殺其勢者，惟招募義民，最為上策。我軍多一義民，即賊人少一夥黨。其互為消長者必然之勢也。彰化自丙午、丁未間，

林逆煽亂，大軍未來，游手游食者皆從賊，故其陷彰、淡、諸，而進攻郡治也，旬日之間，烏合幾千萬。蓋良民素弱，奸民素強，至事變而兵力不能衛民，何難脅良民而脅陷於賊哉！及大將軍福公領兵勦賊時，一到鹿港，即令楊振文招募義勇，給發盛世良民旗數萬面，使不願從賊者，執以歸庄，而四方丁壯咸思投軍。即老弱亦知有生路，賊黨已不攻自散矣。夫非義民與賊其勢互為盛衰乎？彼衰我盛，因其勢而迅掃之，一鼓成功，此善用義民之驗也。蓋官兵備守於平時，其養之也，歲縻糧餉，義民則因地方有事，隨時招募，費在一時，亦寓兵於農之一法。惟深明於募義之意，原為解散賊黨起見，而又善於駕馭，務使進退有節，所到鄉村，秋毫無犯，雖不嫺於律，儼若紀律之師，夫而後可以決勝而立功也。若制之無法，則欲禦亂而反以召亂，可弗慎歟！故曰：義民者，不得已而用之也[66]。

　　官府不得已用義民的苦衷，不可言喻。《臺海使槎錄》一書已指出，「朱一貴為亂，始事謀自南路，粵庄中繼。我師破入安平，甫渡府治，南路粵庄則率眾先迎，稱為義民。粵庄在臺，能為功首，亦為罪魁[67]。」《臺灣采訪冊》亦稱，「每叛亂，多屬閩人，而粵人每據上游，藉義肆毒生靈，甚於叛賊[68]。」

66　《彰化縣志》（南投，臺灣省文獻委員會，民國 82 年 6 月），頁261。

67　黃叔璥著《臺海使槎錄》（南投，臺灣省文獻委員，民國 85 年9 月），頁 92。

68　《臺灣采訪冊》（南投，臺灣省文獻委員會，民國 82 年 6 月），頁

族群的矛盾，分類械鬥所造成的社會侵蝕，或社會成本的損
失，各族群都不能辭其咎。但是，所謂粵庄義民「亦為罪魁」、
「甚於叛賊」云云，確實言過其實。至於學者所稱「義民在
民變事件中的負面功能之表現方式，有搶掠、誣陷、公報私
仇、械鬥等等，對社會造成的破壞作用有時甚至在『亂民』
之上[69]。」惟現存檔案資料並未反映義民搶掠誣陷或公報私仇
的負面作用，在督撫提鎮的奏報文書中譴責義民破壞社會的
言論，實屬罕見，很難支持學者指控義民的論述。

從義民廟組織經營方式的演變，祭祀圈的擴大，以及聯
庄輪祭的發展，可以看出義民廟對粵庄社會的整合功能。粵
庄重視讀書考功名，從義學私塾的倡辦，足以反映粵庄義民
在文教活動中扮演了重要的角色。文教活動具有社會文化意
義，是探討臺灣義民的重要課題。但是，海峽兩岸現存檔案
對義民在平時的提倡文教、獎勵功名，以及經濟性功能等等，
甚少涉及，一方面可能是由於現存檔案多屬於省級以上的題
本、奏摺等文書，未能反映府縣以下的民間活動；一方面也
是由於義民平時的社會活動並無負面的作用，不必動用文書
上報朝廷。儘管如此，也可以了解現藏檔案資料，確實有它
的限度或侷限性。

35。
69 劉妮玲著《清代臺灣民變研究》，頁 330。

粵庄懷忠里位置示意圖　國立故宮博物院典藏《臺灣地圖》

鳳山懷忠里西勢庄忠義亭圖片
（《臺灣慣習記事》，第四卷上，第二號，卷首圖片。）

致　謝

　　本書一至四集，由原任駐臺北韓國代表部連寬志先生精心校對，謹在此致謝。